武器化する嘘

情報に仕掛けられた罠

A FIELD GUIDE to LIES

ダニエル・J・レヴィティン

和田美樹 訳

Critical
Thinking
in the
Information Age

by Daniel J. Levitin

A FIELD GUIDE TO LIES
Copyright © 2016, Daniel Levitin
All rights reserved

『武器化する嘘』への賛辞

2016年メイヴィス・ギャラント賞ノンフィクション部門受賞作品

「ダニエル・レヴィティンのこの本は、ヒステリックなデータ漬けの時代における、批判的思考の入門書である。われわれの日常に押し寄せる、文章、記事、ツイート、雑誌、新聞、ポッドキャスト、オプ・エド、インタビュー、スピーチなどを真に理解するための欠かせないツールだ。皆を混乱させる平均から、あちこちに潜む論理的誤謬(ごびゅう)まで、どの箇所も非常に勉強になる」
——チャールズ・デュヒッグ:『習慣の力 The Power of Habit』(講談社)『スマーター・ファスター・ベター(Smarter Faster Better)』の著者

「世の中はデータであふれているが、すべてが正確な情報ではない。『武器化する嘘』は、正確な情報とそうでない情報の違いを、楽しいユーモアも交じえ、懇切丁寧に教えてくれる」
——チャールズ・ウィーラン:ダートマス大学ロックフェラーセンター上級講師兼政策フェロー『統計学をまる裸にする データはもう怖くない』(日本経済新聞出版社)著者

「神経科学者ダニエル・レヴィティンは、われわれが数字やロジックに騙されたり誤解したりする数多くのパターンと、それに打ち勝つために必要な批判的思考の様式を提示している」
——『ウォールストリート・ジャーナル』紙

「さまざまな主張を吟味し、真実を知りたいと考える人のための価値ある手段」
　——「カーカス・レビュー」

「役に立ち、面白く、とてもわかりやすいガイド。荒唐無稽なことも多い、偽の情報と戦う術を一般市民に与えくれる」
　——『ライブラリー・ジャーナル』誌

「手放したくなくなる一冊」
　——『サクセス・マガジン』誌

「いい加減な考えをする人にとって、ストランクとホワイトの文章の指南書のような役割をする一冊」
　——ニューヨーク・ジャーナル・オブ・ブックス

「面白く、役立つヒントが満載。毎日のデータの嵐を乗り越えるための価値あるツール」
　——『マーキュリー・ニュース』紙（サンノゼ）

「賢くユーモアに富んでいる。この批判的思考の決定版は、良い情報と悪い情報を見分けるために誰もが必要とするツールだ」
　——「シェルフ・アウェアネス」

「実用的かつ不可欠なアドバイスが卓越している」
　——「ビッグ・シンク」

『武器化する嘘』への賛辞

「データを賢く吟味するための、面白くユーザーフレンドリーな入門書」
　──「ワシントン・インディペンデント・レビュー・オブ・ブックス」

「すばらしい1冊。科学、論理学、統計学における数多くの知見をもたらしてくれる。これらの知識は、すべての一般人がもっているべきなのに、悲しいかな、ほとんどの人が教わっていない」
　──エドワード・K・チェン：ヴァンダービルト大学ロースクール法律学教授、ターキントン・チェア・オブ・ティーチング・エクセレンス

「統計リテラシーにまつわる最も重要な問題を突き詰め、優れた事例を使って、要旨を説明している。読み始めたら止まらなくなり、心から楽しんだ。統計家などが書いた多くのわかりにくい文献と異なり、明確で、簡単なレヴィティンの文章にはとても感心している。
　──モリス・オリツキー：元・プルデンシャル・ファイナンシャル副社長、元・農務省統計担当者

「洞察に富み、かつ、面白い、優れた著作」
　──グレッグ・ギャスコン

「本書は、ストランクとホワイトの文章の指南書と同様、必要不可欠な思考の指南書である。ビッグデータが現代文化の主要なテーマとなりつつあるなか、われわれは、ごまかしの力に負けぬよ

う、批判的思考を研ぎ澄ます必要に迫られている。レヴィティンは、この本によって偉大な貢献をしている」
　　——ジャスパー・ライン：カリフォルニア大学バークレー校遺伝学・ゲノミクス・発達教授

「ダレル・ハフの名著『統計でウソをつく法　数式を使わない統計学入門』以来、数字による欺きやごまかしをこれほど明確に説明する本はなかった。レヴィティンは、われわれを丸め込もうとする欺瞞者や、メディア、政治家による主張を批判的に評価する方法を指南している」
　　——スタン・ラジッチ：アストラゼネカ定量的生物学チームリーダー

「必読書！　レヴィティン教授は、情報化時代だからこそ、批判的思考がなお一層必要であることを読者に力説している。大量の情報に絶えずさらされる私たちは、その正確性を問い、分析する手段を身につける必要がある」
　　——イザベル・バジューベスネイヌー：マギル大学デソーテル経営学部学部長兼金融学教授

「一般人が、降り注ぐ情報ノイズに埋もれた真実を吟味するのに役立つ、よく調査された価値ある指南書」
　　——パトリック・マーティン：マジシャン

「日常生活にいかに虚偽情報が蔓延しているかを納得させられる批判的思考の入門書」

──『パブリッシャーズ・ウィークリー』誌

「（レヴィティン）の筆は、時代の風潮を正確に把握している。報道機関さえが統計、マップ、グラフなどで情報を誤用する様子を紹介した、たいへん役立つガイド」
　　　──「シアトル・レビュー・オブ・ブックス」

「賢く、タイムリーで、限りなく実用的」
　　　──『グローブ・アンド・メール』紙（トロント）

「この国の市民なら、どのような政治的立場（無関心、第三政党、民主党、共和党）の人でも、この本にある概念を読み理解するメリットがある。非常に読みやすい」
　　　──「ポートランド・ブックレビュー」

「レヴィティンは、今日のメディア情勢において批判的に考えることと真実を追求することの重要な役割を説明している」
　　　──マイケル・クラスニー：NPR（ナショナル・パブリック・ラジオ）『フォーラム』司会者

「いつでもどこでもわれわれに押し寄せる情報の正真性を確かめたい人のためのガイド」
　　　──『ワシントン・ポスト』紙

「これ以上のタイミングはない。ポスト真実時代のサバイバル・マニュアル。レヴィティンは、リアルとアンリアル、そしてシュ

ールリアルの見分け方を習得するための知的ツールを提供する」
——「リテラリー・レビュー・オブ・カナダ」

「ネイト・シルバー(『ニューヨーク・タイムズ』ベストセラー)の『シグナル&ノイズ』と同様、レヴィティンの本も、統計を理解可能、そしてときにはおもしろくさえする、希少な一冊」
——『マックリーンズ』誌

「虚偽情報は、情報時代の呪いだ。レヴィティンは、真実をねじ曲げるために、いかに言葉や、数字、図表が操作されているかを、ステップ・バイ・ステップで解説している」
——『スタンフォード・マガジン』誌

武器化する嘘

A FIELD GUIDE to LIES

情報に仕掛けられた罠

Critical Thinking in the Information Age

by Daniel J. Levitin

その探求心で私に考える力をつけてくれた
シャリに捧ぐ

はじめに ｜ 批判的思考 ……………………… 13

Part 1 ｜ 数字を吟味する

妥当性 …………………………………………… 26

平均たちで楽しもう …………………………… 34

グラフの軸を利用した誘導操作 ……………… 49

数字の見せ方で遊ぶ …………………………… 68

数値の収集方法 ………………………………… 103

確率 ……………………………………………… 127

Part 2 ｜ 言葉を吟味する

どのように得た情報か ………………………… 154

エキスパートのレベルを見極める …………… 162

代替説明の軽視と過小評価 …………………… 189

カウンターナレッジ …………………………… 207

Part 3 | 世の中を評価する

科学のしくみ……………………………… 220

論理的誤謬 ……………………………… 238

知らないものが何であるかを知る ……………… 253

科学と法廷におけるベイズ的思考 …………… 259

4つのケーススタディ ……………………… 266

結　論

付　録 ── ベイズの法則の適用

用語集

注　記

謝　辞

はじめに

批判的思考

　まず、一部の読者を間違いなく怒らせるであろう２つの問題点について言及しよう。ひとつめは人びとが用いる言葉についてであり、それが事実と妄想を区別せずにあいまいにするように使われているという点だ。２つめはすべての世代の国民に影響を与えているこの国の教育の欠如についてであり、それには危険な副作用があるという点だ。この２つの問題点により、予想をはるかに超える規模で、嘘が私たちの文化に浸透してしまっている。そして、嘘は武器と化し、同胞市民や自分自身のために適切な意思決定をするという人びとの能力をゆっくりと弱体化させてしまっているのだ。

　私たちの言葉にいったい何が起きたのだろうか？　オックスフォード英語辞典が発表した2016年を象徴する言葉は*ポスト真実（post-truth）*だった。それを「客観的事実よりも、主観や感情に訴える言論が世論形成に強く影響する状況を指す」形容詞だとオックスフォード辞典は定義している。この言葉の使用頻度が2016年に急激に高まったというのが選定理由だ。私はもう一度、そして１日も早く、「真実」という言葉を従来どおりに使えるようにしなければと思う。そして、真実はもはや存在しないなどという考えを受け入れてはならない。

　私たちは、虚偽という言葉の使用に非常な神経を使うようにな

った。他者との対立を避け、「円満」な関係を維持するためなのか、とんでもないでたらめとしか考えられないような事柄に対しても、婉曲表現を使うようになったのだ。2016年12月４日（「ポスト真実」が2016年の言葉に選ばれた数日後）、コメット・ピンポンと呼ばれるワシントンＤＣのピザ店が、ヒラリー・クリントンの運営する児童買春組織の拠点となっているという嘘に煽られて、ノースカロライナ州サリスベリーに住むエドガー・Ｍ・ウェルチという28歳の男が、約560キロ離れたワシントンＤＣまで車でやって来た。そして、ピザ店に押し入り、セミオートマティック銃を乱射した。ニューヨークの『デイリー・ニュース』紙は、ピザゲートと呼ばれる児童買春の嘘を「奇説」と表現した。本来「説」とは、ただの考えではなく、証拠を慎重に検討して得られた考えをいう。そしてその証拠は、公正かつ厳密に集められ、議論すべき問題に関連していなければならない。

　嘘の婉曲表現には、この他にも、カウンターナレッジ、部分的真実、極端な意見、代替真実、陰謀説、そして新しいものでは「フェイクニュース」などといった呼び方がある。

　「フェイクニュース」という言葉はどこか軽い響きで、仮病を使ってテストをサボる学生のイメージがある。こうした婉曲表現が、児童買春の話が真っ赤な嘘であるという事実を目立たなくしているのだ。発砲事件の記事を書いた人びとは、ピザゲートの話が真実ではないと知りながら婉曲表現を使っている。対立する２つの可能性のどちらかが嘘である場合は、話の表裏、話の両面とは呼ばない。ジャーナリストも、そして一般人も、一方の話が事実に基づいていないならば、両サイドに同じ時間を割くべきではない。両サイドに根拠があってはじめて両面が存在し、分別のあ

る人びとが、根拠の比較検討の仕方や結論をめぐって議論を戦わせる。もちろん、誰でも自分の意見をもつ権利はある。だが、自分の事実をもつ権利はない。嘘とは事実の欠如であり、たいていの場合、事実の正反対である。

真実は大切なものだ。ポスト真実時代とは、これまで人間が遂げてきた進歩を逆転させるような、意図的な理不尽の時代である。ジャーナリストたちが、実質的な嘘を「フェイクニュース」と呼びたがらないのは、嘘をついている当事者に不快な思いをさせないための気づかいだろう。しかし私は言いたい。かまわず不快にさせてやれ！ 叱責してやれ。

あるいはこのように考えるほうが適切かもしれない。ポスト真実時代に突入するさなか、この国の教育システムや教育機関では何が起きているのだろう？ 児童の平均読書量は小学2年生を過ぎると、毎年着実に減っていく。米教育省は、すでに15年前に、5人に1人以上のアメリカ人が、「印刷物を使った低レベルの推論」、つまり与えられた文章からも情報を見つけられない事実を発見した。今の若者は、証拠の定義やその検討方法を教わらずに育ったのだ。この実態は憤慨に値する。コメット・ピンポンで発砲事件を起こしたエドガー・ウェルチは、インターネットで読んだ陰謀説を「調査しにきた」と当局に話している。われわれのもつ強力な情報インフラは、非常に役立つ反面、損害をもたらす危険もあるのだ。ひとりひとりがその2つの違いを認識する必要がある。

ウェルチ自身はどういう考えか、調査をしているつもりだったらしいが、本当の調査が行われた形跡はない。この無知な市民は、証拠を集めて検討するにはどうすればよいかを知らないらし

い。このケースならば、ヒラリー・クリントンとピザ店のつながり、売春組織の運営に関心があると思われるようなクリントンの言動、彼女が何の利益のためにそのような行動をとる必要があるのかという動機を探すべきだろう。そしてウェルチは、ピザ店に足を運んだなら、売春をする児童や、売春客が出入りしているかを観察すればよかった。自分で調査を行う知力も教養もないのなら、調査ジャーナリストがその件について調べて書いた記事を読むなど、専門家の情報を頼りにすればよい。志の高いプロのジャーナリストは誰一人としてピザゲートをまともに受け止めていない、という事実が多くを物語っている。ジャーナリストは皆が腐敗し、政府の支配下にあると考える人びとがいるのはわかっている。連邦労働統計局の調べによると、[1]総勢4万5790人の記者や特派員がいる。また、業界団体であるアメリカニュース編集者協会は、アメリカでは、3万2900人の記者が1400社ほどの日刊紙で仕事をしていると推定する。そのなかには、本当に腐敗したジャーナリストがいるはずだが、皆が皆腐敗しているわけではない。

　フェイスブックは、情報源としての社会的責任を果たす努力の一環として「18億人のユーザーがフェイクニュースを通報しやすくする」仕組みを導入している。つまり、嘘を嘘と認識する取り組みだ。これを機に他のソーシャルメディアサイトも、コンテンツの監督者としての役割を担うことに積極的になるかもしれない。少なくとも、メディアが嘘の武器化に加担しないでほしい。

　多くの報道機関が、児童買春を行うピザ店の話がどこから発信されたのかを突き止めようとした。NBCは、マケドニア共和国

---

*　最近話題になっているとおり、彼女は巨額の講演料を稼いでいるので、金銭的動機ではないだろうと確信できる。

のヴェレスで「フェイクニュース」を捏造し、大儲けをしたあるコミュニティについて報じた。ピザゲートの発信元はここである可能性が高い。マケドニア地域は、1991年まで共産主義ユーゴスラビアに属していた。「バズフィード」と『ガーディアン』紙は、この町をドメイン名の登録住所とする偽のニュースサイトを100以上も発見した。アメリカの政党とはなんの関わりももたないヴェレスの若者たちが、嘘に基づいた記事を書き、フェイスブックなどのプラットフォームを使ったクリック課金型広告で、多額のアフィリエイト収入を得ていたというのだ。経済的機会に乏しい町の10代の若者たちでも、これなら何万ドルもの金を稼げる。ピザ店襲撃事件の元凶は、この少年たちなのだろうか？　それともSNSプラットフォームか？　もしくは、日常で見聞きする情報をうのみにする市民をつくり出したアメリカの教育システムなのだろうか？

　「だが、統計を批判的に吟味するのはこちらの責任ではない。それは新聞社や、ブロガー、政府、ウィキペディアなどが、読者のために行う仕事だ」という反対意見もあるかもしれない。それはもっともで、たしかにそういった機関や媒体の責任である。しかし、必ずしも吟味がなされておらず、嘘の増加に追いつかないのが現状なのだ。それは日増しに困難になっている。モグラたたきのような様相だ。ピザゲートの記事は100万以上の閲覧数を獲得した一方、デマ検証サイト*Snopes*による反証記事の閲覧数は３万5000に満たなかった。この国に出版・報道の自由があるのは幸いである。このような国は、歴史的に見ても少数なのだ。メディアの言論の自由と独立性は、けっして当然のものと思ってはならない。ジャーナリストと、彼らに報酬を支払うメディア各社は、

引き続き受け手が嘘を認識し排除するのを手助けするはずだ。しかし、それは彼らの手だけでは達成しきれない。だまされやすく未熟な一般大衆がいるかぎり、嘘が勝ってしまうのだ。

　もちろん、ヒラリー・クリントンがワシントンＤＣのピザ店で売春組織を運営していたなどと信じる人はほとんどいない。本書が指南するのは、そうしたとんでもない話にだまされないための策だけではない。自分は本当にこの新薬を飲む必要があるのか？　もしかしたら、背後では10万ドル規模のマーケティング・キャンペーンが展開され、製薬会社の都合のよいように選ばれて、バイアスのかかった、虚偽まがいのデータで、買うように仕向けられているのではないか？　裁判にかけられている有名人は本当に有罪なのか？　２つの投資商品、あるいは選挙前の異なる世論調査結果をどう検討すべきか？　十分な情報をもっていないと本当に理解しえないのはどのような事象なのか？　などといった事柄を自分で判断する術を伝授する。

　狡猾なごまかしにだまされないための、最も頼れる防御策として、ひとりひとりが批判的思考法を身につける必要がある。今の若者は、だまされやすいという、人間の進化にともなう傾向にあらがう方法を教えられないで育った。人間は社会的な動物なので、他人の話を信じやすい。また、人間の脳も話をつくり上げるのが大得意で、とんでもない根拠を提示されても空想をふくらませ、もしかしたら本当かもしれないという期待を抱いてしまう。だが、それこそが、創造的思考と批判的思考、嘘と真実を分かつ鍵なのだ。真実は、事実的、客観的証拠で裏付けられるのだ。主張が真実である可能性は*場合による*が、誠実な主張は必ず真実なのだ。

　スタンフォード大学が市民のインターネット情報に対する推論

能力を調査するために、中学生から大学生までの7800人を、2016年6月までの18カ月間テストした。研究者には「驚きの、そして恐ろしいほどの一貫性が見られた。全般的に、インターネットの情報に対する若者の判断能力をひと言でまとめると『先が思いやられる』だ」と述べている。彼らは、質の高いニュースと嘘を区別する能力に著しく欠けていたのだ。。若者たちにその見分け方を今すぐ教え始める必要がある。そのついでに、大人たちも再教育を受けたほうがよい。幸運にも、証拠に基づく思考法はたいていの12歳児でも教われば理解できる。

　ピザゲートの直接的原因はフェイクニュースだと言う人が多いが、ありのままに「嘘」と呼ぼうではないか。フェイクニュースには「ニュース」など含まれていない。嘘には、サンタクロースや痩せて見えるジーンズなど、信じても害のないものもある。嘘を*武器化*しているのは、メディアでもフェイスブックでもない。危険なのは信じる側の勢い、すなわち本当だと信じて疑わない姿勢なのだ。

　批判的思考が身につくと、一歩引いて事実を検討し、証拠に基づいた結論が形成できるようになる。ウェルチにＤＣのピザ屋で発砲という行動を起こさせたのは、自分の考えが間違っているかもしれないという理解力の完全なる欠如だ。現代社会に欠けている、優れた批判的思考の最も重要な要素は、謙虚さなのだ。これは単純だが重要な考えだ。自分はすべてを知らないという自覚があれば、学習できる。すべてを知っているつもりになると、学習は不可能だ。この国の教育システムとインターネット依存によって、知らないものが何であるかを知らない若い世代ができ上がってしまった。その真実を受け入れれば、優れたアメリカ人を教育

し、礼節を取り戻し、社会を脅かす大量の武器化された嘘の武装解除が可能となる。それが、民主主義を繁栄させるための唯一の方法なのだ。

3種類の戦略防衛

　私が本書を書き始めたのは2001年、大学で批判的思考を教えている最中だった。2014年から2016年にかけて本格的に執筆に取り組み、『ア・フィールド・ガイド・トゥ・ライズ（A Field Guide to Lies）』という、この版とは異なるタイトルで出版した。前書きも異なる内容だった。だが、それ以降、嘘の危険度と到達度が許しがたいほど増加した。社会に蔓延する嘘は、もはや愚痴や笑いごとでは済まされないレベルに達し、武器化している。この危険はますます増大する恐れがある。これまでに経験していないような事態を招くかもしれないし、そのような大それた状況は起きないかもしれない。いずれにしても本書は、初版と同様、政治や社会、経済がいかなる情勢にあっても必携の道具を提供する。

　問題の一端は、情報源の問題だ。昔は、事実に基づいた本や記事は、どこかの変人が地下室の自家用印刷機で印刷した本に比べ、本物然とした外観があった。だが言うまでもなく、インターネットの登場でその事情がすっかり変わってしまった。偏執的なウェブサイトでも、事実確認を経た権威あるウェブサイトと変わらない外観なのだ。その例は後章で紹介する。インターネットでは、虚偽情報が真の情報と恐ろしく複雑に入り交じり、真偽の分別を難しくしている。また虚偽情報は相手を選ばず、あらゆる社会的地位や学歴の人とも親和性が高く、意外な場所にも現れる。そし

はじめに

て人から人へ伝えられ、どんどん拡散する。ツイッターや、フェイスブック、スナップチャット、インスタグラム、タンブラーといったソーシャルメディアで世界中に広まる。そうして偽りの情報が既成事実として根を下ろし、いつのまにか、多くの人びとが事実でない情報を事実だと信じ込むようになる。

　本書のテーマは、見聞きする事実に潜む問題点、すなわち、読者を間違った結論に導く問題点を、いかに見抜くかがである。情報を提示する側は、うまくだまされてくと願っている場合もあれば、情報に問題があるのだと自分自身で気づいていない場合もある。情報がほぼ瞬時に利用できるようになった今日の世の中では、一国の首脳が一般人のSNSアカウントにひょっこり登場したり、「ニュース速報」が毎日毎時間、流れてきたりする。しかしその新しい情報が、見せかけの事実や事実の歪曲、そしてあからさまな嘘だらけでないかどうかを判断する時間があるのだろうか？　提示された情報が信用に値するかどうかを明らかにする効果的な方法を、誰もが必要としている。

　われわれが過去５年間に創出した情報の量は、それまでの全人類史が生み出した情報量を超えている。残念ながら、ウェブサイトや動画、本、そしてソーシャルメディアには、真実に交じって、そうでない情報が非常に多く含まれている。[2]虚偽情報の存在は昨日今日の問題ではない。何千年にもわたって、人間の生活に定着しており、聖書の時代や古代ギリシャ時代にも記録されている。ただ、現代に特有な点は、虚偽情報があまりにも蔓延しているという事実だ。嘘が武器として使われ、本来ありえないような社会的、政治的目的が達成される。

　本書では、嘘から身を守るための方法をいくつかに分類してい

る。パート1では数字の情報について語っている。いかに不正確な統計やグラフが、大きく歪んだ視点をもたらし、誤った結論、かつ賢明でない決断に導くかを説明している。パート2では、欠陥のある主張について検証する。人を納得させ、心に訴えながらも誤った方法で事実とはかけ離れた話をするのがいかに簡単かを紹介する。また、ニュースや、広告、報告書をより正しく吟味するにはどうすればよいかも随所で説明している。最後のパート3では、物事の真偽を見極める能力の基盤、すなわち科学的手法を扱う。科学は、最大の謎を解明するために発明された最良のツールであり、その起源は、アリストテレス、ベーコン、ガリレオ、デカルト、ゼンメルワイス、ポッパーなど、人類史上最も偉大な思想家にさかのぼる。パート3では、現在わかっているものとそうでないもの、知り得るものとそうでないものの限度について掘り下げる。また、論理的思考をどう適用すべきかを示すために、法廷での証言、医療に関する意思決定、マジック、現代物理学、陰謀論など、幅広い事例を挙げている。

批判的思考とは、すべてにケチをつけるという意味ではなく、証拠に基づいた主張とそうでないものとを見分けようとする努力を意味する。

特定の政党の党員や熱心な支持者は、よく統計やグラフで嘘をつく。大半の人は、細部への念入りな検証が面倒だと感じるとわかっているからだ。それほど頭がよくないだろうと思ってもいるかもしれない。だが、検証は誰にでもでき、いったん基本的な原則がつかめれば、図表の正確さ、あるいは不適切さがすぐわかるようになる。

先ほど挙げた児童の平均読書量が小学2年生を過ぎると毎年着

実に減っていく、という統計を例にとってみよう。ここからうかがえるのは、この国の教育システムには欠陥があり、子供たちが適切な学習習慣を身につけていない、向上心がない、知的な活動をしていない、といった傾向だ。しかし、立ち止まってこう問うてほしい。本の数を測定基準にしてそんな結論を出していいのか？　小学2年生が読むのは、だいたいとても短い本で、読書年齢とともに文章量が増えていく。中学生になれば、『蠅の王』（200頁）、大学生になれば『戦争と平和』（1225頁）などを読むようになる。読んだページ数や、読書時間で考えたほうがよいのではないだろうか。大学院や、法曹、政府、工業、金融、科学などの専門分野に進めば、読書数は減るかもしれないが、難しい学術記事を読む機会が増えていく。読書はしないが、憲法、法案、諜報ブリーフィング、新聞などを読むのに時間を費やしている官僚が、知的活動をしていないといえるだろうか？　ある統計が引用されたからといって、それが、取り上げられている問題に当てはまるとはかぎらないのだ。ちなみにこの調査は、読書スキルを向上させるソフトウェアメーカーによって行われたらしい。その会社は、読書量が減っていると報告すれば利益につながる立場なのだ。批判的思考とは、こんな具合に考えればよい。

　欠陥のある主張に気づけば、いくつもの推論を続けて有効な結論が導き出せるか否かがわかる。情報源にはグレードがあり、ニセの事実を事実に見せかけるのは容易で、発信者のバイアスによって歪められた情報が、誤った判断や結果をもたらす可能性を認識するのが情報リテラシーだ。

　証拠が数字である場合には「この数字はどこから来たのか？ どのように収集されたのか？」と問いかける必要がある。荒唐無

稽な数字が示されているときに、それを見破るには、いったん立ち止まって考えるべきだ。さらに、主張自体は妥当に聞こえても、情報源が信用性に欠けるという場合もある。たとえば、実際はその場にいなかったのに犯罪を目撃したと言う人のように。本書を読めば、[3]多くを学んだつもりが実際はそうでないというような状況を避け、嘘つきのしっぽをつかめるようになるはずだ。

Part 1

数字を吟味する

「厄介なのは、知識不足ではない。不正確な情報で知ったつもりになっているという問題だ」

——マーク・トウェイン

妥当性

　数字で示されるがゆえに、統計は冷徹で動かせない事実を示しているのだと思えてしまう。私たちに示された事実はもともとから存在するもので、単なる発見の問題なのだと思いがちである。しかし、人が統計を作るのだという事実を忘れてはならない。
[4]発表する側は、何を数え、どのように数え、得られた数値のどれを公表し、その数値の説明や解釈にどのような言葉を使うかなどを取捨選択しているのだ。統計は事実ではない。人による解釈だ。ともすれば、読者の解釈が発表者の解釈と同程度かそれ以上かもしれない。

　ときとして、その数字は間違っているので素早くできる妥当性のチェックが必要になる。そして、その数字が妥当と判断されても、数字の収集方法、解釈の仕方、そして視覚化の3つの手法のうちに潜む過ちが、人びとに不実のものを信じさせてしまうのだ。

　頭のなかか封筒の裏にメモをしながら、ある主張が妥当かどうかを素早くチェックし、主張を額面どおりに受け取らず、ひと手間かける必要があるのだ。

　妥当性のチェックを行う際は、正確な数字でなくてよい。えっ、と思うかもしれないが、精度は重要ではないのだ。次のような話は、常識でわかってしまう。バートがクリスタルのワイングラスをテーブルから落としたが、分厚いカーペットだったので割れなかった、と言ったら、それには現実味がある。一方、アーニーが、40階建てのビルの屋上からグラスを舗道に落としたが割れなかっ

た、と言ったら納得できないはずだ。人びとがこれまでに得た現実世界での知識や観察結果からそうとわかるのだ。同じく、ある人が、私は200歳だとか、ラスベガスのルーレットでいつも勝つとか、時速40マイル（約65キロ）で走れるなどと言ったら、それは現実味のある主張だとは思えないはずだ。

では、こんな主張はどうだろう？

カリフォルニア州で大麻法が失効してからの35年間、大麻の喫煙者の数は、毎年倍増してきた。

これは妥当だろうか？　さあ、どこから手をつけよう？　まず、35年前のカリフォルニア州では、大麻の喫煙者は1人だけだったと仮定しよう。これは非常に控えめな見積もりだ。1を、35回にわたって倍にしていくと、全世界の人口より多い、170億を超える数字になる。世界全体の人口を超えてしまうのだ。この主張は信じ難いばかりか、ありえない。残念ながら、多くの人が数字をうのみにするだけで、明確に考えられていないのだ。しかしご覧のように、小学校レベルの算数とある程度の合理的な仮定ができればそれで十分なのだ。

では、もう1つの例を考えてみよう。ある人がテレフォンセールスを始めたとする。何も知らぬ、かついらだった見込み客にいきなり電話をするという仕事だ。上司がやる気を引き出そうと

---

*　1982年、大麻関連の逮捕件数は、全米で50万件にのぼった。
**　自分でやってみよう。21年間にわたり繰り返し倍増していけば、100万以上になる。1、2、4、8、16、32、64、128、256、512、1024、2048、4096、8192、16,834、32,768、65,536、131,072、262,144、524,288、1,048,576

ナンバーワンのセールスマンは、1日で1000件成約した。

とハッパをかけたとする。これは現実的だろうか？　ある電話番号をダイヤルしてみよう。最速でもおそらく5秒かかるはずだ。そして相手が電話を取るまでにもう5秒かかったとしよう。そして、すべての電話が成約に結びついたとする。明らかに非現実的だが、百歩譲ってそう仮定し、妥当かどうかを考えてみよう。セールストークを展開し納得してもらうのに最低でも10秒、そして購入者のカード情報や住所を聞くのに40秒かかったとする。それで計算すると1件に1分（5＋5＋10＋40＝60秒）かかる。1時間で60件。8時間休憩なしでみっちり働いて、1日480件だ。1000件など、どんなに楽観的に見積もってもありえない。

　もう少し判断が難しい主張もある。これは2013年の『タイム』誌にあった見出しだ。

[5]携帯電話をもっている人のほうが、トイレをもっている人よりも多い。

　これはどう考えるべきだろうか？　上下水道が完備していない発展途上国の人口と、経済先進国では多くの人が携帯電話を2機以上もっているという事実を考え合わせればよい。この主張は妥当に聞こえる。だからといって、正しい情報として受け取る必要はない。馬鹿げた話だと頭から否定すべきではないというだけだ。この主張については次章で、別のテクニックを使って吟味する。ただ、妥当性チェックには合格である。

　主張によっては、判断が容易でなく、自分の力で多少の調べも

のをする必要も出てくる。たしかに、そんなことは新聞社やウェブサイトがすべきだ。しかし、多くの場合には行われていない。そこで、乱暴な統計が幅を利かせてしまうのだ。何年か前に

アメリカでは、[6]毎年15万人の少女および若い女性が拒食症で死亡している

と広く公表された。では妥当性のチェックをしてみよう。少し掘り下げる必要がある。米国疾病対策センターによると、15〜24歳の女性の、すべての死亡原因を含む死亡者数は、年間約8500人だ。[7]25〜44歳の女性を加えても５万5000人にしかならない。[8]拒食症による死亡件数が総死亡件数の３倍になるわけがない。

『サイエンス』誌のある記事で、ルイス・ポラックとハンス・ワイスがCOMSAT（コミュニケーション・サテライト・コーポレーション）が設立されてから

[9]電話の通話料金が１万2000％安くなった。

と報告した。料金が100％下がったというなら元の料金がいくらであろうとゼロになってしまう。料金が200％下がったというなら、もともと払っていた金額と同額の現金を、誰かにもらわなければならない。100％の値下げなどめったにないのに、[10]１万2000％などありえない。そして、査読誌『ジャーナル・オブ・マネジメント・デベロップメント』には、「カスタマーサービスの新たな戦略が実施されると、[11]顧客のクレームが200％低減し

---

* Journal of Management Development

た」といった主張が記載されていた。また作家のダン・ケッペルは、自らの著書に『払った分の価値を得よう：株、投資信託、すべての金融ニーズで200％節約する』*というタイトルをつけている。MBA保持者にしてはお粗末すぎる。

当然ながら同じ数値になるためには、同じ基準値の下で割合を適用する必要がある。給料が5割減った場合、減った給料が5割増えても、元には戻らない。それは基準値が変わってしまったからだ。週給1000ドルだった人が給料を5割減らされれば500ドルだ。その場合、その給料の5割を上げても750ドルにしかならない。

割合はとても単純で、ごまかせないように見えるが、実はまぎらわしいのだ。金利が3％から4％に上がったとしよう。それは1％ポイントの増加、あるいは33％増しということになる**。金利が4％から3％に下がったとしよう。1ポイント減だが、それは33％減ではなく、25％減である（この場合1ポイント減は、4％を基準値とした1％、すなわち4分の1なのだ）。研究者やジャーナリストでも、[13]ポイントとパーセンテージの違いに神経を尖

---

* Get What You Pay For : Save 200% on Stocks, Mutual Funds, Every Financial Need
** 1ポイント増しは、3％を基準値とした1％、すなわち3分の1＝0.33のことだ。

らせる人ばかりだとはかぎらない。しかし、あなたにはそうあってほしい。

『ニューヨーク・タイムズ』紙は、[14]コネチカット州のある織物工場が、人件費の高さを理由に閉鎖し、バージニア州に移転したと報じた。同紙は「賃金、労災保険料、雇用保険料といった人件費がコネチカット州ではバージニア州の20倍だと報じた。これは妥当だろうか？　これがもし本当なら、この工場だけでなく、多くの企業がコネチカット州からバージニア州へ集団移転し、すでに話題になっているはずだ。実際、これは誤報だったため『ニューヨーク・タイムズ』紙は訂正を出す羽目になった。なぜこのような事態が起きたのだろうか？　記者が、会社の報告書を単に読み間違えたのだ。実際、人件費の中の雇用保険料だけは、たしかにバージニア州の20倍だったが、他の人件費を計算に入れると、コネチカットの総体的な人件費は、バージニアの20倍ではなく1.3倍にしかすぎなかった。記者が経営管理に関する教育を受けていなかったというのは仕方がなく、またそのような期待をもつべきではないのだ。ただ、このようなミスに気づくには、一歩引いて自分の頭で考える必要がある。それは誰にでもできるはずだ（そして記者も編集者もそうすべきだった）。

ニュージャージー州では、すでに生活保護を受けている状態で出産した母親に、[15]追加の給付金を出さないという法案が採択されている。ニュージャージーで生活保護を受けている女性は、毎月の給付額を増やす目的で子供を産んでいると考えた議員がいたのだ。2カ月もしないうちに議員たちは、この「ファミリー・キャップ（家族制限）」法が大成功だったと宣言した。すでに出生率が16％も低下したというのだ。『ニューヨーク・タイムズ』紙

がこう報じている。

> わずか2カ月後に、同州は、[16]生活保護を受ける母親の出産率が16％低下したと数字を示して発表し、素早い成功を喜んだ。

注目してほしいのは、州が妊娠件数ではなく、出産件数を数えている点だ。さてどこがおかしいのだろう？　妊娠から出産まで9カ月かかるので、法案が可決して2カ月後の出産件数がその法案の成果であるはずがなく、おそらく出生率の正常な変動であろう（出生率は季節変動で知られている）。

しかしそれはさておいても、ニュージャージー州の報告には、妥当性をチェックするだけでは見破れない問題がまだあったのだ。

> ……16％とされた減少率は、時の経過とともに、約10％に落ち込んだ。同州が、当初届け出がなかった出産の存在に、遅まきながら気づいたからである。すぐに届け出がなかったのは、生活保護費の増額がないなら[17]届け出る必要もないと考える母親が多かったためだったと見られる。

この不正確な減少率は、統計データの収集方法に潜む問題が原因だったという例だ。全件数を調査したつもりでも、取りこぼしていたのだ。

論理的思考に潜む間違いには、なかなか気づけないものがある。しかし、慣れれば見破れるようになる。まずは、基礎的で、ときとして誤用されるツールについて考えてみよう。

円グラフは、割合、つまり各項目の全体に対する構成比率を容易に可視化する方法だ。たとえば、ある学区の予算全体の何％が、給与、教材、維持費といった項目に使われたか、あるいは、教材費の何％が、数学、科学、言語科目、体育、音楽などに使われたか、を知りたい場合などに役に立つ。割合の合計が100でなければならないというのが、円グラフの基本ルールだ。本物のパイを思い浮かべてほしい。そのパイを9人で等分するとしたら、8つに切ってしまったらおしまいだ。等分してそれ以上には増やせない。しかしFOXニュースは、それにもかかわらず、こんな円グラフをテレビで使ったのだ。

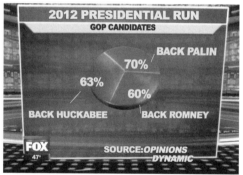

円グラフの大原則：割合の合計は100である。
（FOXニュース2010年）

このようになった原因は、想像がつくと思う。有権者に支持する候補者を聞き、複数回答を認めたのだ。しかし、そうした結果は円グラフにすべきではなかったのだ。

平均たちで楽しもう

　便利な代表値である平均は、円グラフよりはやさしく、膨大な情報の特徴を1つの数字で示せる。資金調達の担当者やセールスマネジャーが、ある部屋にいる人たちとの会合が有益かどうかを判断するために、参加者の資産の平均を知りたいと思うかもしれない。または、バンクーバーからバンフに車で行くためのガソリン代を見積もるために、平均価格を知りたいと思うかもしれない。しかし、平均は見かけよりずっと使い方が難しいのだ。

　平均には3つの種類があり、それらの結果は異なる数値になる場合が多い。そのため統計に詳しい人は通常平均という言葉を避け、より正確な*算術平均、中央値（メジアン）、最頻値（モード）*という用語を好む。「算術平均的平均」とか「中央値的平均」と呼んだり、「平均」と単独で使ったりはせず、*算術平均、中央値、最頻値*と言う。これらの数値は同一にもなるが、多くの場合は異なる。平均という言葉が使われているときは、たいてい算術平均を指すが、断定はできない。

　算術平均は3つのなかで最もよく使われ、観測値や報告値の総合計を計算し、それらの数で割った結果である。たとえば、ある部屋にいる人びとの平均資産とは、単純に資産の総和を人数で割ったものだ。この部屋には10人の純資産額が10万ドルの人がいたとすると、その部屋にいる人の総純資産額は100万ドルなので、計算機を使わずに算術平均を出せる。それは10万ドルである。別の部屋には、純資産額が1人あたり5万ドルから15万ドルの人が

10人いて、その和が100万ドルになるとしよう。その算術平均はやはり10万ドルだ。100万ドルを、個人の所有額に関係なく、単に10人で割るからだ。

一方、統計学者が「分布」と呼ぶ一連のデータの中央に位置する値が中央値である。観測値の半数は中央値より上で、半数は下になる。先ほど述べたように、平均には1つの数字でデータ全体を表せるという特長がある。観測値のいくつかが、大多数の値から著しくかけ離れている統計用語でいう*外れ値*である場合に、算術平均より中央値のほうが優れた働きをしてくれる。

今度は、9人がいる部屋を訪ねる。ここには、純資産額がほぼ10万ドルの人が8人と、破産寸前で、純資産額が借金のせいでマイナス50万ドルという人が1人いる。メンバーの内訳はこうだ。

1. −50万ドル
2. 9万6000ドル
3. 9万7000ドル
4. 9万9000ドル
5. 10万ドル
6. 10万1000ドル
7. 10万1000ドル
8. 10万1000ドル
9. 10万4000ドル

以上を合計すると29万9000ドルだ。それを観測数9で割った1人あたりの算術平均は3万3222ドルだ。しかしこの場合、算術平均では、部屋全体の傾向をよく表してはいない。これでは、たった

1人の例外的な人により、資金調達の対象としてあまり好ましくない人たちだと思えてしまう。なぜなら1つの外れ値が平均を引き下げているからだ。これが算術平均の問題点で、外れ値の影響を受けやすいのだ

ここでの中央値は、10万ドルだ。この値より下の人が4人、上の人が4人いる。最頻値は、10万1000ドルとなる。他の観測値よりもこの観測値の出現回数が多いからだ。この特殊な例では、中央値や最頻値のほうが、算術平均より有用である。

平均を使って、データから伝えたい内容を操作する方法はたくさんある。

では、2人の友人と共同で、従業員5人の小さなスタートアップ企業を立ち上げたとしよう。年末なので、会社の財務状況を従業員に報告しようとしている。従業員たちには冷たいピザを食べ長時間労働をしてきた甲斐があったと思ってほしいし、出資者を引きつけたいとも思う。年収7万ドルのプログラマーが4人と、年収5万ドルの受付係兼オフィスマネジャーが1人いるとする。この場合の従業員の平均年収（算術平均）は6万6000ドルだ。（4×70,000ドル）＋（1×50,000ドル）を5で割った数字だ。2人の友人とあなたはオーナーなので、それぞれ年収10万ドルだ。したがって人件費は（4×70,000ドル）＋（1×50,000ドル）＋（3×100,000ドル）＝630,000ドルである。さらに、会社が21万ドルの利益を出したので、あなたとあと2人の共同創業者でそれをボーナスとして3等分したとしよう。創業者は1人あたり、100,000ドル＋70,000ドルを手に入れる。さて、これをどのように報告すればよいだろう？

まず、

従業員の平均年収：6万6000ドル
オーナーの平均年収＋利益配分：17万ドル

と報告できる。これは事実だが、これを見て喜ぶのはあなたたちとあなたたちの母親ぐらいだ。従業員が知ったら、自分たちの給料が安すぎると感じるだろう。同時に潜在的投資家たちには、オーナーの給料が高すぎると思われる可能性もある。そこで、

従業員の平均年収：6万6000ドル
オーナーの平均年収：10万ドル
利益：21万ドル

と言い換えてみよう。

　こう表現したほうが、潜在的投資家への印象はよくなる。オーナー3人で山分けした利益については報告しなくてもよい。また、従業員に報告する際は、3行目の利益の項目も割愛してよいのだ。そうすれば、4人のプログラマーは、それぞれ自分が高く評価されたと感じるだろう。4人とも平均年収より高い額をもらっているからだ。受付の人は気の毒だがあまりいい気持ちがしないかもしれない。しかし、プログラマーのほうが高給取りだとすでに承知しているはずだ。

　次は、あなた自身が過労気味なので、2人のパートナーを説得して、従業員を増やしたいとしよう。2人は批判的思考が得意なほうではない。多くの企業がやっているように、21万ドルの利益を5人の従業員で割った「従業員1人あたりの利益」をパートナ

ーに報告するのも手だ。

　　従業員の平均年収：6万6000ドル
　　オーナーの平均年収：10万ドル
　　従業員1人あたりの年間利益：4万2000ドル

　この数字を見せて、従業員に払っている給与の64%（42,000／66,000）が会社の利益として戻ってきている、つまりは利益を計算に入れると、従業員の平均給与は実質66,000ドルの36%だけでいいのだ、という主張ができる。もちろん、そのような数字を示しても、従業員の増加が利益の増加につながるとは示していない。ともすれば、あなたの会社の利益と従業員の数とのあいだには、まったく関係がないかもしれない。しかし、批判的思考ができない人なら、従業員を増やす理由として納得してくれるだろう。
　最後に、ことのほか公正かつ公平な雇用者であるあなたが、自分の利益配分と従業員の給与の差がかなり良心的だとアピールしたい場合、どうすればよいだろうか？　21万ドルの利益のうち、15万ドルをあなたと2人のパートナーでボーナスとして3等分し、残りの6万ドルを「利益」として報告してみよう。この場合は、平均年収を出す際に、あなたとパートナーたちのボーナスもそこに入れる。

　　平均年収：9万7500ドル
　　オーナーの利益配分：2万ドル

　さてここからが本当に面白いのだ。

給与コスト総額＋ボーナス：84万ドル
給与：78万ドル
利益配分：6万ドル

　こうすると、かなり良心的だ！　どうだろうか。給与と利益配分を合わせて84万ドルのうち、オーナーたちの懐に入ったのはわずか6万ドル、または7％だ。従業員は、非の打ちどころがない経営人だと思うだろう。会社のオーナーが7％取ったからといってねたむ人などいないだろう。しかも7％というのはそんなに高い数字ではない。利益配分の総額であり、それを3人のオーナーで山分けするのだから1人あたり2.3％だ。わざわざ文句を言うような数字ではない！

　実はもっといいやり方もある。会社設立の初年度は、年収4万ドルのパートタイムの従業員しか雇っていなかったとしよう。そして2年目から平均年収6万6000ドルのフルタイム従業員を雇ったとする。この場合、従業員の平均給与額が65％上がったと主張しても嘘にはならない。なんとすばらしい雇用主なのだろう！実際は、パートタイムとフルタイムを比較した数字なのだが、こうすれば聞こえがよくなる。しかも、この手段を使うのはあなたが最初ではない。ＵＳスチール*も1940年代にやっていたのだ。

　刑事裁判では、情報提示の仕方、つまり、フレーミング**という方法によって、陪審員による有罪・無罪の評決が大きく左右される。たとえば、[18]数値が同じ値であっても、「ヒューストンの

---
* 訳注：米国最大の製鉄会社
** 訳注：話の枠組みや基準を変えることで、相手のものの見方を特定の方向に誘導すること。

住民の1000人に1人がこの血液と一致するのです」と言うより、「この血液が実際に容疑者のものでないのに型が一致する確率は0.1％しかありません」と言うほうがはるかに説得力がある。

「夫婦の何組に1組が離婚」というような結果を表すとき、平均がよく使われる。だからといって、その統計があなたの住んでいる通りや、ブリッジクラブ、知り合いにそのまま当てはまるとはかぎらない。あくまでも全国平均なので、当てはまるかもしれないし、当てはまらないかもしれない。また、どんな人が離婚しやすいかは、特定の影響を受けやすい要因に左右されるのかもしれない。

同様に、たとえば、生まれてくる子供の5人に1人は中国人だと、どこかに書いてあったとする。同じ通りに住んでいるスウェーデン人の一家には4人の子供がいて、母親が5人目を妊娠している。このような場合における中国人の子供が生まれてくる可能性は意味してはいないのだ。5人に1人は世界平均であって、特定の世帯や、特定の地区、また特定の国で生まれてくる子には当てはまらない。

平均の使われ方には注意しなければならない。だまされやすい使われ方の1つに、完全に性質の異なる集団の標本を組み合わせて平均を出している場合がある。その結果、たとえば、

[19]**人間は、平均1つの睾丸をもっている。**

というような、荒唐無稽な所見が導き出される可能性もある。この例は、算術平均、中央値、最頻値の違いを説明している。世界の人口は、女性のほうがわずかに男性を上回っているので、睾

丸の数の中央値、最頻値はゼロだが、算術平均は1に近い（おそらく0.98くらいだろう）。

また平均は、範囲についての情報を何も示していないので注意してほしい。カリフォルニア州デスバレーの平均年間気温は、華氏77度（摂氏25度）という適温だ。しかしその範囲は、[20]華氏15度（摂氏マイナス9.5度）から華氏134度（摂氏約56.5度）と、命にかかわるような気温まである。

あるいはこんな例も考えられる。ある部屋にいる100人の平均資産が3億5000万ドルにのぼると聞いたとしよう。そこには自分の会社のトップセールスマン100人がいると思うかもしれない。しかしその部屋にいるのは、マーク・ザッカーバーグと99人の貧困者かもしれないのだ。平均は、たびたび重要な違いをぼかしてしまう。

平均で、もう1つ気をつけねばならないのは、*2峰性分布*である。先ほど、最頻値は最も頻繁に出現する値だと言った。生物学、物理学、社会学のデータ群では、分布図に2つ以上のピーク、すなわち他の観測値よりも頻繁に出現する値が見られるのだ。

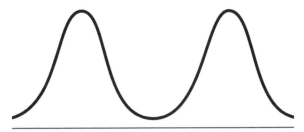

* 資産総額350億ドル

仮にこのグラフが、[21]人びとが１週間にランチに費やした金額（x軸）と、各金額を費やした人数（y軸）を示しているとする。調査対象には２種類の異なる性質の集団が混ざっており、その１つは左の山で、子供が学校の給食を買っている、もう１つは右の山でビジネスエグゼクティブが高級レストランに行っているのだとする。算術平均と中央値は、２つの山の中間の値となり、何が起きているかを示してはくれない。それどころか、多くの場合、算術平均と中央値は、実際には誰も費やしていない金額になってしまう。このようなグラフは、ときとしてデータに異なる性質の集団が混ざっている事実や、比較してはならない２種類の集団を比較しているのだという証拠を示してくれている。このような場合は、その標本が２峰性分布を示している旨と、その２つの最頻値を報告するとよい。集団を２つに分けてそれぞれの統計データを提示するとよりよいだろう。

　しかし、平均により個人や集団についての結論を出す場合には注意が必要だ。あまりにも一般的なため、よくある落とし穴には、名前までついている。生態学的誤謬と、例外的誤謬である。生態学的錯誤は、集団の算術平均などの集計的な統計データをもとに、個人について推測してしまう誤りであり、例外的誤謬とは、数人の例外的個人についての情報をもとに、集団について推測してしまう誤りである。

　たとえば、２つの小さな町があったとする。それぞれ、住民はわずか100人しかいない。A町は、99人が年収８万ドルだが、自分の敷地で石油を掘り当てた大金持ちが１人いて、年に500万ドル稼いでいる。一方B町では、50人が年収10万ドル、もう50人が

14万ドルを稼いでいる。A町の年収の算術平均は12万9200ドル、B町は12万ドルだ。A町のほうが年収の算術平均は高いが、100分の99の確率で、B町からランダムに選んだ人のほうが、A町からランダムに選んだ人より収入が高い。生態学的錯誤では、算術平均が高い集団からランダムに選んだ個人のほうが高収入である可能性が高いと考えてしまうのだ。興味深いのは、上の例でA町のほうでは算術平均が高く、最頻値はB町の方がほうが高いのだ。

　では例をもう1つ。裕福な人は、共和党に投票する可能性が高いといわれているが、より裕福な州は民主党に投票する傾向があるという証拠もある。この場合、より裕福とされる州の資産額が、ごく一部の非常に裕福な個人によって歪められている可能性がある。[22]2004年のアメリカ大統領選挙で、共和党候補のジョージ・W・ブッシュが、最も貧しい15州を勝ち取り、民主党候補のジョン・ケリーが最も裕福な11州のうち9州を勝ち取った。しかし、年収が20万ドルを超える投票者の62％がジョージ・ブッシュに投票し、年収1万5000ドル未満でブッシュに投票した人はわずか36％だったのだ。

　次は例外的誤謬の例だ。ボルボが最も信頼できる車だと書いてあったため、ボルボ購入を決めたとしよう。しかしディーラーに行く道すがら、ボルボを扱う修理工場を通りかかり、そこの駐車場が修理を待つボルボでいっぱいだったとしよう。これを目にしてボルボを買うのをやめたとしたら、それは、比較的少数の例外的な事例をもとに、集団全体について推測してしまっているのだ。ボルボは絶対に修理を必要としないとは誰も言っておらず、修理

---

* すべてのケースでこうなるとはかぎらない

を必要とする確率が総体的に少ないというだけの話だ。もう1つ注目すべきなのは、ボルボばかりが集まる専門の修理工場を見てしまっているので、それに過度な影響を受けているという点だ。それによって「基準率」が変わったのであり、専門の修理工場に集まっているボルボは、母集団から無作為に抽出された標本ではないのだ。

　これであなたは平均のエキスパートだ。もう、100年前の人は現代人ほど長生きではなかった、というような有名な誤解にだまされはしないだろう。近代になってから、人の寿命が着実に延び続けているという記事をどこかで読んでいると思う。1850年生まれの[23]人びとの平均寿命は、男性が38歳、女性が40歳だった。そして1990年生まれの人は、男性72歳、女性79歳である。そう聞くと、1800年代の人びとは今より短命だったのだから、50代、60代の人はめったに見かけなかったはずだと考えてしまう。しかし実際は、今と同じように長生きしていた。ただ、乳幼児や子供の死亡率が、平均を歪めるほど高かったのである。当時は、20歳まで生き延びれば、長生きできたのだ。実際、1850年当時、50歳だった白人女性の寿命は73.5歳で、60歳だった女性は77歳まで生きるとされていた。現代の50歳、60歳の人の寿命は、たしかに1850年当時に比べ10年ほど延びている。それは、主に医療が発達したためである。しかし、収入が大きく異なる人びとが1つの部屋に集まっている上述の例と同様、過去175年における出生時平均寿命の変化は、2つの標本の大きな違いを反映している。1850年当時は、乳幼児の死亡率が非常に高く、寿命の平均を下げていたのだ。

＊　宣伝でよくある「個々の車によって性能が異なる場合があります」という但し書きはそのためなのだ。

次の例は、頭の体操だ。平均的な子供は、通常、[24]平均的な家庭の子ではない。どういう意味だろうか？　それは、基準値が変わるためである。

　仮に、ある郊外のコミュニティにおける世帯あたりの子供の数が平均3人とどこかに書いてあったとする。それを読んだあなたは、平均的な子供は2人の兄弟をもつと結論づけるかもしれない。しかし、それは間違いなのだ。平均的な大学生は平均的規模の大学に通っているのか？　平均的な従業員は平均給与をもらっているのか？　また平均的な木は平均的な森林で伐採されているのか、といった論理クイズも同じなのだ。いったいどういう意味だろう？

　これらのケースはすべて、基準値あるいは調査対象の標本集団の変化が関与している。1世帯あたりの平均の子供の数を算出する際、標本となるのは家庭である。大きな家庭も小さな家庭も1世帯と数える。しかし、兄弟の数の平均（算術平均）を出すときの標本は子供たちだ。大世帯の場合、子供のひとりひとりが個別に調査対象となるので、それぞれの子供の兄弟の数が、兄弟の数の平均に大きな影響を及ぼしてしまう。つまり、子供が10人いる家庭の場合、子供の数の平均を調べる*世帯統計*では1世帯と数えられるが、*兄弟の数の平均*を調べるときは10人となる。

　仮想コミュニティのある地区に、30世帯が住んでいたとする。子供がいない家庭が4世帯、子供が1人の家庭は6世帯、2人が9世帯、6人が11世帯である。1世帯あたりの子供の数の平均は、90（子供の総数）割る30（世帯の総数）で、3人である。

---

* このテーマに関する、ジェイムズ・ジェンキンズとテレル・トゥーテンのすばらしい論文があり、そのタイトルに「平均」が使われているので、それに敬意を表する意味で、ここでは「算術平均」をあえて「平均」と言うことにする。

では、兄弟の数の平均を見てみよう。よくある誤解は、平均的な家庭には子供が3人いるのであれば、平均的な子供にはそれぞれ2人の兄弟がいるはずだと考えてしまう。実際には、世帯あたりの子供の数が1人の家庭では、兄弟の数はゼロである。子供の数が2人の世帯ではひとりひとりの18人の子供は、それぞれ1人の兄弟をもつ。子供の数が6人の世帯では66人の子供は、それぞれ5人の兄弟をもつ。子供の総数は90人だが、兄弟の総数は348人になる。平均的な子供は、子供が3人の家庭に暮らしているが、兄弟の総数348人を子供の総数90人で割ると、子供1人あたりの兄弟の平均数は約4人となる。

	世帯数	1世帯あたりの子供の数	子供の総数	兄弟の数
	4	0	0	0
	6	1	6	0
	9	2	18	18
	11	6	66	330
合計	30		90	348

1世帯あたりの子供の平均数：3.0
子供1人あたりの兄弟の平均数：3.9

25

子供がゼロ×4世帯

子供が1人×6世帯 - 兄弟数がゼロの子供×6人

子供が2人の家庭×9世帯 - 兄弟数が1人の子供×18人

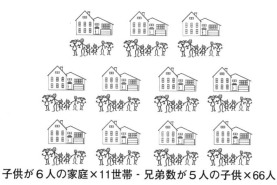
子供が6人の家庭×11世帯 - 兄弟数が5人の子供×66人

　今度は、大学の規模について考えてみよう。アメリカには、学生数5万人以上の非常に大きな大学がたくさんある（たとえばオハイオ州立大学やアリゾナ州立大学などだ）。また、学生数が3000人未満の小規模大学も多い。大学の数を数えて平均を出すと、大学の平均的な規模は学生数が1万人かもしれない。しかし

＊ ケンヨン大学やウィリアムズ大学などだ。

学生の数を数えて平均を出すと、学生数が3万人を超える大学に通っている学生が平均的なのだとわかる。それは、学生数を数える場合、大きな規模の大学から得られるデータ数のほうが、はるかに多いからだ。同様に、平均的な人は平均的な都市に住んでいるわけではないし、平均的なゴルファーは、平均グロススコア（18ホールの総打数）を出しているわけではない。

これらの例では、基準値、すなわち分母が変化しているのだ。先ほど検討した、子供の死亡率によって歪んだ分布と同様の例をもう1つ見てみよう。[26]平均的な投資家は平均的なリターンを得ているわけではない。ある調査では、100ドルを30年間運用した場合の平均リターンは760ドル、あるいは年利7％だった。しかし投資者の9％は損をしており、なんと69％が平均リターンに満たない成績だった。これは、平均を非常に上回る一握りの人びとによって平均が歪められているためだ。下のグラフでは、大金を稼いだ幸運な投資者のせいで、算術平均が右にずれている。

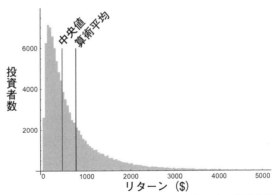

100ドルを30年間運用した場合の見返り。大半の人が算術平均のリターンより少ない収益を得ていることと、一握りの幸運な人が、算術平均のリターンの5倍以上も儲けていることに注目。

グラフの軸を利用した誘導操作

　人間の脳は、文字による大量の数値データを処理するようにはできていない。それよりも視覚的に表現されたデータを目で見てパターンを見いだそうとする。すべての値を用いて表にするのが最も正確だが、それでは同時に最も解釈しにくいデータの表示形態になってしまう。そこからのパターンや傾向の読み取りは、ほとんどの人にとって困難、あるいは不可能だ。そこで、われわれはグラフや図に頼るのだ。グラフには大きく分けて2種類ある。すべての観測値を散布図のように視覚的に表したグラフと、データ削減の目的を果たすグラフである。データ削減とは、たとえばデータを要約した算術平均や中央値のみを出すといった手法だ。

　グラフを使ってデータを操作したり、歪めたり、偽ったりする方法はたくさんある。注意深い情報の受け手は、その術中にはまらない。

軸ラベルのない軸

　統計グラフを使った最も基本的なだましの手法は、軸にラベルを付けないというやり方だ。軸にラベルが付いていなければ、何が表されているのかまったくわからない！　たとえば、[27]ある会議で学生研究員が作成した次のようなポスターが使われていた。

＊　これは私が再現したもの

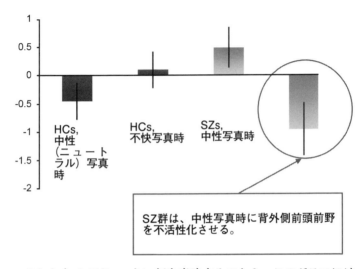

これらすべてはいったい何を意味するのか？　このグラフには付いていないポスターの文章によると、研究者らが、統合失調症患者（SZ）の脳の活性化を調べているらしい。ではHCとは？説明はないが、文脈からSZとの比較対照にされているらしいので、「健常対照群」ではないだろうか。HC群とSZ群が異なる反応を示しているのがわかるが、さて……y軸には数字はあるが、単位がまったく推測不能だ！　いったい何を測定したのだろう？テストのスコアか？　脳活性化の値か？　活性化された脳部位の数か？　あるいはジェロのプディングを食べた数か？　はたまた、過去6週間に見たジョニー・デップの映画の本数か？

次の例は、[28] ある出版社のクラウドファンディングでの売り上げを除いた、総売上高をグラフにしたものだ。

---

* 公平を期すために言っておくが、研究者らは後にこの成果を査読誌で発表し、あるウェブサイトにこのミスを指摘されて修正している。

クラウドファンディングでの売り上げを除いた総売上高

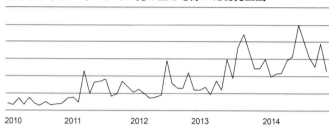

前の例と同様だが、今度はx軸だ。数字はあるものの、それが何であるか示されていない。この場合は自明で、おそらく2010年、2011年……という暦年、あるいは事業年度なのだろう。そして、年と年のあいだで折れ線が上下していることから、（適切な表示がないのであくまで推測だが）データは毎月の観測値だと思われる。y軸に関しては、一切表示がないので、横線が何を示すのかわからない。50セントから5ドルに増えた年間売り上げを表すグラフなのかもしれないし、5000万部から1億部に増えたというのかもしれない。しかし心配は無用である。このグラフには役立つ文章がついていた。「今年もすばらしい年でした」とあった。ならば、その言葉を信じざるをえないだろう。

切断された縦軸

よくできたグラフは、軸の終端が明確に示されている。これは、数量の実際の変化や変化の予測を記録し、読者に正しい結論を導いてほしい場合にはとくに重要である。犯罪率、死亡件数、出生件数、収入、あるいはゼロになり得るあらゆる数量を表す場合は、

ゼロを軸の最低値にすべきである。しかし、読者のパニックや憤慨をあおるのが目的であるなら、データの最小値の近くをy軸の原点にするとよい。そうすれば、読者はグラフが示している視覚的な差の大きさに気を取られ、実質的な差の大きさには注意を向けにくくなり、アピールしたい差が強調されるからだろう。

2012年に[29]FOXニュースが、ブッシュ減税が失効したらどうなるかを示すために、放送でこんなグラフを表示した。

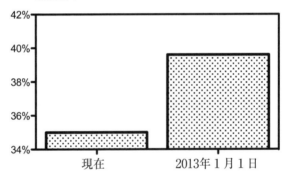

このグラフは、あたかも税率が大幅に上がるような視覚的印象を与える。右側の棒の高さが、左側の棒の6倍になっている。6倍の増税など誰が望むものか？ 数字恐怖症だったり、急いでいたりする視聴者は、y軸をよく見ないで、実際は35％の税率が39.6％になるだけだという事実を見逃す可能性がある。もし減税が失効しても、上がるのは13％で、グラフから見て取れるように

6倍も上がったりはしない。

もし縦軸の原点がゼロであれば、視覚的に13%の差異が読み取れたはずである。

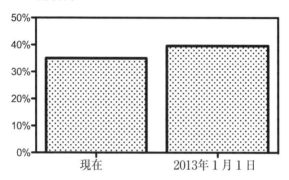

30 中抜きされた縦軸・横軸

ある都市の犯罪件数が、過去10年にわたって毎年5％ずつ上昇しているとする。それをグラフで表すとしたら、次のようになるだろう。

---

* 4.6ポイントの上昇とは、税率35%を100とした場合の13%である。

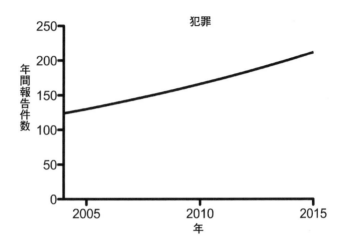

　このグラフにおかしいところはない。だが仮に、家庭用セキュリティシステムを売っており、人びとを怖がらせて商品を買うように仕向けさせたいとしよう。その場合はまったく同じデータを使いながら、x軸を中抜きするといい。それによって真実が歪曲され、人の目を見事にごまかせる。

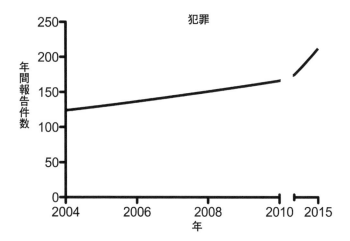

　このグラフは、一見犯罪率が急上昇したような印象を与える。しかし見破れるはずだ。x軸の途切れた部分には、5年分のデータが、2年分の長さに押し込められているのだ。上昇が目立って当然である。これはグラフを作る際の根本的な欠陥だが、軸をよく見たりはしない読者がほとんどなので、簡単にまかり通ってしまうのだ。

　また、x軸の中抜きに創造性を発揮するだけではなく、y軸にも創造性を発揮して同じ効果をねらえる。y軸の目盛りを切り詰めても、線を切断しなければ、そうしたやり方を隠せるのだ。だからついでにy軸も中抜きしてしまおう。

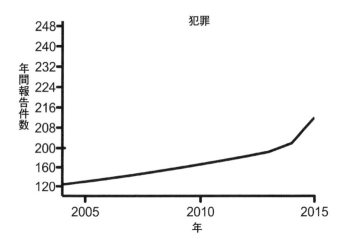

　これは少々悪質だ。ほとんどの読者は座標内のカーブを見るだけだ。縦軸の１目盛の意味が下の方は40件ごとなのに、200件を超えるといきなり１目盛８件になっている。このトリックには気づかないだろう。

　良心的にやるなら、軸の目盛りが連続している最初の犯罪グラフを使うべきだ。さて、統計を批判的に評価をする際には、統計データの収集方法あるいは提示方法という要因で、真実が見えていないのではないかと疑ってみてもよい。

　１つ考えられるのは、特別に治安が悪い特定の地区では増えたが、市内のそれ以外の地区では犯罪が減っている可能性だ。その特定された地区はもう手がつけられないと地元警察がさじを投げ、取り締まるのをやめてしまった。市全体としては安全――むしろ以前よりも安全かもしれないが、治安の悪い１地区のせいで犯罪率が上昇してしまった、と考えられる。

　もう１つは、ありとあらゆるタイプの違法行為が犯罪として包

括されているために、重大なポイントを見逃している可能性だ。もしかしたら、暴力犯罪はほぼゼロに落ちているが、暇をもて余した警察が、歩行者の信号無視に何百もの違反切符を切っているかもしれない。

　この統計が意味している問題は何かを理解するためには、次に「その時期、市全体の人口に変化はなかったか？」と問うてみるべきだ。犯罪件数が5％上昇したとしても、それを上回る率で人口が増加したなら、人口あたりの犯罪率は低下する。これを表すには、その都市の人口1万人あたりの犯罪件数をグラフにすればよい。

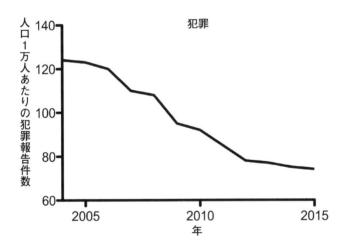

³¹ 適切な目盛と軸を選ぶ

　地元の不動産業者から、過去10年間におけるその地域の住宅価格の変化をグラフにする仕事を請け負ったとしよう。価格は、年に15％の割合で着実に上がってきた。

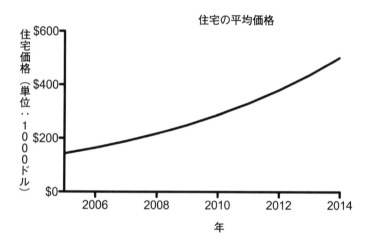

住宅の平均価格

　もし人びとを急き立てるのが目的なら、x軸に、データを取っていない年も加えよう。このようにあえて余分な年を加えると、グラフになっている部分が縮まり、カーブの傾斜が急になるのだ。

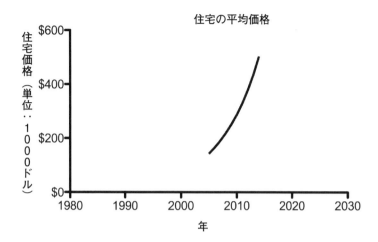

　このグラフによって、どのように目というか脳がだまされ、2つの間違った結論を見いだしてしまうのかに注目してほしい。1つは、1990年頃の住宅価格はさぞかし低かっただろうという印象を受ける。もう1つは、2030年頃には住宅価格が高騰し、持ち家に手が届く層が減少するように思えてしまう。今のうちに買わなければ！　という結論だ。

　どちらのグラフでも、真実が歪曲されている。双方とも、着実な価格の上昇を、伸び率の上昇に見せかけているからだ。最初のグラフでは、y軸の2014年の15％の伸び率が、2006年の伸び率の倍のように見える。[32]一定の割合で変動するものは、給与、価格、インフレ、種の個体数、病気の犠牲者など、たくさんある。着実に上昇（あるいは減少）している場合、データを最も正確に表すのは、対数目盛を使う方法だ。対数目盛を用いれば、y軸が、等間隔で一定の比を表すようにできるのだ。対数目盛を使えば、毎

年一定の割合の変化は、次のように直線となる。

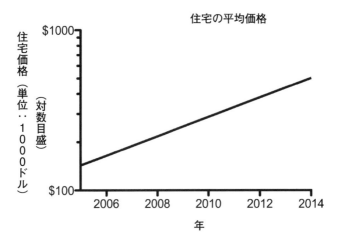

恐るべき2軸グラフ

ほとんどの読者がグラフをよく見ないという事実だけを盾に、グラフ作成者は、平気であらゆるたぐいの嘘をつく。こうすれば非常に多くの人にそうでないものをそうだと信じてもらえるのだ。次のグラフは、[33]25歳時の喫煙者の余命と非喫煙者の余命を表している。

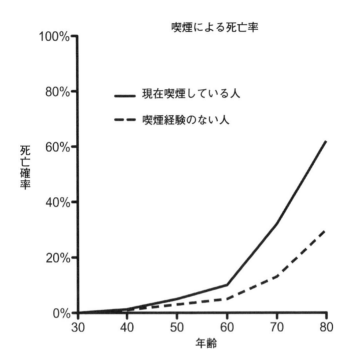

　このグラフは喫煙の危険は時間とともに蓄積し、そして非喫煙者よりも喫煙者のほうが早く死ぬ可能性が高いという2つの事実を明確にしている。40歳で死ぬ確率はあまり変わらないが、80歳で死ぬ危険性は、非喫煙者が30％未満、喫煙者が60％以上と、倍以上の差が出る。このデータを提示するには、これが正しく正確なやり方だ。しかし、仮に14歳の喫煙者が、タバコを吸っても大丈夫だと両親を説得したいとしたら、このグラフは不都合だ。そこであの手この手をいろいろ考え、2軸グラフを使うだろう。つまり、グラフ枠の右側にy軸をもう1つ設け、非喫煙者のみに当

てはまる別の目盛を振るのだ。そうすると、このようなグラフが出来上がる。

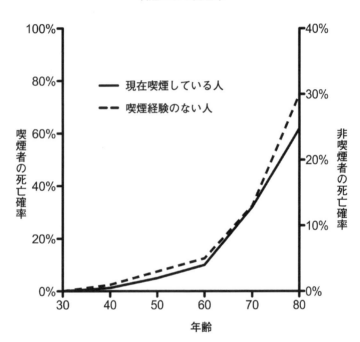

このグラフからは、あたかもタバコを吸っても吸わなくても死ぬ確率は変わらないように見える。死亡率を高めるのは喫煙ではなく高齢なのだ！　とでも言わんばかりだ。2軸グラフの問題点は、第2軸の目盛をいかようにも振れる点にある。

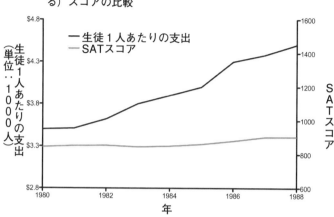

学校予算とSAT（訳注：日本のセンター試験に該当する）スコアの比較

　昔から評判が高く、通常は信頼できるニュース提供者である『フォーブス』誌が、[34]公立校の生徒1人あたりの支出と、その生徒たちのSATスコアの関係を示すために、これによく似たグラフを掲載した。SATとは、アメリカの大学入試によく使われている共通テストである。

　このグラフからは、あたかも生徒1人あたりに使われる金額（黒の線）を増やしても、SATスコア（グレーの線）は上がらないように見える。税制支出反対の政治家ならば、税金の無駄づかいの一例として用いるだろう。だが、おわかりのとおり、右側の第2軸の目盛をどう振るかはまったくの勝手である。もし学校管理者だったら、同じデータでも右側の軸の目盛をこのように変えれば、支出の増加は、SATスコアの上昇が示すとおり、よりよい教育をもたらすのだ！

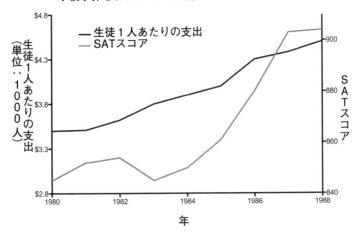

学校予算とSATスコアの比較

　このグラフは、明らかに違う結果を物語っている。どちらが真実なのか？　それを判断するには、1つの変数が別の変数とどう関連しているか、すなわち相関係数という統計指標が必要だ。相関係数は、−1から＋1のあいだの値をとる。相関係数がゼロであれば、変数と変数のあいだには何もないという関係を意味する。−1の相関は、一方が増えるともう一方が必ず減るといった正確な同調関係を表す。＋1の相関は、一方が増えるともう一方も必ず増えるという同調関係を表す。最初のグラフでは、無相関であるように見え、2番目のグラフでは、相関係数が1に近いように見える。このデータの実際の相関係数は0.91で、非常に強い相関である。生徒1人あたりの支出額の増額は、少なくともこのデータにおいては、SATスコアの向上と関連しているのだ。

　また[35]相関係数は、ある変数により、結果のどれくらいの割合

を説明できるかを予測する手立てにもなる。相関係数の0.91は、生徒1人あたりの学校への支出額で、生徒のSATスコアの91％を説明できるという意味だ。幅広いSATスコアを支出額でどの程度説明できるかを示している。

2015年秋、米国議会委員会で、2軸グラフをめぐる論争が起きた。ジェイソン・シャフェッツ共和党議員が、[36]米国家族計画連盟という非営利団体の提供する2つのサービス——妊娠中絶と、がん検診・予防をプロットしたグラフを提示したのだ。

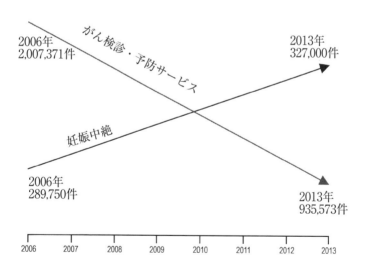

米国家族計画連盟
妊娠中絶の増加と、命を救うがん予防サービスの減少

同議員は、過去7年間で家族計画連盟が行った中絶（彼は反対

* 訳注：全米で婦人科クリニックを運営する。

派）の数は増え、がん検診と予防処置は減ったという、政治的な主張をしようとしていた。家族計画連盟はその事実を否定していない。しかし、この歪曲されたグラフは、中絶処置の件数ががん予防処置の件数を超えたように見せている。グラフ作成者は、多少なりとも罪悪感を覚えたと見え、実際の件数を矢印の始点と終点の脇に記載している。彼女の思いをひとまず受け止め、グラフを詳しく見ていこう。ここで最新のデータである2013年の中絶件数は、32万7000件だ。がん関連のサービスはその3倍の93万5573件である。ところで、がん関連の件数は正確な数字なのに、中絶件数のみがこんなに切りのいい数字であるところが怪しい。これは、とくに悪質なケースである。左右どちらのy軸にもラベルのない、暗黙の2軸グラフなのだ！

このグラフを適切に作成するとこうなる。

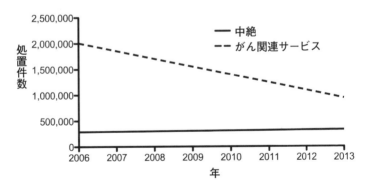

このグラフでは、がん関連サービスの減少に比べ、中絶が非常に緩やかな増加を見せている様子がわかる。

オリジナルのグラフでは、もう1つ疑わしい点がある。このようになだらかな線になるデータは、非常に珍しいのだ。グラフ作成者が、2006年と2013年の数字だけを拾い、比較をして、その2点をなだらかな線で結んだだけという可能性があるからだ。差を強調するために、故意にこの特定の年を選んだのだろう。また、2007年から2012年のあいだに大きな変動があった可能性もあるが、定かではない。なだらかな線は、完全に直線的つまり線形な関数を思わせるが、そうである可能性はとても低い。

　このようなグラフが、必ずしも提示者の意図したとおりの話を伝えるとはかぎらない。できるだけ多くの中絶処置を行うと同時に、人びとをがんで死なせるのが家族計画連盟のミッションである、という説明以外に、これらのデータから読み取れる特徴はないだろうか？　2番目のグラフを見てほしい。2006年、家族計画連盟は200万7371件のがん関連サービスを行い、28万9750件の中絶を行っている。がん関連サービスは、中絶のおよそ7倍になる。2013年にはその差が縮まったが、それでもがん関連サービスは中絶件数の3倍である。

　全米家族計画連盟会長のセシル・リチャーズは、差の縮小についてこう説明している。子宮頸がん検査などのがん予防サービスに対する医療ガイドラインの変化により、検査を勧められる女性が減ったという。また、中絶に対する社会全体の態度の変化、各年齢層の人口の変化、医療に代わるサービスが利用しやすくなった、といった要因も数字に影響した。したがって、示されたデータは、家族計画連盟が中絶推進派だと証明しているとはいえない。推進派であったとしても、これらのデータはその証拠とはならないのだ。

数字の見せ方で遊ぶ

　新しい清涼飲料メーカーの株を買うべきか否か決めようとしている人が、その会社の売り上げを示すグラフを年次報告書で見つけたとする。

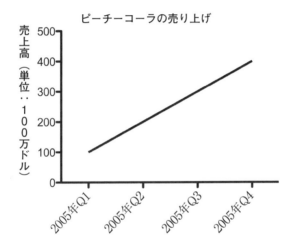

　グラフからはとても将来性が見込めそうだ。ピーチーコーラは着実に売り上げを伸ばしており、これまでのところは順調である。しかし、世の中に関する知識を少しだけ当てはめて考えてみよう。清涼飲料水市場は非常に競争が激しい。ピーチーコーラの売り上げは伸びてはいるが、競合他社ほどではないと考えられる。潜在的投資家が見るべき点は何かというと、他社の売り上げと比較し

たピーチーコーラの売り上げ度合いや、市場シェアと売り上げの関係である。市場の爆発的な成長と比較するとピーチーの売り上げは伸びが鈍く、競合他社のほうがピーチーよりも利益を上げている、ということも考えられる。そして、便利な2軸グラフを使った情報開示の例が、この会社の先行きを心配させる。

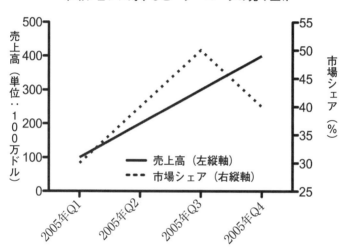

市場シェアに対するピーチーコーラの売り上げ

　不道徳なグラフの作成者なら、右側のy軸の目盛をいじって、グラフの印象を好き勝手に操作できる。しかし、このタイプの2つのy軸をもつグラフはさほど悪質ではない。というのは、2つのy軸が、同じ軸を共有し*得ない*異なる数量を表しているからだ。その点で、65ページの家族計画連盟のグラフとは違う。家族計画連盟のほうは、2つのy軸が、処置件数という同一の数量を示し

ていた。印象を操作するために、同質の数量を測定しながら目盛が異なる2つのy軸を使って、グラフを歪めていたのだ。

　また、ピーチーの利益をチェックするのも有益だ。製造・販売の効率がよければ、販売量が低くても利益を出すのは十分に可能だ。誰かに統計の数字やグラフを示されても、それが必ずしも、相手のアピールポイントに関連しているとはかぎらない。大事な情報だけを得て、そうでない情報を無視するのも、われわれ個々の責任なのだ。

　フラベゾイドと称するデバイスメーカーの広報課に勤めていたとしよう。ここ数年、フラベゾイドに対する大衆の購買意欲は高く、売り上げが増加している。会社は新しい設備を建設したり、従業員を雇い入れたり、全員を昇給させたりして、規模を拡大している。だがある日、上司が沈んだ表情でやってきて、最新の販売実績が出たが、フラベゾイドの売上高が前四半期から12％落ちていると説明した。まもなく、社長が大々的な記者会見を開き、会社の将来について話す予定だ。社長はいつものように、背後のスクリーンに大きなグラフを表示し、フラベゾイドの販売実績を示すだろう。もし売上高の下落が知れ渡ったら、フラベゾイドのブームも終わりだと世間に思われる可能性がある。そして、さらなる売り上げの低下を招きかねない。

　さて、どうしたものか？　過去4年間の売上高を正直にグラフにすればこうなる。

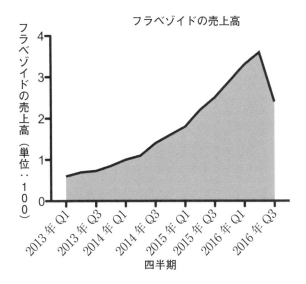

　問題は、分布曲線の下落傾向の部分である。この曲線を上向きにする方法さえあれば……。

　それがあるのだ！　累積売り上げグラフである。四半期ごとの売り上げではなく、四半期ごとの累積売り上げ、つまりそれまでの総売上高をグラフにすればよい。

　フラベゾイドが1つでも売れれば、累積売り上げグラフは、次のように上向きになる。

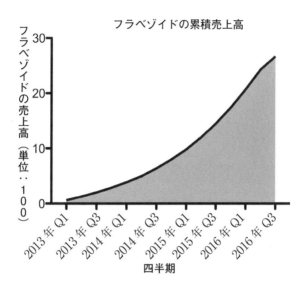

　注意して見れば、直近四半期の販売不振がわずかに見て取れる。直近の四半期では、線は上向きではあるものの、角度が緩くなっているからだ。それが販売減少の目印だ。しかしわれわれの脳は、このような変化率にはなかなか気づけないのだ。したがって、ざっと確認しただけでは、この会社がすばらしい業績を維持しているかのように見えてしまうので、会社側としてはフラベゾイドが依然大人気の商品であると、多くの消費者に信じさせるはずだ。

　これは、まさにアップルのＣＥＯティム・クックが、最近の[37]iPhoneの売り上げ発表で用いたプレゼンテーションなのだ。

---

*　微分積分用語で１次導関数と言う。このグラフ線の傾斜を指す。

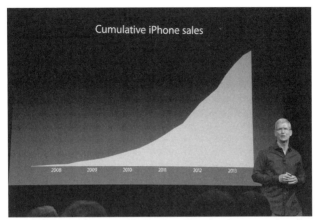

©2013 The Verge, Vox Media Inc. (live.theverge.com/apple-iphone-5s-liveblog/)

無関係なデータをグラフにする

　世の中ではこんなに多くの事象が起きているのだから、ときおり偶然の一致が起きるのは当然だ。給料が増えると、道路を走る緑色のトラックの数が増えるとか、子供のとき、自身の身長とともにテレビ番組の数が増えた、などという一致があったかもしれない。しかし、だからといって、一方がもう一方の原因になっているわけではない。因果関係のあるなしにかかわらず、2つの事柄に関連性がある場合を、統計用語で相関関係があると言う。

　「相関関係は因果関係を含意しない」という有名な言葉がある。形式論理学において、この原則は2つの形式をとる。

1．「*前後即因果の誤謬*　その後」ということは「それゆえ

---

* Post hoc, ergo propter hoc

に」ということ。ある事象（Y）が別の事象（X）の後に起きたので、Xが原因となってYが起きたと考える論理的誤謬である。人はたいてい、朝、歯を磨いた後に出勤する。しかし歯を磨いたのが原因で仕事に行くわけではない。この場合、因果関係はむしろ逆といえる。

2. *虚偽の原因の誤謬* それとともに」ということは「それゆえに」ということ。これは、2つの事象が同時に起きたから、一方がもう一方の原因であるに違いないと考える論理的誤謬である。ハーバード・ロー・スクールの学生、タイラー・ヴィゲンが、この主張についての理解を助ける、本とウェブサイトを執筆している。そこでは、[38]同時生起に関する誤謬——すなわちみせかけの相関の、次のような例が紹介されている。

プールに落ちて溺死した人の数とニコラス・ケイジの出演映画本数との相関

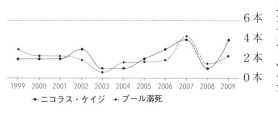

このグラフは4通りに解釈できる。（1）溺死事故がニコラス・ケイジの新作映画リリースの原因である。（2）ニコラス・ケイジの新作映画リリースが溺死事故の原因である。（3）第3の（未知の）要因 が両方の原因である。（4）2つの事象に

---

* Cum hoc, ergo propter hoc

は関連性がなく、相関は偶然の一致である。相関関係と因果関係を分けて考えなければ、ニコラス・ケイジはプールでの溺死防止に役立っていたとヴィゲンのグラフは「証明」し、そして、さらに、2003年や2008年と同様、彼が自らの救命スキルを発揮できるように、極力映画に出ないよう彼に促すのが賢明だという主張につながったりする。

　相関をもつ２つの事象に実際には関連性がなく、相関関係は偶然の一致にすぎない場合がある。また、相関する事象に因果関係が見られたり、少なくとも筋の通った説明がついたりし、その証明のために新たなデータの入手が必要になる場合もある。

　前述の第１の解釈は不可能である。なぜなら映画を製作しリリースするには時間がかかるので、溺死の増加は、同年のニコラス・ケイジ作品の増加の原因とはなり得ない。では第２の解釈はどうか？　人びとがケイジ作品のドラマに夢中になるあまり、集中力を失って溺れ死んでしまったのだろうか。もしかすると、映画に夢中になると溺死の件数と同様に、自動車事故や重機操作中のケガの件数を増加させるかもしれない。それは、もっと多くのデータを分析しないと、ここでは報告されていないのでなんとも言えない。

　では第３の要因が双方の事象の原因である可能性はどうだろうか？　たとえば２つとも経済動向のせいと推測したとしよう。好景気のせいでレジャーへの投資金額が増えた。つまり、より多くの映画がつくられ、より多くの人が旅行に行って泳いだと考えられる。もしそうだとしたら、グラフで表されている２つの事象──ニコラス・ケイジの映画と溺死事故には、因果関係があるとは認められない。その代わり、経済という第３の要因が、２つの

事象の変化を引き起こしたのだ。これは統計用語で、相関関係の*第3因子x*の説明と呼ばれ、多くの事例が存在する。

　2つの事象はおそらく互いに無関係である。ただ時間をかけてよく見れば、2つの無関係な事象に関連性を見いだせるものなのだ。

　ショートパンツをはく人が増えると、アイスクリームの売れ行きが上がる。一方がもう一方の原因となっているわけではない。双方の共通の原因である第3因子xは夏の暑さである。子供のとき、1年に放送された番組数の増加と、身長の伸びに相関があったというのもあったのではないだろうか。しかし双方の事象を引き起こしていたのは、（a）テレビが市場を拡大していた、（b）あなたが成長していた、という時代における時の経過にすぎない。

　では、ある相関関係についての因果関係の有無は、どのように確認できるだろう？　1つは、結果を検証するための比較対象を設定した実験だ。もう1つは、論法を当てはめてみる方法だ。ただこの場合には、意味論にとらわれがちになるので注意が必要だ。人びとがレインコートを着ているのは外の雨の「せい」だろうか、それとも、人びとの濡れたくないという願望、つまり雨の結果のせいだろうか？

　この概念を、[39]ランダル・マンローが自ら運営するウェブコミックxkcdで巧みに表現していた。大学生と見られる2人のキャラクターが話をしている。1人が、自分は以前、相関関係は因果関係を示すものだと思っていたと言う。しかし彼は統計学の授業を受けて、そうは考えなくなったと語った。もう1人が「授業のおかげだね」と言うと、彼は「どうだろう。可能性はあるが」と答える。

Part 1　数字を吟味する

人を惑わすイラスト

　インフォグラフィックは、ウソつき狐が世論を操作するのに使う常とう手段だ。彼らは、自分たちの操作を詳しくチェックする人などあまりいないという事実につけこんでいる。ではこのグラフィックを見てみよう。懸命に稼いだお金が急激なインフレによって目減りする、という脅しに使われているのだ。

　恐ろしい絵だ。だがよく見てみよう。ハサミが切ろうとしている箇所は、紙幣の大きさの4.2%ではなく、42%くらいのところだ。[40]人の論理システムと視覚システムとが対立すると、視覚的バイアスに負けじと懸命に考えないかぎり、通常は視覚システムが勝ってしまう。正確なインフォグラフィックは次のようになる

この場合、感情に働きかける効果はかなり弱くなる。

解釈とフレーミング

統計値の作成も提示も適切になされているのに、ジャーナリストや、何かの提唱者などの、統計の専門家でもない人びとが間違った伝え方をするケースは多い。原因は、自らが統計を誤解している、または少しくらい言葉づかいを変えても意味は変わらないと思っているからだ。

統計を使おうとする人が、社内に統計の専門家がいないからといって、専門的知識をもたない人にアドバイスを求めるケースも多い。企業、政府機関、非営利団体だけでなく、家族経営の食料品店などにとっても、売上高や、顧客、傾向、サプライチェーン

などに関する統計は役に立つのであるが、試験の設計、データの収集、分析、解釈など、いかなる段階でもミスや不手際が起こり得る。

　提示された統計値が、話の内容に関連していないというケースも少なくない。たとえば、順調である会社について株主たちを納得させるとしたら、年間売上高の統計値を発表し、着実な数字の伸びを示すという方法が考えられる。しかし、商品の市場が拡大していれば、売り上げは増えて当たり前である。投資家やアナリストたちが知りたいのはおそらく、商品の市場シェアが変わったかどうかだろう。もし、新規参入してきた競合各社に顧客を奪われ、市場シェアを失っているとしたら、どうすれば報告書を魅力的に見せられるだろう？　そんなときは、単に市場シェアに関する統計値を提示せず、販売実績だけを見せればよい。売り上げは上がっているのだから！　万事順調なのだ！

　25年前に使われていた住宅ローン申込書の財務プロフィールは、現在の信用リスクモデル構築には役に立たないだろう。[41]ウェブサイトに出ている消費者行動のモデルなども、すぐに古くなる。高架交差路のコンクリートの完全性に関する統計が、橋のコンクリートに当てはまるとはかぎらない。＊

　「歯医者さんの5人中4人がコルゲートの歯磨き粉を推奨しています」という主張にはさまざまな形式バージョンがあるが、そのうちのいずれかを誰もが聞いていると思う。これは実際の例である。この、何十年と続いている広告を考えた広告代理店は、歯医者が他のブランドよりもコルゲートを好んでいるというメッ

＊　高架交差路と橋の公共プロジェクトで同一のコンクリートが使われたとしても、湿度などの他の要因が相違を生み出す可能性がある。

セージを届けようとしている。しかし、それは真実ではない。イギリスの広告規制局がこの主張を調査し、不正広告であるという判断を下したのだ。なぜなら、この統計に使われたアンケートは、推奨する歯磨き粉を歯科医に尋ねた際、複数回答を許していたのである。実際は、[42]コルゲートの最大のライバルブランドも、コルゲートと同程度の支持を得ていたのだ。

平均についての項でフレーミングが出てきた。またグラフのところでもそれを示唆する内容があった。読者が立ち止まって相手が何を言おうとしているのかをよく考えないと、メッセージのフレームを操作して、人に不正確な情報を信じさせる方法はいくらでもある。ケーブルテレビネットワークの[43]C－SPANは、1億世帯で「利用可能」だとうたっている。しかしそれは1億人がC－SPNを視聴しているという意味ではない。[44]1人が見ている証明にすらならないのだ。

フレーミングによる操作は公共政策にまで影響を与える。ロサンゼルス都市圏の1つ1つの通りあたりのリサイクル量に関する調査によれば、ある特定の通りが、他の通りの2.2倍の量のリサイクルをしていた。この通りの住人が市議会からみどりの街づくりの取り組みを表彰される前に、数字が跳ね上がった原因を考えてみよう。可能性の1つとして、この通りには、よその通りの倍以上の住人が住んでいると考えられる。それは通りが長いからかもしれないし、アパートが多いからかもしれない。すべての通りが同一でないかぎり、リサイクル量を通りごとに測定した統計など無意味なのだ。有効な統計にするには、世帯ごと、つまり1家庭についてのリサイクル量を測る。そして、さらに欲を言えば、大

---

* コルゲートの宣伝では伝えられない詳細である。

世帯はおのずと小世帯よりも消費量が多いので、個人ごとにするべきである。つまり、その通りの住人の数を考慮に入れ、収集したリサイクルの量を補正すべきなのだ。それこそがこの統計の真のフレームなのだ。

2014年『ロサンゼルス・タイムズ』紙が、干ばつに苦しむカリフォルニア州の[45]ランチョ・サンタフェの水道使用量についてこう報じた。「1日1人あたりの量に換算すると、同地域の世帯は、南カリフォルニア沿岸部の世帯の9月における水道使用量の5倍近くを消費し、州で最も水を使い込む住宅地という悪評を得ている」。この統計では、「世帯」はフレームとして有効ではない。『ロサンゼルス・タイムズ』紙が1人あたりの量を報じたのは正しい。ランチョ・サンタフェに住んでいる人は大世帯が多く、シャワー、皿洗い、トイレに多くの水を使っている可能性もあるからだ。もう1つのフレームは、1エーカーあたりの水道使用量を見ればよい。ランチョ・サンタフェの住宅は、土地面積が大きい傾向にある。火災防止などの目的で、植物の生い茂った敷地を維持するのが好ましいかもしれない。そして1エーカーあたりで比較すれば、ランチョ・サンタフェが他より水を使っているとは考えられない。

実は『ニューヨーク・タイムズ』紙にも、関連する記事が載っていた。「州水道局の当局者らは、1人あたりの水道使用量を地区ごとに比較しないよう警告した。裕福で1軒の不動産物件が大きい地域の使用量が最も多いだろうと想定されるからだと述べている」

水使用量に関する記事の問題は、さもランチョ・サンタフェの

＊ 訳注：高級住宅地として知られる。

住人が人並み以上の水を使っているようなデータに見せかけている点だ。しかし、ロサンゼルスのリサイクルの例もそうだが、実際にデータがそう示しているわけではない。

実際の数量ではなく比率を計算すると、本当のフレームが見えやすい。フラックスキャパシタを販売する会社の、北西地区販売マネジャーだったと考えてみよう。担当地区の販売は大きく伸びたが、社内の強敵である南西地区のジャックにはどうにも歯が立たない。彼の販売テリトリーは、地理的に大きいだけでなく、はるかに人口も多いという、不公平な状況にあった。どこででもセールスを勝ち取ってこれるという気概を上層部に示したい。それにボーナスがかかっているのだ。

状況をうまくアピールする方法がある。売上高を、担当地区の面積あるいは人口の関数として提示するのだ。つまり、フラックスキャパシタの販売総数をグラフにするのではなく、その地域の人口あたり、あるいは平方マイルあたりの販売台数に着目するのだ。どちらにしても、優位に立てる可能性が高い。

2014年は、飛行機事故の死亡者数が最も多い年の1つとなったというニュースが報道された。22件の事故で、992人が犠牲になった。しかし[46]飛行機の利用は、実際これまでになく安全になっている。というのは、現在は非常に便数が増え、過去最多だったからだ。992という犠牲者数は、乗客数100万人あたり、あるいは飛行距離100万マイルあたりの死亡件数に換算すれば、かつてに比べて激減している。大手航空会社の便では、乗客が飛行機事故で死亡する確率は約500万分の1であり、道を渡る、あるいはものを食べるなど、他の行動で死ぬ確率のほうが高い。食べものをのどに詰まらせたり、食中毒にあったりして死ぬ確率のほうが、

飛行機事故よりも1000倍も高いのだ。ここでは、比較の基準値が非常に重要なのだ。これらの統計値は、飛行機の利用や、食べものをのどに詰まらせる、あるいは食中毒の1年分の件数である。また、基準値を変え、各活動の1時間ごとの死亡件数を見るのも1つの方法だ。それによって統計値が変わる。

差異をもたらさない差異

　2つの異なる処置による結果の違いを判別するために、たとえば2つの異なる畑の肥料、2つの異なる鎮痛剤、2つの異なる教え方、給与の異なる2つの集団などを比較する統計的手法が使われる。処置がどう異なるかは、さまざまな組み合わせがある。用いられる薬剤などが異なる場合もあれば、処置そのものとは無関係の交絡因子がある標本もある。また、測定値にエラーや観測のタイミングによる小さな偶然の誤差が、一方にだけ表れたりするランダムな変動がある。研究者の目標は、安定した、繰り返し生起する差の発見だ。統計を用いる側は、そうした本当の差異とただの実験誤差を見分ける努力をしなければならない。

　しかし、ニュースメディアの「有意」という言葉の使い方には注意してほしい。メディアがそう言ったからといって、その差異が、統計の専門家にとって「注目に値する」とはかぎらないのだ。統計学で「有意」とは、その結果が、t検定やカイ2乗検定、回帰分析、主成分分析などの数学的な検定をパスしたという意味だ。統計的有意差検定は、その結果についてまったくの偶然に

---
*　たとえば同じ仕事をしている男女
**　訳注：処置以外で結果に影響を与える因子
***　その種類は何百に及ぶ。

より生じたという説明がどの程度ありえるかを数値で表している。観測数が非常に多ければ、たとえその差がわずかでも、変化のモデルやランダムで説明がつく範囲を超える場合があるのだ。

有意差検定では、何が注目に値し、何が値しないかなどは考慮されない。それは人の役割だ。

　2つの集団の観測値が多ければ多いほど、差が見つかる可能性は高い。仮にフォードとトヨタという2つの車種の年間維持費を、両車種各10台の修理記録を調べて検証するとしよう。その結果、フォードのほうが維持費が年間8セント高かったと仮定する。これでは、おそらく統計学的に有意であるという差の条件を満たさないだろうし、年間8セントのコストの差では、どちらの車を買うかの決定要因にもならないのは明らかだ。気にするには、ともかく金額が小さすぎる。しかし、もし50万台分の修理記録を調べたとしたら、8セントの差は、統計学的に有意となる。だが、現実の世界ではやはり実質的に問題にならない差異だ。同様に、ある新しい頭痛薬は、統計学的には効くのが早いとする。しかし、それが2.5秒差だとしたら、誰が気にかけるだろう？

内挿と外挿

　火曜日に庭に出たら、4インチのタンポポを見つけたとしよう。木曜日に再び見ると6インチになっていた。さて、水曜日にはどのくらいの背丈だったのだろうか？　水曜日には測っていないので正確にはわからない。しかし推測はつく。タンポポはおそらく5インチだったのではないだろうか。これが内挿である。内挿

---
* 園芸店に除草剤を買いに行って帰りに渋滞に巻き込まれたのが水曜日だった。

は、2つの観測値を見て、もしその間に測定していたら、どのような値になっていたかを推測するのだ。

タンポポは6カ月後、どのくらいの背丈になるだろう？ 1日1インチ成長しているなら、6カ月（約180日）で180インチ伸びるだろうから、186インチ（約472センチ）、あるいは15.5フィートになるはずだ、と考えるかもしれない。これが外挿法だ。しかし、いまだかつてそんなに高く伸びたタンポポを見たことがあるだろうか？ ないはずだ。そこまで伸びる前に自分の重さで折れるか、自然に枯れる、踏み倒される、あるいは除草剤によって駆除されるかするだろう。内挿は完璧なテクニックではないが、2つの観測地が互いに近ければ、通常は内挿によって適度な予測ができる。一方、外挿は、観測値の範囲の外の予測をするので、より注意を要する。

カップのコーヒーを室温まで冷ますために必要な時間は、[47]ニュートンの冷却の法則で決まる。また、気圧や組成などの要因の影響も受ける。コーヒーの最初の温度が華氏145度（摂氏約63度）だったとしたら、このような温度の低下が見られるだろう。

経過時間（分）	温度（華氏）
0	145
1	140
2	135
3	130

コーヒーの温度は毎分、5度ずつ下がる。2つの観測値のあいだの値を内挿する。たとえば2つの時間の中間点の温度は何度だったろうと推測するとしたら、内挿によって得られた値はけっこ

う正確なはずだ。しかし、このパターンを使って外挿すると、コーヒーは30分後に氷点に達する、といったとんでもない答えになってしまう。

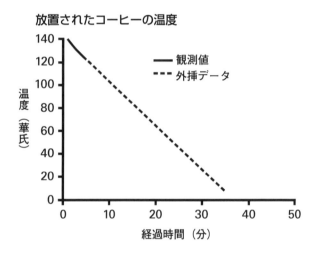

　外挿では、コーヒーが室温以下になるはずがないという、物理的限度が考慮されていない。また、コーヒーの温度が低下する速度の下落も考慮されていない。残りの冷却関数はこのようになる。

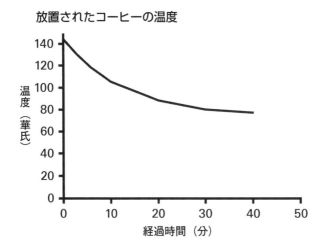

最初の10分では急だった曲線の傾斜がそのまま保たれず、緩やかになっている現象に注目してほしい。ここから、外挿を利用する際に重要な要素がわかる。広範囲に及ぶ多くの実測値と、関連する現象についての一定の知識が必要だ。

精度と正確さ

提示された数値が高い精度だと、正確なのだと考えがちである。しかし精度と正確さは違うのだ。私が「最近は多くの人が電気自動車を買っている」と言ったら、それは私の推測だと思うだろう。だがもし「新車販売件数の16.39％が電気自動車だ」と言えば、確かな話だと思うかもしれない。しかし、それは精度と正確さを混同しているからだ。私がでっち上げた数字かもしれないし、電気自動車のディーラーの近くに住む少数の人が標本かもしれな

いのだ。

　前に説明した「携帯電話をもっている人のほうが、トイレをもっている人よりも多い」という『タイム』誌の見出しを思い出してほしい。現実味に欠ける話ではないが、歪曲されている。国連の調査報告では、そのようには一切書かれていない。国連は、「携帯電話を利用できる人のほうが、トイレを利用できる人よりも多い」と報告したのだ。これは、おわかりのとおり、意味が異なる。「利用できる」というだけなら、1台の携帯電話を何十人で使っている可能性もある。公衆衛生の欠如は困った問題だ。しかし、見出しのような書き方では、この世にある携帯電話の台数のほうがトイレの数よりも多いと説明しているように聞こえる。それはこのデータが証明するところではないのでわからないのだ。

　統計で*利用可能*という言葉に出会ったら、要注意だ。医療を利用できる人といっても、それは単に医療施設の近くに住んでいる人を意味するだけで、実際にその施設に入院できる、あるいはその費用が払えるという人を意味しない。先ほど、「[48]C – SPANは1億世帯で利用可能」という例を出したが、それで1億人がC – SPANを視聴しているとはかぎらないのだ。私だって、インターネットへのアクセス、鉄道、道路、滑走路、港、あるいは犬ぞりのルートの[49]25マイル圏内に人口の90％が住んでいるのだと主張して、人口の90％が本書『武器化する嘘』を「利用可能」だと言及できる。

リンゴとオレンジ（異質なもの同士）を比べる

　統計で見る者をだます方法の1つは、データの集合、個体群、

製品の種類などの互いに性質の異なる事柄を比べ、同質のものを比べているように装うというやり方だ。リンゴとオレンジは比べられないという古くからの慣用句が示すとおりだ。

アメリカ本土の自宅でくつろぐよりも、軍隊にいて、たとえば現在のアフガン戦争などの紛争地に送り込まれたほうが安全などと、怪しげな論法を使った主張もできてしまう。まず、[50]2010年に服務中に死亡した3482人のアメリカ軍人について考えてみよう。この死亡件数を[51]米軍の総兵力143万1000人と比較すると、1000人中2.4人という割合になる。[52]2010年のアメリカ全土における死亡率は、1000人中8.2人だった。つまり、アメリカに住んでいるよりも、戦地の軍隊にいたほうが、3倍以上安全というわけだ。

どのようにしてこんな主張が成り立つのか？ 2つの標本は類似しておらず、直接比較するべきものではないのだ。現役の軍人は、全体的に若くて健康だ。栄養のある食事を与えられ、まともな医療も受けられる。一方、[53]アメリカ全体の人口には、高齢者、病人、ギャングメンバー、麻薬中毒者、バイク野郎、ジャックナイフ投げをする人、そして栄養のある食事をとったりまともな医療が受けたりできない多くの人が含まれる。彼らはどこにいようが死亡率が高いのだ。また、現役軍人のすべてが戦地に送られているわけではなく、アメリカ国内のきわめて安全な基地に配属されていたり、国防総省の机に座っていたり、郊外の小さなショッピングセンターに置かれた募兵事務所で任務に就いている人もいる。

「USニュース・アンド・ワールドリポート」が、1930年代からの民主党支持者と共和党支持者の比率を比較した記事を掲載

した。ここで問題なのは、時の経過とともに、標本抽出の方法が変化していることだ。1930年代、40年代は、対面インタビュー、または電話帳から得た名簿によってデータ収集が行われていた。1970年代になると、電話が主流になる。20世紀前半の標本は、固定電話をもっている人、つまり裕福な人や、少なくともその当時は共和党に投票する人に多く偏っていた。そして2000年代になると、標本抽出に携帯電話が使われるようになった。これによって今度は、若者、つまり民主党に投票する人に多く偏った。1930年代以降、民主党支持者と共和党支持者の比率が変わったかどうかは、結局のところ正確にはわからない。なぜなら標本が互いに比較不可能なためだ。あるものを調べているつもりでも、実際は別のものを調べているのだ。

　オートバイによる死亡事故が30年前に比べて減ったという報道にも、同様の問題がある。事故減少の原因は、比較的最近の数字には3輪のバイクも含まれているが、30年前は2輪が主流だったからかもしれない。もしくは、ヘルメット着用が義務づけられていなかった時代と、ほぼ全州で義務づけられている今を比べるからかもしれない。

　結論を出す前に、標本の変化に目を光らせよう！　再登場だが「USニュース・アンド・ワールドリポート」が、過去12年間で[54]医師の数が増え、それに伴って医師の平均給与が激減したと書いている。ここから引き出すべき要点とは？　たとえばこんな結論を引き出す人もいるだろう。今は医者が多すぎるから、医療の道に進むべき時代ではない。需要に対する過剰供給状態が医師の給与を全体的に引き下げてしまったのだ。本当にそうかもしれないが、それを支える証拠は、主張のなかでは示されていない。

これと同じくらい現実味のある説として、過去12年で専門化と技術発展が進み、医師にとっての機会が増え、雇用枠が拡大したために医師の総数が増えた、という可能性もある。給与の減少に関しては、年配の医師がリタイアし、医大を出たばかりで給与の安い若い医師への世代交代が起こったと考えられる。だがこれについても、証拠が示されていないのでどちらが正しいかはわからない。この例のように、単に解釈不可能な統計データがあるという事実認識も、統計リテラシーの重要な点だ。

　重要だと気づかなかった詳細を無視したために、副標本が一定ではなく、比較にならない比較になってしまう場合もある。たとえば、新しい肥料を与え収穫したトウモロコシが標本だとしたら、副標本として、日光が余分に当たった穂もあれば、水を余分に吸収した穂もあると気づかないかもしれないのだ。あるいは、交通パターンが道路の再舗装に与える影響を調べる場合、水の流出が激しい道路とそうでない道路があって、アスファルトの補修の必要性への影響に気づかないかもしれない。

　階級の統合とは、異種・異質などの異なるものを一緒にして、1つの階級、すなわちカテゴリーに収める手法で、これも比較にならない比較の1つである。ある工場が製造したスプロケットの不良品数の統計をとる場合、まったく異なる2種類の製品を合わせ、自分の特定の状況に有利な数字が出るようにできるのだ。

　公共政策で同じような例を考えてみよう。思春期前の子供と10代の性行動を調べるとする。データの階級をどのように統合、あるいは区分けするかで、とらえられ方が大きく変わってしまう。目的が、教育・カウンセリングセンターのための資金調達だとしたら「10歳から18歳の学童の70%が性的に活発です」といった統

計を発表するのが一番効果的だろう。17歳や18歳がそうだというなら驚かないが、10歳とは！　そう感じたおじいさん、おばあさんたちは、気付け薬を探し、小切手を書き始めるはずだ。しかし、10歳から18歳を1つの階級にまとめたら、性的に活発な可能性が高い個人とそうでない個人が一まとまりになってしまう。わかりやすさを重視するならば、10〜11歳、12〜13歳、14〜15歳、16〜18歳というように、同年代、すなわち経験も同じような個人ごとにグループに分けるべきだ。

　しかし、問題はそれだけではない。「性的に活発」とはどういう意味だろう？　学童に実際どのような質問をしたのだろう？　あるいは、学童に直接聞いたわけではないのだろうか？　親に聞いたのか？　このように、あらゆるバイアスが、数字に影響する可能性があるのだ。「性的に活発」というのは解釈に幅を与える。それをどう定義するかによって回答が大きく変わるだろう。もちろん、回答者が正直に答えないという問題、つまり報告バイアスもあるかもしれない。

　もう1つの例は、一般的に社会問題としてよく取り沙汰される失業問題だ。失業に関する統計データには、バックグラウンドや要因が著しく異なる人びとが交ざり合う危険がある。障がいがあって働けない人もいれば、職場での窃盗や飲酒など、もっともな理由で解雇された人、働く意思はあるが教育が足りない人、服役中の人、仕事を辞めて勉強を始めた人、修道院に入った人、家族の資産で生活している人などもいる。公共政策に影響を及ぼす目的や、チャリティーの寄付金を集める目的、話題にする目的で統計値が使われる場合に、微妙な違いがあえて伝えられないケースがよくある。そしてそのために大きな差異が生じるのだ。

[55]微妙な違いそれ自体が、データ全体の傾向を物語っている場合も多い。すべての人が同じ理由で失業したわけではない。飲酒や窃盗をした人が失業する確率は、そうでない人より4倍高いだろう。このような傾向に含まれる情報は、統合されると失われてしまうのだ。こうした要素をデータの一部として生かせば、どのような人がどのような理由で失業したのかがわかりやすくなる。そして、必要とする人のための職業訓練プログラムを向上させたり、アルコール依存者更生会センターを施設が不足していた町に設立したりと、有効に活用できる。

人びとの行動を調査する人や機関のそれぞれが、調査対策に異なる定義を使っていたり、異なる手法で測定していたりすると、統計値の計算に使われるデータが、大きく異なってしまう。あるいは異質なものの集まりになってしまう可能性がある。たとえば、結婚しないで同居しているカップルの数を突き止めようとしているとしよう。各郡や州の機関によってすでに集められたデータに頼らざるを得ないが、定義の差異によって、分類に問題が生じる可能性がある。どういう状態を「同居」と定義するか？　カップルが週に何日一緒に過ごすかで決まるのか？　所有物がどこにあるか、あるいは郵便を受け取る住所で決まるのか？　裁判管轄区によって、同性カップルをカップルと認めるところと認めないところがある。異なるフレームを使って異なる場所からデータを得ても、最終的な統計の意味が薄れてしまう。データの収集ポイントによって記録や収集、測定の仕方が大きく異なると、そこから生まれた統計は、提示者の意図とは異なる意味をもつ可能性があるのだ。

スペインの若者の失業率がなんと60％だと最近のある報告書が

伝えた。その報告書では、通常は別々の階級に分けられる人びとが、同じ階級に統合されていたのだ。仕事を求めていない学生が、解雇されたばかりの労働者や求職中の労働者と一緒に、失業者として数えられていたのである。

アメリカには、労働統計局が失業者を追跡するためのＵ１からＵ６までの[56]６種類の指標がある。それぞれが、「失業」の具体的な意味についての異なる解釈を反映している。求職中の人、学校に行っていて仕事を探していない人、パートタイムで働いている会社でフルタイムへの昇格を望んでいる人、などが入っているかいないかで違ってくる。

『USAトゥデイ』紙は[57]2015年７月に、失業率が5.3％に落ち、「2008年４月以降最低」だと報じた。追って、AP、『フォーブス』誌、『ニューヨーク・タイムズ』紙などの、[58]より総合的なソースによると、低下したように見える原因は、失業者の多くが職を探すのをあきらめた、つまり労働人口に数えられなくなったからであると報じた。

階級の統合が必ずしも悪いというわけではない。学校で男子と女子のテスト成績をまとめるのは、テスト成績の男女差を証明する証拠でもないかぎり、それによって標本のサイズを大きくできるので有効だ。一方、階級の定義が広すぎたり、先に挙げた性的活動の調査や同棲カップルの統計のように定義が一定でなかったりすると、解釈の問題が生じる。適切な階級の統合は、データの効果的な分析に役立つ。＊

ユタ州の職員だったとして、全米規模の大手ベビー服メーカーが、ユタ州に移転を考えているとしよう。ユタ州ではたくさんの

＊ 調べている事柄をより確実に推測できる。

赤ちゃんが生まれている事実を示せれば、その企業の誘致に有利なのではと考え、米国国勢調査局のウェブサイトCensus.govへ行き、州ごとの出生件数を調べてマップにしてみた。

2013年のアメリカの出生件数

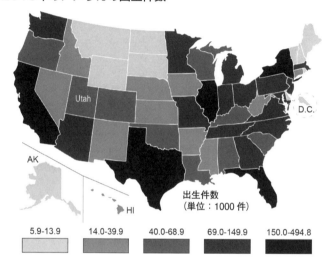

ユタ州の出生件数は、アラスカ、ワシントンDC、モンタナ、ワイオミング、ノースダコタ、サウスダコタ、そして北東部の小さな州よりは高いのがわかる。しかしカリフォルニア、テキサス、ニューヨークといった州に比べると、お世辞にもベビーブームに沸いているとは考えられない。だが待ってほしい。このマップは、出生件数のなまの数値を示すので、人口が多い州はおのずと件数が高くなる。代わりに、人口1000人あたりの出生率をグラフにしたらどうか。

2013年のアメリカの粗出生率

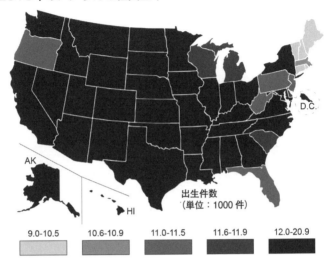

 これではだめだ。ユタ州は、大半の州となんら代わり映えがしない。どうしたものか？ 値の幅をどの階級にどの値からどの値までを割り当てたらよいかを操作してみよう。マップの下のグレーから黒の5つの階級の帯に割り振る幅を変えてみるのだ。ユタの出生率が、その階級で唯一になるように割り振れば、他の州より際立つ。

2013年のアメリカの粗出生率

　もちろん、これはユタ州の出生率が、僅差ではあるが、実際に全米一だからこそできるのだ。色分けされた階級の1つにユタ州だけが入るような階級を作成すれば、ユタ州が目立つ。もし他の州をアピールしようとしているなら、たとえば、平方マイルあたり、あるいは可処分所得の関数としてウォルマート1軒あたりの出生件数をグラフにするなど、他の手法でごまかす必要がある。時間をかけていろいろやってみれば、50州のどの州でも、なんらかの指標を見つけてアピールできるのではないだろうか。

　では、こうしたグラフを正攻法で提示するとしたら、どんなやり方が*正しい*のだろう？　これは判断の問題なのだが、比較的中立的な方法の1つとして、5つの各階級に全体の20％の州が割り振られるように階級をつくればよいのだ。つまり、色分けされた

各階級に同じ数の州を割り振るのだ。

2013年のアメリカの粗出生率

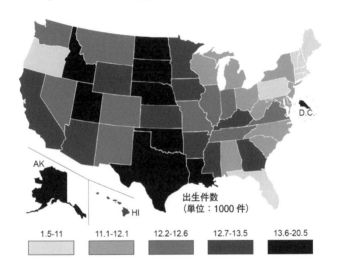

もう1つは、すべての階級幅を等しくする方法だ。

2013年のアメリカの粗出生率

最後の地図以外のすべてで行われているように、均等でない階級幅を使うという統計を利用したこの手のごまかしは、よくヒストグラムに見られる。ヒストグラムでは通常、横軸の目盛として、階級の幅の中間の値が表示されているが、データの範囲は、閲覧者が自ら推察しなければならない。次は、メジャーリーグトップ50選手の[59]2015年度の打率である。

---

* ナショナルリーグとアメリカンリーグ

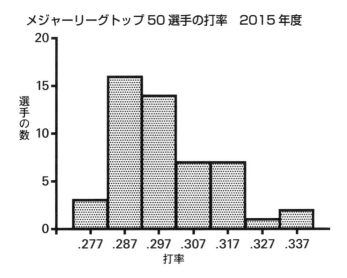

　さて、ある選手が打率3割3分だったとすると、ここでは上から2番目の階級に分類される。今はボーナスの査定時期で、本人は、今年のボーナスをカットされるような理由を経営陣に与えたくない。なにしろ、テスラを買ってしまったのだから。そんなときは、階級幅を変え、彼の成績を打率3割3分7厘の階級にいる2選手と統合し、最高位の選手と同一階級にすればよい。3割2分7厘の階級にはもう誰もいなくなるので、ついでに次の階級との隙間を、x軸を中抜きしてつぶしてしまおう。ほとんど誰にも気づかれないだろう。

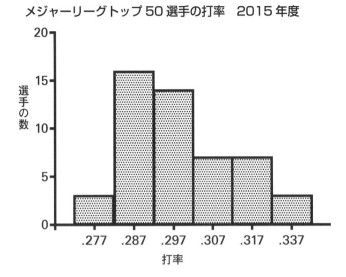

都合のよい階級の細分化

階級の統合の反対は分割で、これもまた人びとをあらゆる種類の不正確な情報に導く。yが起きる主な原因はxであると主張したい場合、x以外の原因を、より細かい階級に分けてしまえばよいのだ。

空気清浄機メーカーに勤めている人が、広告キャンペーンで、呼吸器疾患が心臓病やがんをしのいで、アメリカにおける死因の第1位であると証明したいとしよう。現在、アメリカにおける実際の死因第1位は心臓病だ。米国疾病対策センターの報告によると、次に示す3つが[60]2013年の上位3位を占めた死因である。

心臓病：61万1105件
がん：58万4881件
慢性下部呼吸器疾患：14万9205件

　家庭用空気清浄機は慢性呼吸器疾患の重要な防衛手段にはならない、という厄介な詳細はさておき、この数字は、メーカーをアピールするにはあまり役立たない。もちろん年間10万人以上の命を救いたい気持ちはあるのだろうが、*第3位の死因と闘っている*とうたってみても、広告キャンペーンとしてさほどのインパクトは出ない。でも待ってほしい！　心臓病というのは単一の病気ではなく、以下のように数種類に分類できるのだ。

急性リウマチ熱と慢性リウマチ性心疾患：3260件
高血圧性心疾患：3万7144件
急性心筋梗塞：11万6793件
心不全：6万5120件

　次にがんも細分化する。目的は、統合ではなく、細分化で実現された！　これで慢性下部呼吸器疾患がナンバーワンの死因になり、あなたのボーナスも確定だ。食品メーカーのなかには、この細分化作戦を使って、製品に含まれる脂質や糖質の量を隠している企業もある。

Part 1　数字を吟味する

数値の収集方法

　そこに数値が示されているからといって、それが適切な方法で得られたとはかぎらない。本書の冒頭で述べたように、統計データを集めているのは人なのだ。何をどのように数えるかを取捨選択するのは人なのである。収集過程でエラー（誤差）やバイアス（偏り）が生じ、そのために何百万の人が間違った結論を引き出しかねない。その収集過程に自ら携わる人は少ないだろうが、データ収集について批判的に考える習慣なら誰でも身につけられる。

　統計データを得る方法には記録の調査＊、アンケート調査や世論調査、観測＊＊、推論＊＊＊などいろいろある。そのいかなる段階でも、偏り、不正確な情報、単純ミスが生じる可能性がある。示された主張を吟味する方法の1つが「本当にそうとわかるのか？」「どうやってわかるのか？」という問いかけだ。

標本抽出

　宇宙地質学者は、月全体を調べているわけではなく、月の石の標本を採取して調べているにすぎない。調査者も、どの選挙候補者が優勢かを調べるのにすべての有権者に聞いたりしない。また、救急外来の待ち時間を調べるのにすべての急患に聞いたりもしな

---

* 例：出生や死亡に関する記録を行政機関や病院、教会などで調べる。
** 例：メインストリートとサードストリートの角を通る電気自動車の数を数える。
*** 　おむつの売り上げが上がっているのは、おそらく出生率が上がっているからだろう。

い。そんなやり方は非現実的だし、費用もかかりすぎる。そこで、標本を採って真の値を推定するのだ。標本が正しく抽出されれば、きわめて正確な推定値が得られる。全米の人がある問題についてどう考えているかを推測する世論調査結果は、わずか1067人への面接で得られる。病気の診断のために採取される組織は、臓器全体の1000分の1にも満たないが、それでもこの細胞診断によりがんの正確な病期分類ができる。

　適切な標本抽出を行うには、標本が母集団全体の性質を反映していなければならない。標本として抽出される確率が、調査したい集団全体において均一ならば、全体を反映しているのだ。そうでない標本は偏っている。ある臓器にがんがあるかを調べるのに、間違った部位から標本を採取したら、がんは見つからないだろう。また、ごく小さな部位のがんを調べるため、そこだけから15個の標本を採ったら、臓器全体ががんだらけという間違った所見になってしまう。

　細胞診断や世論調査などの場合、標本のばらつき具合が前もって予測できないケースもある。仮にすべての人が同一だったら、標本は1人で足りる。もし皆が遺伝学的に同一で、同一の性格、同一の人生経験をもつとしたら、1人だけを調べれば、全員についてなんでもわかる。しかしどんな集団でも全体のなかに、必ずある程度の不均一性、つまり違いがあるのだ。したがって標本を抽出する際は、重要な差異をすべて考慮に入れるよう注意する必要がある。たとえば、人間は酸素がなければ死んでしまう事実

---

*　21歳以上の成人約2億3400万人
**　生検法
***　すべての差異が重要とはかぎらない。

は周知のとおりだ。この点ではすべての人間が同じである。しかし、人はベンチプレスでどのくらいの重量を持ち上げられるのだろうかと知りたければ、大きなばらつきが予想される。いろいろな人を含む幅広い標本を測定して、ばらつきの範囲と安定した平均を得る必要がある。大きい人、小さい人、太った人、痩せた人、男性、女性、子供、ボディビルダー、カウチポテト、同化ステロイドホルモンを使用している人、酒を飲まない人などを含む標本を抽出したいのだ。測定値を左右する要因は、おそらく他にもあるだろう。テストの前の晩にどれだけ寝たか、食後どれくらい経っているか、怒っているか落ち着いているか、などが関係するかもしれない。また、まったく無関係と思われる事柄もある。その日、ケベック州のサンテュベール空港の航空管制官が男性か女性か、アバディーンのあるレストランのある客が迅速なサービスを受けたかなどは、他の調査などの航空業界に蔓延する男女差別、スコットランド北東部の飲食店における顧客満足度には関係があるかもしれないが、ベンチプレスには関係がない。

統計専門家は、母集団を反映する標本を抽出するためには、どのような要素が重要かを探るのが仕事である。調査する人は、わかりやすい変数、データを取りやすい変数のみに着目しないよう努めなければならない。重要な要素がわかりにくかったり、測定しにくかったりする場合もある。ガリレオ・ガリレイが言ったように、測定可能なものを測定し、測定できないものをできるようにするのが科学者の仕事なのだ。今まで誰も思いつかなかった、差異をもたらす要因を測定できる手法の発見が、科学のなかで最も創造的な活動なのだ。

---

* ただ酸素なしでどれだけもつかには個人差がある。

だが、たとえ自分が把握していた変数でも、それらの測定や制御には困難が伴う。たとえば、アメリカの気候変動に関する人びとの意識を調べようとしていたとしよう。そしてアルバイトのスタッフを雇い、コンピュータで統計プログラムを使うための予算をわずかながら与えられているとする。たまたまサンフランシスコに在住なので、そこで調査をしようと決める。だがこれがすでに問題だ。というのは、サンフランシスコは、アメリカ全体はおろか、カリフォルニア州全体の性質を反映する都市ですらないからだ。それに気づいたので、8月に聞き取り調査を計画した。なぜなら8月は、観光客が最も多いという調査結果があり、サンフランシスコに全米の人が集まるので、アメリカ人を代表する意見が聞けるだろうと考えたのだ。

　でも待ってほしい。サンフランシスコを訪れるような人は、代表的なアメリカ人だろうか？　サンフランシスコへの旅行が経済的に可能な人、旅行先としてたとえば国立公園などではなく都会を選んだ人が多くなるのではないだろうか。また、サンフランシスコはリベラルな都市として有名なので、リベラルな人に偏る可能性もある。

　そこで、アメリカ人全体の意識調査は無理と考え、サンフランシスコ住民の気候変動に関する意識を調べてみた。アルバイトのスタッフをユニオンスクエアに配置し、通行人を止めて短いアンケートに答えてもらう。その際、年齢、人種、ファッション、タトゥーの有無など、多様性に富んだ標本を選び出すようスタッフに指示した。だがこれでもまだ問題がある。ユニオンスクエアは高級な店やレストランが立ち並ぶ一角なので、たとえば寝たきりの人、子育て中の母親、夜勤で昼間は寝ている人など、さまざ

まな理由で、こういう場所には来ない何十万ものサンフランシスコ住民には出会えない。アルバイトの半分をミッション地区に配置すれば、標本の社会経済的な偏りの問題は解消されるが、問題はそれだけではない。ある標本が無作為標本であるか否かの試金石は、人びとがチームに測定される確率が集団全体で均一か否かである。この場合は明らかに違う。

　そこで*層化抽出法*を用いてみる。これは、対象となる集団を異なる層、すなわち小集団に分類し、母集団の各層の比率と比例する標本数を各層に割り当てて抽出する方法である。気候変動について少し勉強した結果、[61]人種の違いが人びとの意識に影響する可能性はなさそうなので、人種ごとに分ける必要はない。これは都合がよい。というのは、外見で人種を判断するのは困難なうえ、相手を不愉快にさせる場合もあるからだ。また、人種の違う両親をもつ人はどうすればよいのだろうかという問題もある。どちらかのカテゴリーに押し込むのか？　あるいは別のカテゴリーをつくればよいのか？　だがそれも大変だ。各回答者の申告どおりに、アメリカ人を、黒人と白人のあいだに生まれた人、黒人とヒスパニックのあいだに生まれた人、アジア人とイラン人のあいだに生まれた人、というふうに分けていたら、分類が細かくて層の数が多くなりすぎ、分析がしにくくなる。人種以外に[62]もう1つハードルがある。幅広い年齢層を集めたいところだが、自分の年齢を言いたくない人が少なくないのだ。見た目で判断し、たとえばどう見ても40歳以下という人や、どう見ても40歳以上という人を選ぶこともできるが、そうすると、判断がつきにくい30代後半と40代前半の人を取りこぼしてしまう。

　日中出歩いていない人も対象にするために、戸別訪問を行った。

だが、昼間行けば仕事をしている人を取りこぼすし、夜間に行っても、夜遊びをしている人や、夜勤の人、夜に教会に行く人、映画を見に行っている人、外食している人を取りこぼす。小集団への分類が済んだとしても、どうやって小集団の中から無作為に標本を抽出すればいいのか？　小集団をつくっただけではだめで、小集団の中からさらに、データに差異を生じさせるような*他の要素のすべて*を反映する標本を抽出しなければならない。優れた分析を行うには、やはり、月の石をすべて採取するしかないのでは、という気がしてくる。

　しかしあきらめてはいけない。層化抽出法は、層化しない無作為抽出法より優れている。無作為に抽出した大学生を対象にアンケート調査をし、大学生活について尋ねようとした場合、大きな州立大学の学生だけを標本にしてしまう可能性がある。州立大学の学生のほうが圧倒的に数が多いので、無作為抽出の条件を満たしやすいからだ。もし、小さな私立のリベラルアーツ大学における体験が極端に異なるのであれば、そうした大学の学生も標本に含まれるようにしなくてはならない。したがって、層化抽出法を用いる場合は、あらゆる規模の大学の学生を調査しなければならなくなる。無作為抽出法は、便宜的抽出法とも、割当抽出法とも違う。便宜的抽出法とは、自分の知人のみとか、答えてくれそうな通行人のみに聞く方法である。無作為抽出法を用いない調査は、結果が偏る可能性が非常に高い。

「このビルの前の歩道によく来る鳥をすべて調査した結果、鳥が非常に好むのはベーグルだという結論に至りました！」

したがって、標本抽出を用いたデータ収集は、バイアスの原因を避けるための終わりなき闘いだ。そして完璧な成功はない。新聞記事で、イギリス国民の71％が何々を支持するといった統計結果を読むたびに反射的にこう問い返してほしい。「わかった。でもそれは[63]どういうイギリス人の71％だろう？」

また調査票の人びとへの質問も、可能な質問のほんの一例であり、回答者の答えも、複雑な意識や体験のほんの一例だという事実も忘れてはならない。おまけに、回答者が質問の意味を正しく理解していなかったり、回答時にきちんと集中していなかったりする可能性もある。世論調査会社はその頻度を認めたがらないだろうが、意図的に嘘の回答をする場合も少なくない。人間は社会的な生きものなので、対立を避けたい、相手を喜ばせたいといった目的で、調査員の望む回答をしようとする人は多い。逆に、

[64]嘘の答えで調査員を驚かせたり、反逆者を演じて人に衝撃を与えたり立ち向かったりしてみたい、といった、社会的に虐げられている人や非協調的な人もいる。

偏りのない標本を得るのは容易ではない。統計結果を耳にしたら「標本抽出時にどんな偏りが生じた可能性があるのだろう？」と問いかけよう。

標本は、あることを推測するのに役立つが、真の値からは、大なり小なり必ずズレがある。それを許容誤差という。調査対象の母集団[65]全員に聞かずに済み、月の石を全部調べずに済んだのだから、その代償と考えよう。もちろん、母集団の全員を面接したり測定したりしても、測定手段の不具合や偏りによる誤差は生じる。許容誤差は、調査自体の不備を対象としているのではなく、標本抽出の際に生じる誤差のみを指している。そのような、より深刻な潜在的な不備はさておいて、厳密に定義された標本に関する測定あるいは統計手法がある。それを信頼区間という。

許容誤差は結果がいかに正確かを示すが、信頼区間は推定値が許容誤差の範囲に収まる確信の度合いを示している。たとえば、標準的な2択世論調査[*]の場合、アメリカ人の成人1067人の無作為標本の許容誤差は、正の方向と負の方向に3％となる。それは±3％と表記される。これを、ある世論調査で45％のアメリカ人が候補者Aを、47％が候補者Bを支持しているという結果が出たとしよう。候補者Aの支持者の真の値は42～48％、候補者Bの支持者の真の値は44～50％となる。[66]両者の真の値の範囲の重複に注目してほしい。これは、候補者Aと候補者Bの差が2ポイントであれば許容誤差の範囲だといえるのだ。よってこれは、1人が

---

* 2つに1つの回答が求められるアンケート

本当にもう1人より優勢かどうかわからない、つまり、僅差で勝敗の予測が難しい選挙という結果になるのだ。

許容誤差が3％以内に収まる確信はどの程度か？　といったときに信頼区間を算出する。この特定の例では、95％の信頼区間を使った。それは、もし同じ標本抽出方法を使って世論調査を[67]100回行ったとしたら、そのうちの95回において、その区間に真の値が含まれ、5回においては真の値が区間外にあるという意味だ。信頼区間は、真の値が区間をどの程度はみ出すかは示さない。僅差の場合もあれば、大きな差の場合もある。それを出すには、他の統計量がある。

信頼度には好きな値を設定してよいのだが、標準は95％である。信頼区間を狭くするには、2つの方法がある。信頼度を変えずに標本のサイズを大きくするか、標本のサイズを変えずに信頼度を低くするかである。標本のサイズを変えずに信頼度を95から99％に変えれば、信頼区間が広くなる。しかしたいていの場合、費用や手間をかけてまで信頼度を上げる価値はない。というのは、さまざまな外的要因によって、人びとはどのみち翌日あるいは翌週には心変わりしてしまうからである。

念頭に置いてほしいのは、母集団が、たとえばアメリカ全体のように、非常に大きい場合は、標本の占める割合は非常に小さくてよいという点だ。この例の場合は、0.0005％以下である。しかし母集団が、企業や学校のように小さい場合は、抽出率をずっと高くする必要がある。母集団が社員1万人の企業で、許容誤差を3％、信頼度を95％にする場合、964人（ほぼ10％）の標本が必要となる。そして社員が1000人の企業なら、600人（60％）の標本が必要だ。

許容誤差と信頼区間は、人にかぎらず、どのような標本にも適用される。ある都市の電気自動車、膵臓の悪性細胞、スーパーの魚に含まれる水銀などの割合を調べるときにも当てはまる。次の図は、信頼区間95％の場合の許容誤差と標本のサイズを示している。

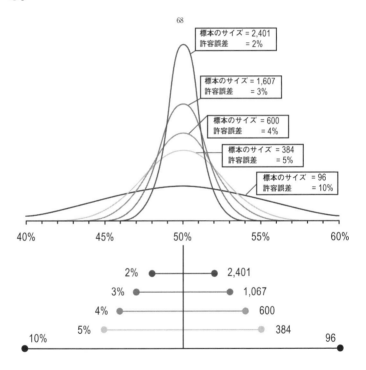

[69]許容誤差（と信頼区間）の計算式は本書の巻末に掲載している。また、ネット上で計算ができるサイトもたくさんある。許容誤差が示されていない統計値でも、調査対象となった人の数がわかれば、許容誤差を自分で計算ができる。情報提示者や世論調査

会社が許容誤差を提示しないケースは多い。軸ラベルが表示されていないグラフ同様、許容誤差や信頼区間を提示しないという手を使って統計で嘘をつくのは非常に簡単なのだ。たとえばこんなふうに。私の愛犬シャドウは、ミシシッピ州知事選挙の最有力候補で、誰よりも高い76％の支持率を集めていると言って、許容誤差±76％であることは提示しない。シャドウに１票を！！！

標本抽出によるバイアス（偏り）

無作為に標本を抽出するにあたって、すべての対象者あるいは対象物が母集団から等しく、平等に抽出されるか否かの判断を、調査者が誤る場合がある。

恥ずべき誤りが、1936年のアメリカ大統領選挙で起きた。『リテラリー・ダイジェスト』[*]が世論調査を行い、アルフ・ランドン共和党候補が、民主党の現職のルーズベルト大統領に勝つだろうと結論づけた。同誌が調査した人びとは、同誌の読者、車の所有者、電話会社の顧客などで、無作為標本ではなかったのだ。多くの学術メディアや一般メディアに掲載された従来の説明は、それによって、標本が、裕福で、共和党候補者に投票する可能性が高い人びとにかなり偏っていたというのだ。しかし、1937年にジョージ・ギャラップによって行われた世論調査で、[70]この従来の説明が間違っていたと判明した。車や電話を所有している人はルーズベルトを支持する可能性が高いとわかったのだ。そして、偏りの原因は、ルーズベルトの支持者は、世論調査に参加する可能性がはるかに低いためだった。この標本抽出法による偏りに気づ

---

[*] 有力だった時事週刊誌

いたギャラップ社は、無作為抽出法を使って自社世論調査を行い、正しい結果を予測した。これがきっかけでギャラップ世論調査が誕生し、政治的世論調査の代表的な存在となった。ただしそれは、2012年のアメリカ大統領選で、同社が当選者の予測に失敗したときまでである。[71]後の調査で、標本抽出の過程における深刻な不備が見つかったのだ。それには、皮肉にも電話の所有者が関係していた。

1930年代と1940年代に電話帳を使って行われた世論調査の標本が裕福な人に偏っていたのと同様、このときは、固定電話を使った標本抽出のせいで、標本が高齢者に偏ってしまったのだ。電話による無作為抽出は、電話を所有している人は全人口を代表するという前提のもとに行われるのだが、代表するかどうかは定かでない。シリコンバレーで働く人の多くはインターネットのアプリで会話をするので、電話による調査ではハイテクな人が含まれない可能性がある。

統計で嘘をつき、その痕跡を隠したければ、人びとの平均身長をバスケットボールのコートのそばで測ったり、収入についての聞き取り調査を職業安定所のそばで行ったり、州全体の肺がん罹患率を精錬工場のそばだけで行った調査をもとに推定したりするとよい。どのように標本を抽出したかを公表しなければ、誰にもわからないのだ。

参加バイアス

調査に参加する意思のある人とない人では、政治的見解、性格、収入、といった重要な特質が異なる可能性が高い。また、調査参

加者の募集に任意で応募してきた人は、調査対象に対し、ポジティブかネガティブに偏った態度を示す可能性がある。調査対象として「平均的な」人を募りたいと思っても、事前に何の調査かを告げただけで、参加者に偏りを生じさせる可能性がある。性に関する意識調査なら、自らの態度を積極的に示したい人が多くなり、内気な人や潔癖な人が少なくなる。政治に関する意識調査なら、積極的に議論したい人が多くなるだろう。そのようなわけで、多くのアンケートや、調査、心理研究では、研究課題を事前に明かさなかったり、真の目的を偽装するためにあえて研究者が関心をもっていない無関係な質問が加えられたりする。

また、アンケートに最後まで答える人と途中でやめる人も、性質が異なる可能性が高い。協力を依頼してもまったく答えない人もいる。アンケートに答えてくれる人は、答えてくれない人と性質が異なるので、偏りが生じる。この特定の標本抽出による偏りを非回答誤差という。

仮にハーバード大学に勤めていて、ハーバードの卒業生は卒業２年後の収入が高い傾向にあると示したいとする。そこで、２年前の卒業生全員に質問票を送ってみる。だがそれがすでに問題だ。移転先をハーバードに連絡しないで引っ越した人、服役中、ホームレスといった人びとは、アンケートを受け取れない。また、受け取った人のなかでも、高収入で、ハーバードで受けた教育に満足している人のほうが、無職で不満を抱いている人よりも、アンケートに記入する確率が高い。非回答誤差を生むのは回答しない人びとだ。そして、データを歪める目的で意図的に回答しない人もいる。

ハーバード卒業２年後の収入を調べるアンケート調査の目的が、

ハーバードの教育が高収入を生み出すと示すためなら、このアンケートは、多くの人にそれを示せるだろう。しかし、批判的思考ができる人は、ハーバードに行くような人はそもそも平均的な人ではないと気づくはずだ。ハーバードに入学するのは、比較的高収入の家庭の子女である傾向が強く、そのことも学生の将来の収入と相関があるのだ。また、ハーバードの学生には、意欲の高い傾向もある。そういう人なら、ハーバードの代わりに知名度の低い他校へ行っていたり、大学へ行っていなかったりしたとしても、高収入を得ていた可能性がある。ハーバード中退で経済的成功を収めている人に、マーク・ザッカーバーグ、マット・デイモン、ビル・ゲイツなどがいる。

たとえば、海外に派遣された軍属、ホームレスや施設収容者など、どうしても手の届かない特定層により発生する標本抽出による偏りを、カバレッジ誤差という。調査したい母集団の特定層に連絡できず、標本として抽出できないのだ。

瓶に入った[72]ゼリービーンズのなかで、赤、オレンジ、青がそれぞれ占める割合を突き止めようとした場合、瓶の底のほうにあるものは調べられないだろう。臓器の生検も、外科医が標本を採取できる部分が限られる場合が多く、必ずしもその臓器全体を反映していない可能性が高い。心理学研究の実験の被験者はたいていが学部生だが、学部生は一般の人びとの代表ではない。この国の人びとは実に多様で、それぞれの意識、見解、政治的意見、経験、ライフスタイルが大きく異なる。大学生はすべて類似していると言ったら誤りだが、人口全体の正確な代表であるとしても同じように誤りである。

報告バイアス

　意見を聞かれても正直に答えない人たちがいる。ハーバードの卒業生も、実際より成功しているように見せかけるために収入を多く答えたり、特別な事情さえなければ得ていたはずの金額を答えたりするかもしれない。もちろん、ハーバード大学同窓会に多額の寄付金をせがまれないよう、少なめに報告している可能性もある。ハーバードの卒業生の収入をアンケート調査して得た平均は、あくまでも人びとが報告した額の平均であって、彼らが実際に稼いでいる額ではない。また、裕福な人が、自分の年収をあまりよく把握していない場合もある。なぜなら、そういう人の収入源は給与だけではなく、投資や、配当金、ボーナス、ロイヤリティ収入と、他にもさまざまあり、年により額が違うからである。

　テストでカンニングをした経験があるかとか、脱税をした経験があるかという質問をしてみると、回答者が、アンケート調査の秘密保護が徹底されていないかもしれないと疑い、正直に答えないケースもある。そのため、アメリカでどのくらいの不法移民が医療を必要としているか、犯罪の犠牲になっているか、という推定が難しくなっている。移民局に報告されるのを警戒して病院や警察に駆け込めない移民が多いからだ。

　[73]どのような雑誌が読まれているかを調べるために、それを人に直接聞いてもよいが、それでは、好印象を与えたいとか、実際より洗練された趣味だと印象づけたいという回答者の気持ちが働くかもしれない。そして『ニューヨーカー』誌や『アトランティック』誌に関しては、実際の販売部数よりもはるかに多くの人が読んでいると答え、『USウィークリー』誌や『ナショナル・エ

ンクワイアラー』誌に関しては、実際よりはるかに少ない人が読んでいると答える可能性が考えられる。アンケート調査では、人びとが正直に答えるとはかぎらない。したがって、実際に測定されているのは、彼らの読んでいる雑誌ではなく、虚栄心なのだ。

　そこで、戸別訪問をし、リビングルームに実際どんな雑誌が置いてあるかを見に行くという作戦が考えられる。しかし、これにも偏りが生じる。リビングに置いてあるからといって、本当に読んだ雑誌がどれかはわからず、単に読んだ後でもそこに置いてある雑誌かもしれないし、来る人に意図する印象を与えるためのインテリアとして置いてある雑誌かもしれない。人がどんな雑誌を読んでいるかを調べるのは、人がどんな雑誌を買っているかあるいは飾っているかを調べるよりも測定が難しい。だがこれは、特に広告を出す側にとって、重要な区別なのだ。

　報告バイアスのもう1つの例として、人が自らを異人種の両親をもつと定義する要素にはどんなものがあるだろう？　もし単一人種のコミュニティで育った人なら、自らを異人種の両親をもつと見なす傾向は低いだろう。しかし差別を経験していたら、その傾向は強くなるかもしれない。調べる側が異人種の両親をもつ人を正確に定義していたとしても、回答者がそのとおりの定義を用いて答えるとはかぎらない。

標準化の欠如

　測定法は標準化していなければならない。データ収集には、明確で、反復可能で、精度の高い手順が必要なのだ。誰が収集しても同じようにでき、誰が数えても同じように数えられなくてはな

らない。腫瘍のグリーソン分類を例にとろう。この手法は、比較的標準化されている、としかいえない。つまり病理医によって、異なる[74]グリーソンスコア、ひいてはステージ分類になる可能性があるのだ。統合失調症の診断も、精神科医によって所見が異なる。統計専門家が、何をもって心霊現象の十分な証明とするかで、意見が分かれる。病理学、精神医学、超心理学、またその他の分野でも、それに従えば誰もが同じ結果を得られる、明確に定められた手順を考え出そうと腐心している。しかし、何の測定においても、不明確な点や、意見が食い違う余地がある。体重を量ってくださいと言われたら、服を着たままでよいのか、それとも脱ぐのだろうか？ ポケットの財布はどうしよう？ グリルで焼いているステーキの温度を測ってくださいと求められたら、1カ所を測ればよいのか、それとも数か所測って平均を出すべきなのだろうか？

測定ミス

調査の参加者が、調査している人の思ったとおりに質問を理解してくれない問題もある。間違ったマーク欄を塗りつぶしてしまうといった想定外の間違いをしたり、意図したとおりに答えてくれなかったりする。測定ミスは、すべての科学分野のすべての測定で起きる。CERNの物理学者らは、ニュートリノの移動速度を測定したら光の速さよりも速かったと発表をした。ここ100年で最も重要な発見の1つとなるような出来事である。だがその後、

---

* グリーソンスコアとは、前立腺の組織標本を顕微鏡で調べ、腫瘍が移転する可能性の指標として、2から10までの段階に分類したもの。

[75]測定ミスがあったと報告された。

　測定ミスは、いかなる計量にもついて回る。2000年のアメリカ大統領選も、結局測定ミスであり、人びとの意図が正しく記録されていなかった。同じ票を、違う職員のチームが数えたところ、違う数字となったのだ。問題の一部は、パンチ式の投票用紙の穴が抜けていなかったり、抜いた紙片が穴についたままだったりした票をどう数えるかで双方の意見が食い違ったのだ。これは定義の問題だ。ところが、厳格なガイドラインが設けられた後も、依然異なる集計結果が出た。

　瓶に貯めた1セント銅貨を2回数えたら合計が異なるというような経験を、誰もがもっていると思う。洗面所の体重計に3回続けて乗ると、3回とも違う数値が出る。家の部屋の寸法を測ると、毎回わずかに違う。これらは説明のつく現象だ。体重計のバネは不完全な機械式装置である。巻き尺に関しては、持ち方が毎回違う、目盛を読むときに置いた位置から少しずれる、16分の1インチを正しく読めていない、部屋全体を測るには巻き尺の長さが足らず、床に印をつけ、そこから測定を2〜3回繰り返したというような要因が重なって誤差の可能性を高める。また、測定ツール自体の誤差がある可能性も考えられる。洗面所にある体重計の精度は約227グラム以内、郵便物用のはかりなら約14グラム以内、といったところだろう。

　[76]アメリカでの1960年の国勢調査記録では、12人以上の子供をもつ15〜19歳の女性が62人おり、14歳の未亡人も大勢いるとされた。常識で考えれば、12人以上の子供をもつ15〜19歳の女性がそ

---

*　訳注：約1.6ミリ。ものさしの目盛の最小単位
**　測定器には、もちろん精度仕様があり、価格が高いほど精度が高い傾向にある。

んなにいるわけはないし、14歳の未亡人というのも非常に珍しい。誰かが間違えたのだ。国勢調査員が用紙の間違った欄を塗りつぶしたか、時間のかかる面接をしなくてすむよう故意にそうしたのかもしれない。あるいは、いらついた、またはいたずらな回答者が突飛な話をでっち上げ、調査員がそれに気づかなかったとも考えられる。

2015年、フットボールチームのニューイングランド・ペイトリオッツが、ボールに細工を加えた疑いをかけられた。ボールをつかみやすくするために空気を抜いたというのだ。チームは、[77]弁明として、空気圧の測定ミスを訴えた。ハーフタイムの終了時に、ペイトリオッツとインディアナポリス・コルツ両チームのボールの空気圧を測定すると、ペイトリオッツの空気圧が低かったのだ。測定はペイトリオッツのボールが先で、コルツが次だった。そのためコルツのボールは温かいロッカールームか事務所に長く置かれ、その間に温まって空気圧が上昇した。連邦地方裁判所は他の証言とともにこの主張を受け入れ、細工が行われた証拠が不十分という判決を下した。

測定ミスは、使っている測定手段、たとえばはかり、ものさし、質問票、テストなどと測定対象が適していない場合にも起きる。人間の髪の毛の太さを測るためにものさしを使ったり、意欲について調べるためにうつに関する質問票を使ったりすると、そうしたミスにつながる。人びとがどの候補者に資金援助をしているかの集計と、誰に投票するかを調べるのとは違う。同じ選挙に出馬している候補者数人に献金する人もたくさんいるからだ。

ある主張を示すために行われているのに、実際には別の事象を

---

* 関係はあるかもしれないが同じではない。

示しているテストや調査については、すでに多くの議論が記事になっている。最も誤解されているテストの1つが知能検査である。知能検査は、あたかも単一の物理量であるかのごとく人の知能を評価するために使われている。しかし知能は物理量ではなく、空間的知能、芸術的知能、数学的知能など、さまざまな形態をとる。また知能検査は、中産階級の白人に有利なようにできているのも周知の事実だ。知能検査の結果を利用する者が知ろうとしているのは、この人の学校のプログラムもしくは仕事に対する適性である。知能検査結果は、学校や仕事の成績の目安となるが、それは、知能指数の高い人は知的能力が高いというよりも、そういう人は経済的、社会的という他の面で有利なバックグラウンドをもっており、それが知能検査に表れているからであろう。

アンケート調査に基づいた統計を見たら、どのような質問がされたか、その質問が妥当で公平かを確かめるようにしよう。どのような統計でも、調査の対象者がどのように測定されたか、データ収集者がそうした測定を行うスキルを備えていたかどうかを調べるようにしたい。

定義づけ

あるものがどのように定義づけあるいは分類されているかで、統計結果が大きく異なる場合がある。この問題は、自然科学分野で、がん細胞を分類したり、降雨量を算出したりするときや、社会科学分野で、人の意見や経験を聞くときに起きる。

グレーター・セントルイス・エリアで今日雨が降ったか？　それは、雨をどう定義するかによる。8846平方マイルの「グレータ

ー・セントルイス」に1滴でも雨が降れば雨が降ったと言えるのか？　どれくらいの面積に、どれくらいの量が、そしてどれくらい長く降れば、その日は雨と判定されるのか？

連邦労働統計局は、2通りの定義に基づいた、2通りの方法でインフレーションを測定している。PCE（個人消費支出）とCPI（消費者物価指数）は異なる数値になる。2つの年、あるいは国内の2つの地域を比べる場合は、もちろん同一の指標を使う必要がある。しかし、最近のインフレ率の上昇や低下を示したいだけの場合、本来はPCEとCPIの違いを理解した上で適切なほうを選ぶべきだが、不道徳な統計利用者なら、どちらであれインパクトの強い数字を選ぶだろう。

ホームレスとはどういう状態を指すのか？　歩道や車の中で寝泊まりしている人を指すのか？　しかし、家はあるが、そこへ帰れないあるいは帰らないという状況の人もいるだろう。また、アパートに住めなくなり友人宅のソファで寝泊まりしている女性はホームレスだろうか？　家を売り、新しい家に入るまでの数週間ホテルに滞在する家族は？　空き倉庫に無断居住者として住み続けている男性は？　各都市や州のホームレスの状況を比べる場合、各裁判管轄区で異なる定義が使われている可能性がある。たとえすべての裁判管轄区で定義が標準化されたとしても、目にした統計で使われているホームレスの定義が、自分の定義と一致しているとはかぎらない。この国の大都市の「ホームレス問題」がなかなか解決されない原因の1つは、「ホームレス」または「ホームレスの条件を満たす人」の定義が定まっていないからだ。

新しい研究に基づいたニュースを見聞きしたときは必ず、その

---

* 米行政管理予算局調べ

研究の各要素がどのように定義されているかに注意する必要がある。そしてそれらがまともで納得のいく定義かを判断しなければならない。妊娠中絶、結婚、戦争、気候変動、最低賃金、住宅政策など、政治と深く絡んでいる問題の場合は、特に注意が必要である。

そして、政治と最も深く絡んでいるのは、つまり政治そのものだ。意識調査では、誰かが有利になるように質問を操作し、定義をごまかしたり歪めたりできてしまう。[79]ある政治家候補に雇われ、対立候補アリシア・フローリックの情報を集める仕事をしたとする。フローリックがすべての論点ですべての人の心をつかむという離れ業でもしていないかぎり、有権者はフローリックになんらかの不満をもっているだろう。したがって有権者たちにこんな質問をすればよい。「この候補者を支持していても、彼女の言ったことに少しでも賛成できない点や不満な点はありませんか?」。誰とて気に入らない点の1つや2つはあるはずなので、こう報告すればよい。「81%の人がフローリック候補を不支持としています」。つまり、どんな小さな異論もないでしょうかと尋ねて、あることについてのデータを集め、それらを同じような意味をもつ不満の山として処理し、「不支持」と再定義すればよいのだ。これなら間違いは犯していないといえる。

不可知なこと・確認不可能なこと

初期のコンピュータ科学者らが考えた、GIGOという有名な造語がある。当時の人びとは、コンピュータの出力結果の精度と確

---

* garbage in, garbage out. =ゴミを入れればゴミしか出てこない

実性を盲目的に信じてしまった人びとだった。統計が、きちんと定義されていない方法や、推測、誤解、過度の単純化、測定の誤り、そして不備のある推定に基づいていたら、そこから引き出される結論にも欠陥があるはずだ。

　読むものの大半を疑ってかかるべきである。そんなことが本当にわかるのだろうか、と自問しよう。[80]自殺者全体に占める10代のゲイとレズビアンの割合を新聞が報じたとする。しかし、どの死亡者が自殺で、どの自殺者が同性愛者だったか非同性愛者だったかを判別するすべがないだけに、無意味な統計だ。同様に、へき地での飢餓死の件数や、内戦で集団虐殺された人の数なども疑わしい。イラク・アフガニスタン・アメリカの対立における犠牲者の推定数が、観測する人によって大きく異なった事実も、それを裏付けている。

　出版社が、うちの雑誌は200万人に読まれているとうたった場合、彼らはどうやって知ったのか？　実は知っているわけではないのだ。どんな雑誌でも、販売部数の何割かは他者と共有されていると思われる。これを「回覧率」という。図書館が購入した雑誌は、すべて一定数の人に読まれると推測するのだ。書籍も電子書籍でも同様である。もちろん、その数はそれぞれの書籍によって大きく異なる。多くの人が、スティーヴン・ホーキング著『ホーキング、宇宙を語る──ビッグバンからブラックホールまで』（早川書房）を買った。ところがこの本は、過去30年間で最も販売部数が多く、最も読了部数が少ない本といわれている。リビングルームに置いて見栄を張るための本なので、回覧した人はあまりいなかったはずだ。雑誌の読者数やポッドキャストのリスナー数もわからない。われわれが知りうるのは販売部数やダウンロー

ド数までである。ただし、この長きにわたる現状は、最近の電子書籍の開発によって変わるはずだ。

　ニュージーランド人は、週に平均4.36回デンタルフロスを使う。私が今でっち上げた数字だが、正確さはどのような推定値とも変わらないのではないだろうかといった記事を今度目にしたら、自問してほしい。そんなことがどうしてわかるのか？　どんなデータに基づいているのだろうか？　洗面所に隠しカメラでも仕掛けたというのならわかるが、これはおそらく、アンケート調査に寄せられた人びとの回答であり、いい加減な記憶に基づいていたり、常にフロスを使わなくてはと感じている回答者が信じたい回数だったりするのだろう。

Part 1　数字を吟味する

確率

　ところで、『ホーキング、宇宙を語る――ビッグバンからブラックホールまで』を借りて読んだ人はあまりいなかったはずだ、と先ほど書いたが、あなたはそれを信じただろうか？　私は多くの人がしているように漠然とした言葉を使ったが、世界について、われわれにわかることとわからないことの境界を見極めようとするのが、数学的確率論である。クォークやボース粒子の振る舞いから、われわれが生きているうちに世界が滅亡する確率、そして州運営の宝くじや、天気の予測（この2つは、当たる確率がほぼ同じ）に至るまで、広く応用されている。

　確率論は、未来の事象を数値で表せるので、合理的な意思決定をするための重要な助けとなる。確率論がなかったら、人の体験談や話に簡単に誘惑されてしまうだろう。よくこんなことを言う人がいる。「[81]ぼくはシートベルトをしないんだ。衝突事故で、シートベルトをしていたせいで外に逃げられず死んだ人の話を聞いたからね。彼はシートベルトをしていなければ助かったはずだ」

　そうなのかもしれないが、1つ2つの話だけで物事を検討するのは間違っている。相対リスクはどの程度だろう？　シートベルトが命取りになったという一握りの珍しいケースは存在するが、着用していなくて死ぬ確率のほうがはるかに高い。確率はこれを計量的に測る方法を与えてくれる。

　*確率*という言葉には、さまざまな意味とさまざまな使い方があ

る。誰かの言動を相手の意図とは違う意味に解釈してしまう勘違いは容易に起こる。そのような勘違いのせいで間違った結論を出してしまう場合もある。

*古典的確率論*という種類の確率論は、[82]すべての事象が同様に確からしく、等確率で起こるという考えに基づいている。サイコロには6面、コインには2面、ルーレットの円盤にはアメリカでは38個、ヨーロッパでは37個の枠がある。もし、何の欠陥もなく細工も施されていなければ、どの結果の発生も同程度に期待できる。したがって、サイコロを振って特定の目が出る確率は6分の1、コイン投げで表が出る確率は2分の1、ルーレットで特定の番号の枠が出る確率は37分の1か38分の1である。

古典的確率は、明確に定義された物事についてのみ用いられる。古典的確率の場合、システムの各パラメータが既知なので、すべてのシステムが出す事象の確率が計算できる。これとは別に、日常生活のなかで、ある事象が起こる確率を知りたいときに登場するもう1つの確率がある。たとえば、ある患者に薬が効く確率や、消費者があるビールを他のビールより好む確率などを知りたい場合である。この場合、システムパラメータが未知なので、それらを推定する必要がある。

この、2番目の確率を導き出すには、観測あるいは試行を行って、望ましい成果が出る回数を数える。これを*頻度確率*という。特定の患者の8集団にある薬を投与し何人がよくなるかを数えるのだが、これが試行にあたる。そして単純に、薬が効いた人の割合、または好ましい成果が出る*頻度*が、この薬が効く確率となる。[83]多くの人で試すほど、世論調査と同様、真の値に近い推定結果が得られる。

[84]古典的確率も頻度確率も、繰り返される反復可能な事象について用いられ、同じような条件のもとで特定の結果が得られる割合を扱う理論である。無作為的に選んだ人びとを面接して世論調査を行う場合、今日会う人も、明日会う人もいるが、その間に人びとの考えを変えるような大きな出来事が起きないという前提で、実質的には同一条件で質問しているのだ＊。裁判で、[85]証人が容疑者のDNAがリボルバーに付着したDNAと一致する確率について証言するときに使っているのが、頻度確率である。容疑者のものと一致するDNAの断片の数と一致しない断片の数を数えた結果の話だからだ。1組のトランプから1枚を引く、組み立てラインから不具合のある製品を検出する、自社ブランドのコーヒーが好きかと人びとに聞く、といった行為もすべて、繰り返される反復的な事象について、古典的確率や頻度確率を用いた例である＊＊。

　3番目の確率は、思考や反復的事象から得るのではなく、特定の事象の起こりやすさを意見や信じる度合いで表すという点で、先の2つと異なる。これを*主観的確率*という。その1つが、18世紀の統計学者トーマス・ベイズの名にちなんだベイズ確率である。ある友人が、50％の確率で今週末のマイケルとジュリーのパーティに行くと言っている場合、彼女が用いているのはベイズ確率だ。自分が行くと信じる度合いを表現しているからだ。来年の失業率はどうなるのか？　これに頻度確率は適用できない。なぜなら、来年の失業率は、同一あるいは類似した条件のもとで観測さ

＊　まったく同一の条件でなければならないとする強硬な確率論者もいるが、ゆらぎによって、宇宙の状態は常になんらかのかたちで変化しているのだから、それは行き過ぎだと私は思う。
＊＊　トランプは古典的確率、製品とコーヒーは頻度確率

れた値と見なせないからだ。

では、例を挙げて検討してみよう。テレビの天気予報のレポーターが、明日が雨である確率は30％だと言った場合、彼女は、同一条件の日に何度も実験し、結果を数えた末に言っているわけではない。30％というのは、雨が降るだろうと彼女が信じる度合いを表すもので、靴カバーや傘をわざわざ持って出かけるべきかを知らせる目的で示されているのだ。

そのレポーターが30％の確率で雨と予報した日の3割において実際に雨になったならば、彼女の予想は成功したのだ。30％と予報した日々の6割が雨だったら、大幅に低く見積もってしまったのだ。キャリブレーションの問題は、主観的確率論でしかない点である。

では、50％の確率でパーティに行くと言った友人の話に戻そう。批判的思考ができない人の多くが犯す間違いは、2つの可能性が存在するとき、2つの事象の起こりやすさは等しいはずだという考えだ。認知心理学者のエイモス・トベルスキーとダニエル・カーネマンは、実験で、人びとにパーティなどのさまざま状況を説明しクイズを出した。たとえばあるパーティに来る人の70％がライターで30％がエンジニアだと説明する。それを聞いて、パーティでシェイクスピアの入れ墨をしている人に出会えば、その人はライターだという正しい推測をするだろうし、もしマクスウェル方程式のTシャツを着た人に出会えば、その人はエンジニアだという正しい推測をするだろう。しかし、シェイクスピアの入れ墨や数学のTシャツといった情報が何もないランダムな人に出会っ

---

* そんな日がありうるとして
** 1から100までの度合いで

た場合、その人がエンジニアである確率は何％か？ [86]トベルスキーとカーネマンの実験に参加した人びとは、「五分五分」と答える傾向にあった。彼らは、2つの事象のうちの1つが起こるという意味と、2つの事象の起こりやすさが等しいという意味を混同していると思われる。

　主観的確率は、唯一、試行にも、等号をもつ式にも頼らず、現実的状況のなかで自由に使える確率なのだ。判事は、陪審員に「優位な証拠」が被告人の有罪を示したら評決を下すよう言う。これは主観的確率だ。つまり、陪審員のひとりひとりが、それぞれの内面の、そしておそらく客観的ではなく個人的な基準と信念に従った証拠の重みの検討を通して、証拠が優位であるかどうかの判断を下さなければならない。

　競馬のブックメーカーがオッズをつけるのも主観的確率だ。それぞれの馬の実績や健康状態、ジョッキーの実績といったデータを参考にはするだろうが、同様な確からしさの原理が成り立たない、つまり、古典的確率ではないのだ。そしてまた、実験もできないので、頻度確率でもないのだ。野球やその他のスポーツ賭博でも同じだ。たとえば、ロイヤルズが次の試合で勝つ確率は80％とブックメーカーが言う場合、数学的確率を意味しているのではなく、われわれも皆そうだが、数値的精度を感じさせるような言葉づかいをしているだけである。ブックメーカーは、時計の針を戻して、ロイヤルズが同一の試合で何度もプレイするのを観戦し、何回勝てるかを数えたりはできないのだ。推定の過程で計算をしたりコンピュータを使ったりできるが、彼の言う数字は所詮推測、つまり、自らの予想に対する信念の度合いを示しているにすぎない。[87]それが主観的確率だというまぎれもない証拠は、評論家た

ちのまちまちとなる予想だ。

　主観的確率は、われわれの身のまわりに広く存在し、新聞、役員会議、スポーツバーなどで目にするが、大半の人は気づいてさえいない。あるならず者国家が12カ月以内に原爆を投下する確率、来年金利が上がる確率、イタリアがワールドカップで優勝する確率、兵士が特定の都市を制圧する確率はすべて、頻度確率ではなく、主観的確率だ。どれも、1度かぎりの非反復的事象である。評論家や予測者の評判は、その正確性にかかっているのだ。

同時確率

　確率で最も重要な規則の1つが、乗法定理である。2つの事象が独立している、つまり一方の結果がもう一方の結果に影響を及ぼさない場合、2つの事象の確率の積が、両方の事象が起きる確率となる。コイン投げで表が出る確率は、表と裏という、2つの等確率の可能性しかないために2分の1である。1組のトランプからカードを1枚引いてハートが出る確率は、ハート、ダイヤ、クラブ、スペードという4つのカードが出る確率が等しいため4分の1だ。コイン投げとトランプ引きを両方やって、表のコインと、ハートのカードが出る確率は、双方それぞれの確率を掛け合わせれば求められる。1/2×1/4=1/8　これを同時確率（結合確率）という。

　可能な組み合わせをこのようにすべて書き出し、実際に望ましい成果が何回出るかを数えれば、これが本当だと納得できる。

　　表・ハート　　　裏・ハート

表・ダイヤ　　裏・ダイヤ
表・クラブ　　裏・クラブ
表・スペード　裏・スペード

　この際、コインが立ったり、宙を舞っているあいだにカモメに持ち去られたり、すべてがクラブという仕掛けトランプだったりという、非常にまれなケースは無視している。

　また、コイン投げで表を出し、カード引きでハートを出し、さらに今度出会った人の誕生日があなたと同じという3つの事象についても、同じようにその確率は同時確率である。

　ウェブサイトのログイン認証には、よく「次の5つの通りのうち、どちらの通りにお住まいですか？」「次の5つのクレジットカードのうち、どちらをお持ちですか？」といった多肢選択問題が使われる。彼らは、同時確率を用いているのだ。正解率が5分の1（0.2）の質問に、6回続けて答えるとしたら、あてずっぽうで全問正解する確率は、0.2×0.2×0.2×0.2×0.2×0.2で、わずか0.000064、およそ10万分の6である。法廷で証言されるDNA一致の確率ほど厳しくはないが、悪くない数字だ。本人確認の質問について、多肢選択ではなく短い答えを自分で記述させればよいのに、と思うかもしれない。しかし、そうすると、回答の表記方法が登録時と微妙に違うためにログインできない問題が多発する。たとえば、チェースのクレジットカードと答えるのに、チェース銀行と表記する場合も、ＪＰモルガン・チェースと表記する場合もある。住んでいたのはノース・シカモア通りとも、Ｎ・シカモ

＊　その確率は約365.24分の1。ただし、誕生日は特定の時期への多少の偏りがあり、多い誕生日というのがあるものだが、だいたい妥当な見積もりだ。

ア通りとも表記できる。けっこう複雑になるのだ！

事象の生起確率が別の事象の生起によって影響を受ける場合

　確率の乗法定理が適用できるのは、事象が互いに独立である場合に限られる。独立でない事象とは、たとえば天気が挙げられる。今晩が氷点下になる確率と明日の夜が氷点下になる確率は独立ではない。気象パターンは、1日以上継続する傾向があるからだ。思いがけず氷点下になったりもするが、明日の晩の気温を予想するには、今晩の気温を見れば十分だ。氷点下になる夜が何回あるかを自身が住んでいる場所で計算し、それが年に36回だとする。今晩が氷点下になる確率は365分の36で約10％だが、それでは依存関係が考慮されていない。乗法定理に従って2晩連続で氷点下になる確率は10％×10％で1％とすると、低すぎる確率になってしまう。それは、2晩にわたり続く事象は独立ではなく、明日の天候は今日の天候の影響を受けるからだ。

　ある事象が起こる確率は、調査対象の特定の標本の影響も受ける。今晩が氷点下になる確率は当然、地域的な条件の影響を受ける。緯度44度の場所のほうが、10度の場所よりも確率は高くなる。6フィート6インチの人がいる確率は、ジョッキーのたまり場になっている居酒屋よりも、バスケットボールの練習が行われている場所のほうが高い。調査対象の人や物事の小集団が、確率の推定に関係するのだ。

条件付き確率

統計的主張を検討する際、本当は小集団を検討すべきなのに集団全体の不特定多数の人を検討してしまい、多くの場合に惑わされてしまう。自分が肺炎にかかっている確率はどのくらいだろう？ あまり高くはない。しかし、自身と自身の固有の状況についての情報があれば、その確率はもっと高くもなるし、また低くもなる。これを*条件付き確率*という。

この場合、2つの異なる問いを立てる。

1. 母集団から無作為に抽出された人が肺炎にかかっている確率は？
2. 無作為に抽出されたのではなく、熱、筋肉痛、胸の詰まりという3つの症状をもつ人が肺炎にかかっている確率は？

2番目の問いは、条件付き確率を問うものだ。「条件付き」というのは、すべての人の可能性を検討するのではなく、特定の条件に該当する人びとのみを検討するものだ。数字を出すまでもなく、2番目のケースのほうが、肺炎にかかっている可能性が高いと推測できる。もちろん、肺炎にかかっている確率が、無作為に抽出される人よりも低くなるような問いも立てられる。

1. 無作為に抽出されたのではなく、肺炎の検査結果が3回連続で陰性で、免疫力が強く、数分前にニューヨークマラソンで優勝した人が肺炎にかかっている確率は？

同様に、人びとが肺がんになる確率は、家族の既往歴と独立ではない。ウエイターがケチャップを持ってくる確率は、人びとの注文と独立ではない。無作為に選ばれた人が10年以内に肺がんにかかる確率や、ウエイターがすべてのテーブルを含め、ある特定のテーブルにケチャップを持ってくる確率は計算可能なのだ。そして幸いにも、こうした事象には他の行動に左右されるのだという情報が生まれている。そのおかげで、調査対象の母集団を絞り込んで、より正確な推定値が得られる。たとえば、父親も母親も肺がんにかかっていれば、両親が肺がんにかかった人たちのみを検討して、自分自身がかかる確率を計算できる。もし両親が肺がんにかかっていないなら、そうした小集団、つまり家族既往歴のない人びとを検討すべきだ。これで、おそらく違った数字が出るだろう。ウエイターがケチャップを持ってきてくれる可能性を知りたければ、ハンバーガーかフライドポテトを注文した客のテーブルのみを検討し、マグロのたたきやアップルパイを注文した客は対象外にすべきだ。

事象の独立性を無視する、または独立でないと思い込むと、法律の世界では、とんでもない結果を招きかねない。[88]その一例が、2番目の子供を殺した罪に問われた、イギリスのエセックスに住むサリー・クラークという女性だ。彼女の第1子は乳児のときに死亡し、その原因はSIDS（乳幼児突然死症候群）とされていた。検察官の主張は、2人の子供がSIDSで死亡する確率は非常に低いので、第2子は彼女が殺したに違いないと主張した。検察側の鑑定人として出廷した小児科医は、SIDSが死因である割合は、乳幼児の死亡件数8543件中1件だという調査結果を引き合いに出した。メドウ医師の専門は小児科であり、統計のエキスパー

トや疫学者というわけではない。この種の混同による多くの誤った判決については、本書のパート3で説明している。誰かがある分野の専門家だからといって、関連していそうな別の分野でも専門家というわけではないのだ。

このケースを掘り下げるならば、死亡件数の8543という数字が怪しい。この数字はどうやって得たのだろう？　SIDSは、除外診断である。それはつまり、死因のSIDSは医療関係者の手で行われる検査ではわからないのだ。医師らによって死因が判明せず、他のすべての可能性を除外した末にたどり着く診断がSIDSなのだ。原因が何であるかわからなければ、それが起きなかったという証明にはならない。したがって、SIDSが死因とされた死亡事故のうちのいくつかは、実際、中毒や窒息、心臓欠陥などそれほど不可解ではない原因によって引き起こされたと考えるのが現実的だ。

だが話の便宜上、鑑定人が証言したとおり、8543件に1件の死亡がSIDSに起因しているとひとまず仮定してみよう。鑑定人はさらに、同一世帯でSIDSによる死亡が2度起きる確率は、1/8,543× 1/8,543で、1/73,000,000だと証言した。最終弁論で「これが偶然と言えましょうか？　私は違うと思います！」と叫ぶ検察官が目に浮かぶ。この計算、すなわち乗法定理のこのような使い方は、2人の死亡は独立であるという前提のもとに行われている。なんであれ、クラーク夫人の第1子が突然死した原因が、同じ世帯というつながりで、もう1人の死にもかかわっているのではないだろうか。SIDSにかかわる環境的要因には、受動喫煙とうつぶせ寝の2つが挙げられる。もしくは、第1子にはなんらかの先天的欠陥があった可能性もある。だとすれば、同じ欠陥が

第2子のゲノムに表れる確率は比較的高くなる。兄弟はDNAの50％を共有しているのだ。そう考えれば、第2子がこのような原因で死亡した確率は50％と考えられる。そうなれば、クラーク夫人が子殺しの犯人という可能性はかなり薄れる。その後、彼女の夫が病院の保存記録から、第2子は微生物学的原因による死亡だという証拠を発見した。クラーク夫人は無罪となったが、それは、無実の罪で3年間にわたり服役した後だった。

条件付き確率には、特別な表記法がある。ハンバーガーを注文した際にウエイターがケチャップを持ってくる確率は、次のように表記される。

P(ケチャップ | ハンバーガー)

縦線の | は条件のもとでと読む。このように表記すると、言葉による説明をかなり省けてしまうので注目してほしい。数式は簡潔なのだ。

また、ハンバーガーを注文し、ケチャップを頼んだならば、ウエイターがケチャップを持ってくる確率は、つぎのように表記される。

P(ケチャップ | ハンバーガー∧頼んだ)

∧は、かつと読む。

---

* 訳注:「ハンバーガーを注文したという条件のもと」を意味する。

条件付き確率の可視化

アメリカにおける、[89]肺炎の年間の相対的な疾病の発症頻度は、2％で毎年、人口3億2400万人に対して600万人が診断を受けている。もちろん、未診断のケースもあれば、年に2回以上かかるケースもあってしかるべきだ。しかし、そうした細かい点はとりあえず無視しよう。したがって、母集団から無作為に抽出された人が肺炎にかかっている確率は、約2％である。しかし、ある特定の人に関する情報があれば、より正確な推定値が求められる。もし医者に行って、咳、胸の詰まり、熱を訴えたのであれば、もはや無作為に抽出された人ではない。来院時にそうした症状をもつ人となる。新しい情報を踏まえ、何かがある状態である、または肺炎にかかっていると信じる度合いが系統的に更新される。信念を更新するには、[90]ベイズの法則を適用して、条件付き確率を計算する。症状xがあるという*条件*のもとで私が肺炎にかかっている確率は？ と記述する。こうした更新は、もっている情報が多いほど精度が上がる。このような症状がある、かつ、家族既往歴がある、かつ、肺炎の人とこの3日間を過ごしたという*条件の*もとで私が肺炎にかかっている確率は？ というように、確率はどんどん高くなる。

ベイズの法則の公式を使えば確率を求められる。すべての可能なシナリオを書き込んだ4分表という条件付き確率を可視化しそして計算する簡単な方法がある。まず、ハンバーガーを注文した、ハンバーガーを注文していない、ケチャップがきた、ケチャップがこないという可能な状況を書き入れる。

---

* 本書の付録に記載している。

ハンバーガーを注文

	した	しなかった
ケチャップが　きた		
こなかった		

次に、試行と観測の結果に基づき、さまざまな数値、つまり各事象の頻度を記入する。レストランで見た16人の客のうち、ハンバーガーを注文してケチャップがきた頻度は1回。ハンバーガーを注文したがケチャップがこなかった頻度は2回。これらは左側の1列に記入する数値だ。

ハンバーガーを注文

	した	しなかった
ケチャップが　きた	1	5
こなかった	2	8

そしてハンバーガーを注文しなかった人のうち、ケチャップがきたのは5人で、こなかったのは8人だった。これを右の列に記入する。

次に、行と列の合計を求める。

Part 1 数字を吟味する

ハンバーガーを注文

	した	しなかった	
ケチャップが きた	1	5	6
ケチャップが こなかった	2	8	10
	3	13	16

　確率を計算するのは簡単だ。ハンバーガーを注文したという条件のもとでケチャップがくる確率が知りたければ、その条件が満たされたほうから始める。それが左の縦の列だ。

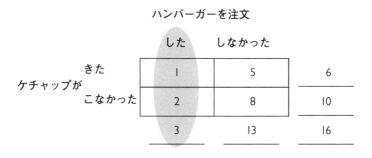

　ハンバーガーを注文した人の合計は3人で、左の行の下に記入してある数字だ。では、ハンバーガーを注文したという条件のもとでケチャップがくる確率はいくつだろうか？ それには、「ケチャップがきた」と「ハンバーガーを注文した」が交わるマス目を見る。1とある。条件付き確率P(ケチャップ | ハンバーガー)は、3回に1回だ。こうすると、3人がハンバーガーを注文し、

141

そのうちの1人にはケチャップがきて、2人にはこなかったという論理が可視化できる。この計算では、右の列は無視する。

これを使ってどんな条件付き確率も計算できる。ハンバーガーを注文しなかった場合にケチャップがくる確率もわかる。ハンバーガーを注文しなかった13人のうち、5人にケチャップがきた。したがって、その確率は13回に5回、すなわち約38％だ。このレストランでは、ハンバーガーを注文しなかった場合のほうが、した場合よりもケチャップがくる確率が高いのだ。さて、批判的思考を働かせて考えてみよう。どうしてそうなるのだろう？ ケチャップがくる、またはこないのデータは、ハンバーガーではなくポテトを注文した人に左右されているかもしれないし、ハンバーガーには、最初からケチャップが添えられているのかもしれない。

医療における意思決定

このように条件付き確率を可視化すれば、医療における意思決定にも役に立つ。検査を受け、何かの病気があるという結果が出た場合、本当にその病気にかかっている確率はどのくらいなのだろうか？ それは100％ではない。検査は完全ではなく、疾病が発症していないのにしているという偽陽性や、発症しているのにしていないという結果が出る偽陰性の可能性があるからだ。

[91]女性全体の乳がん発症の確率は0.8％だ。ある人が実際に乳がんで、それがマンモグラフィで検出される確率は90％でしかない。検査は完璧ではなく、見逃されるケースがあるのだ。また実際に乳がんではない女性が陽性の結果を得る確率は7％である。無作為抽出されたある女性が検査で陽性の結果が出たとしたら、その

Part 1 数字を吟味する

人が実際に乳がんである確率は何％だろう？

まず4分表をつくって、その女性が実際に乳がんである、ない、検査結果が陽性、陰性、という可能性を書き入れる。結果を整数にしたいという[92]計算の便宜上、1万人の女性を対象とする。

母集団が1万人なので、それを表の外側の右下に書き入れる。

検査結果

	陽性	陰性	
実際に乳がんで ある			
実際に乳がんで ない			
			10,000

ハンバーガーとケチャップのときとは異なり、今回は、枠外の欄から埋めていく。今もっているのはその情報だからだ。乳がんの発症頻度は0.8％、すなわち1万人に80人だ。その数字は、枠外の1番上の欄に書き入れる。まだどうやって表を埋めるかわからないが、それは少し後で明らかになる。右枠外の真ん中の欄は、和が1万になる必要があるので、

検査結果

	陽性	陰性	
実際に乳がんで ある			80
実際に乳がんで ない			9,920
			10,000

10,000 - 80 = 9,920

　実際に乳がんがある人のうち陽性の結果が出るのは90％だとわかっている。確率の総和は100％でなければならないので、乳がんがあっても陰性の結果が出る人は、100％から90％を引いて、10％だ。枠外の１番上の欄にある、実際に乳がんにかかっている女性80人のうち、90％が陽性の検査結果を得て（80×0.9＝72）、10％が陰性の結果を得る（80×0.1＝8）。これだけで、表の上の行を埋めることができる。

検査結果

		陽性	陰性	
実際に乳がんで	ある	72	8	80
	ない			9,920
				10,000

　しかし、これではまだ「陽性の検査結果が出たという条件のもとで、実際に乳がんである確率は何％か？」という問いの答えは計算できない。陽性の結果を得る人の人数を知る必要があるからだ。欠けているパズルのピースは「実際に乳がんではない女性が陽性の結果を得る確率は７％である」という最初の説明にある。右枠外の２行目に、乳がんでない女性は9,920人とあるので、その７％は、9,920×0.07＝694.4（四捨五入して694）人で、左下のマス目に入る。したがって、9,920から694を引いた9,226が、右下

のマス目に入る。

検査結果

		陽性	陰性	
実際に 乳がんで	ある	72	8	80
	ない	694	9,226	9,920
		766	9,234	10,000

そして最後に、行と列のそれぞれの合計を出す。

陽性の検査結果が出たら、完全にその病気であると思っているなら、それは間違いだ。陽性の結果を得たという条件のもとで実際に乳がんである条件付き確率は、左上のマス目の数字を、表下枠外左の合計で割ったもの、すなわち、72/766だ。うれしいことに、マンモグラフィで陽性が出ても、実際に乳がんである確率は、9.4%なのだ。それは、この病気が比較的まれなことと、この検査が不完全であるせいである。

検査結果

		陽性	陰性	
実際に 乳がんで	ある	72	8	80
	ない	694	9,226	9,920
		766	9,234	10,000

* 1000人に1人以下

条件付き確率の逆は成立しない

皆、小学校の算数のときから、このような恒等式は見慣れている。$x=y$ ならば $y=x$、$5+7=7+5$ という性質の式である。しかし、そのようにはいかない定理もある。先に述べた確率がその例である。偽陽性の確率が10％でも、命中率が90％にはならない。

次のような統計があったとする。

スーパーでは、道端のスタンドの10倍の数のリンゴが販売されている。

少し考えれば、これは「リンゴが欲しいときは、スーパーに行ったほうが入手できる可能性が高い」という意味ではないとわかるはずだ。スーパーは、道端のスタンドの10倍以上の顧客をもっているかもしれない。スタンドよりも多くの在庫があっても、需要に追いつかない可能性もあるのだ。ただし、道を歩いているランダムな人がリンゴを持っていて、それをどこで買ったのかわからなければ、道端のスタンドよりもスーパーで買った確率のほうが高い。また条件付き確率で学んだように、スーパーがリンゴを売っているという条件のもとで、この人がスーパーで買った確率は何％か？　などという問いを想起できる。

P (スーパーに行った | 買いたいリンゴが売られていた)

だが、ハニークリスプブランドのリンゴがどうしても食べたく

なり、スーパーで買えるかどうかを知りたい場合は確率が異なる。

P (買いたいリンゴが売られていた | スーパーに行った)

　同様の左右非対称性があらゆる統計でも登場するが、一見気づかない場合が多い。「午前7時よりも[93]午後7時のほうが自動車事故が多い」と書いてあれば、それはどういう意味だろう？　この文は、そもそも言葉づかいがあいまいである。ある事故が起きたという条件のもとで、それが午後7時だった確率という話にもとれるし、午後7時という条件のもとで、事故が起きる確率の話にもとれる。前者は、すべての事故のうち何件が午後7時に起きたかという場合だ。後者なら、午後7時に走っている車の何割が事故に遭ったかという状況である。いったいどちらなのだ！

　午後7時は、他のどの時間帯よりも交通量が多く、1,000台ごとの発生率に直せば、他の時間帯よりはるかに少ない可能性もある。交通量自体が多いなら、他の時間より午後7時に多発するのは当然だ。何時に運転するのが最も安全か知りたいなら、交通事故の発生率を見るべきだ。

　また、大半の交通事故は自宅から3マイル（約4.8キロ）以内の範囲で起きるという話を聞いたことがあるだろう。それは、その範囲がより危険だからではなく、車を運転する人の大半が短い距離しか運転しないため、家から3マイル以内を運転する人の数が圧倒的に多いからなのだ。たいていの場合、この手の命題から得られる、2通りの解釈は意味が異なる。

P(午後7時 | 事故) ≠ P(事故 | 午後7時)

それによって生じる混同は、ただの理論上の問題では済まされない場合が多い。多くの裁判事例において、何が知られているのかという方向性に関する説明を混同していて、それは条件付き確率の誤用によるのだ。法医学の専門家は、犯行現場で見つかった血液が、被告人の血液型と偶然に一致する確率は、わずか1％であると正しく計算するだろう。しかし、だから被告人が無罪である確率はわずかに1％だと発言してしまうのは、まったく当たらない。いったいどちらなのだ！　ここでも、情報の受け手は、つい直観的に考え惑わされてしまう。この例における法医学専門家が示しているのは、被告人が無罪であるという*条件*のもとに、血液が一致してしまう確率だ。

　P(血液の一致 | 無罪)

　簡単に言えば、「被告人が実はやっていないにもかかわらず血液が一致してしまう確率」だ。これは、本当に知りたい確率、つまり「血液が一致してしまっても被告人が無罪である確率」とは同じではい。

　P(血液の一致 | 無罪) ≠ P(無罪 | 血液の一致)

　多くの罪のない市民が、この誤解のせいで刑務所に送られているのだ。また、多くの患者が、こうした混同をしているせいで、誤った意思決定をしているのだ。

　P(陽性検査結果 | がん) = P(がん | 陽性検査結果)

患者だけではない。実は医者も常にこの間違いを犯している。ある調査では、[94]90％の医師が、この異なる可能性を同一に扱っていると示されている。この誤解は恐ろしい結果を招く。[95]ある外科医は90人の女性を、リスクが高いという理由で健常な乳房を切除するよう説得した。彼は乳がんの93％が、高リスク群の女性に発生していると知った。ある女性が乳がんであるという条件のもとに彼女がこの集団に属している確率は93％である。つまりP(高リスク群｜乳がん)=0.93なのだ。4分表を使って、1,000人の典型的な女性を標本とし、57％の女性がこの高リスク群に入るという追加情報と、先ほど述べたある女性が乳がんである確率は、0.8％であるという情報を加えれば、P(乳がん｜高リスク群)を割り出せるのだ。この数値は、女性が手術に同意する前に、ぜひ知っておくべき統計量なのだ。

リスク

		高リスク群	非高リスク群	
実際に乳がんで	ある	7	1	8
	ない	563	429	992
		570	430	1,000

ある女性が高リスク群に属しているという条件のもとに、その人が乳がんである確率は、93％ではない。93％というのは外科医の誤解であり、実際の確率はわずか570分の7、すなわち約1％

---

* 最も近い整数に四捨五入してある。

である。この外科医は、実際の乳がんのリスクを100倍近く多く見積もってしまったのだ。そして取り返しのつかない結果を招いた。

4分表を使った計算は、変わった頭の体操のように思えるかもしれないが、計算しやすいように数字を視覚的に整理するので、実は、科学的に批判的思考を行っているのだ。また、この計算によって導かれた結果をもとに、問題のさまざまな側面を定量化できるので、より合理的で根拠に基づいた判断が下せるようになる。非常に強力なツールなのに、高校で教えられていないのが驚きだ。

統計値とグラフについて考える

多くの人にとって、頭のなかで確率や統計量を計算する、また、複雑な数値表からの微妙な傾向を検出するのは困難である。皆、鮮明な絵や、画像、話を好む。意思決定をするとき、統計的情報よりも、そうした画像や話のほうを重視してしまいがちなのだ。さらに、図やグラフを誤解したり間違った解釈をしたりする傾向もある。

多くの人が数字に苦手意識を抱いているために、与えられた情報をうのみにしているのだ。それがさらに誤った判断や結論を導いている。また、自分が賛成しない事柄に対してのみ批判的思考を行う傾向もある。情報時代の今の世の中では、虚偽の事実が事実の仮面をかぶり、偽りの情報と真の情報の見分けがつきにくい環境のなかで、数字を中心として、多くの重要な主張や意思決定がなされている。不備な統計はいたるところに存在する。[96]社会学者のジョエル・ベストによると、その理由は、統計の作成者ら

がウソつき狐だからというだけではない。不備な統計は、自らの言動を批判的に考えない、そしてたいていは正直で善意な人びとによって生み出されている場合もあるのだ。

　統計データの分析への苦手意識が、さらに、グラフや軸ラベル、相手の話を注意深く検討する試みを阻んでいる。世の中は偶然で満ちあふれ、不思議な出来事が起こる可能性はきわめて高い。しかし、2つの事柄が同時に変化したからといって、一方の事象がもう一方の事象を引き起こしたとはかぎらないし、隠れた*第3因子x*によって互いに関連しているとも言えない。そのような連想や偶然にだまされやすい人というのはたいてい、確率や、因果関係、事象の展開における無作為性の役割についての理解が足りないのだ。過去300年において、海賊の減少と地球温暖化現象が同時に起きており、それは、温暖化を抑制するには海賊が不可欠だと主張して話をでっち上げるのはもちろん可能だ。しかし、それはお粗末な思考であり、証拠の誤った解釈である。そのような欠陥のある理論を主張する者が、それを承知の上で気づかないでほしいと願っている場合もあれば、彼ら自身もだまされている場合もある。しかし、あなたはもうだまされない。

Part 2

言葉を吟味する

「真実が半分含まれた嘘は最悪の嘘」

——アルフレッド・テニスン

どのように得た情報か

　人間は話を伝える生きものであり、また社会的な生きものでもあるがゆえに、簡単に他人の意見に左右されてしまう。人が情報を得る方法は3つあり、自分で見つけるか、暗黙のうちに吸収するか、あるいは明示的に示されるかだ。世の中に関する既知の情報の大半が、3つめの方法で得られている。つまり、いつかどこかで誰かに教えられたり読んだりしているのだ。要するに、どこかからの受け売りでしかない。エキスパートの知識に依存しているのだ。

　私は酸素原子や水分子をこの目で確かめていないが、綿密に行われた実験を解説する文献があるので、それらの存在を信じている。同様に、アメリカ人が月面着陸した事実も、光の速度が秒速18万6000マイルという事実も、低温殺菌で本当にバクテリアが死ぬという事実も、ヒトは23対の染色体をもつという事実も、自分の目で確かめたわけではない。また、私が使用しているビルのエレベーターが適切に設計され、維持されているのか、かかりつけの医者が本当に医大を卒業したのかも知っているわけではない。エキスパート、認可や免許制度、百科事典、教科書などに依存しているのだ。

　だが、自分自身、すなわち自らの知恵や、推論の力を頼る必要もある。ウソつき狐たちが人に金を出させる目的や、人の最善の利益にならない候補者に投票させるなどの目的で、虚偽の事実で言葉巧みにだまそうとしたり、根拠のない数字で混乱させようと

したり、よく考えれば実は関連していない情報で注意をそらそうとしたりしている。奴らはまた、エキスパートの仮面をかぶったりもする。

そうした手口に対抗するには、統計データやグラフを分析したときと同じように、見聞きした主張も分析すればよい。必要なスキルは、14歳くらいの能力でだいたい間に合う。法科大学院や、ジャーナリズム大学院、ビジネス大学院、理学研究科などでは分析方法が教えられているが、それを最も必要としている人びとの大半には、教えられていないのだ。

そうしたスキルの多くは、犯罪ドラマや調査報道記事が好きな人には、おなじみだ。裁判事件に登場するような検討方法に似ているのだ。裁判官と陪審員が相反する主張を吟味して、真相を明らかにしようとする。何を確固たる証拠と見なすかについては、成文化された規則がある。アメリカでは、一部の例外を除いて、本物だと証明されていない資料や、「伝聞」証言は証拠として認められないのが一般的である。

誰かがあなたに、モーツァルトの音楽を毎日20分聞くと頭がよくなる、と書いてあるウェブサイトを教えたとしよう。別のウェブサイトには、それは事実でないと書いてある。この問題の大部分は、感情的な思考に基づいた判断を行い、それを正当化しようとする人間の脳の傾向に起因する。脳は、非常に強力な自己正当化機構をもつ。すてきな音楽を20分間聴くだけで人より知能指数が高くなると信じたい。こうした主張を吟味するには手間がかかる。おそらく「アイネ・クライネ・ナハトムジーク」を聴くよりも時間がかかるだろう。しかし、間違った結論を出さないようにするためには必要なのだ。とても賢い人でもときとしてだまされ

る。[97]スティーブ・ジョブズの膵臓がんの治療が遅れたのは、本やウェブサイトで見かける食事を変えれば治るという助言に従っていたからだ。食事療法が効かないと気づいたときには、治療不能なほどまでにがんが進行していたのだ。

ある情報源の誠心性や正確性だけで、いつも物事を判断できるとはかぎらない。パート1冒頭の警句を例にとろう。

厄介なのは、知識不足ではない。不正確な情報を知ったつもりになっているという問題だ。

私はこの言葉を映画『マネー・ショート』の冒頭で見た。そして、そこではマーク・トウェインの言葉とされていた。私は以前にもどこかで見たことがあると思った。その9年前にアル・ゴアも、同じくマーク・トウェインの言葉として、自らの主演映画『不都合な真実』で引用していたのだ。ところが、本書で引用するにあたって事実確認をしたところ、トウェインがこのような言葉を残した証拠がまったく見つからなかったのだ。この引用句と出典そのものが、警句の内容の最たる例となってしまっているのだ。どちらの映画のディレクターも、ライターも、プロデューサーも、調べるのを怠ったため、思い込みがまったくの誤りだったという結果を招いてしまった。

インターネットを少し検索してみると、これは出典の誤り[98]だという『フォーブス』誌の記事が見つかった。記事を書いた作家のナイジェル・リーズは、米国議会図書館が編纂した[99]引用句辞典『リスペクトフリー・クォーテッド』※を出典として挙げてい

※ Respectfully Quoted

る。同書によると、『エブリバディズ・フレンド、オア・ジョシュ・ビリングス・エンサイクロペディア・アンド・プロヴァービアル・フィロソフィー・オブ・ウィット・アンド・ヒューマー』（1874年）[100]*という本に、この引用句がさまざまなパターンで出てくるという。リーズは、「ご存じのようにマーク・トウェインは、ジョシュ・ビリングスよりも名高いユーモア作家であるため、この引用句が彼のものだと思われていたらしい」と書いている。

そしてこのようにも書いている。

> 出典間違いのケースは他にもある。1984年の大統領選の討論会で、ウォルター・モンデール候補がこう言った。「それで思い出さずにいられないのは、ウィル・ロジャースのフーバー大統領についてのコメントです。彼は『気になるのは、大統領が知らないという問題ではなく、彼が知っているつもりになっているという問題だ』と言ったのです

さて誰が正しいのだろう？　このような難しい問題は、たいていの場合、エキスパートに相談するとよい。ヴァッサー大学の大学図書館員で、英文科との連携役を務めるグレッチェン・リーブに聞いてみると、次のような洞察に満ちた分析を提供してくれた。

> 引用句はややこしいのです。「嘘、真っ赤な嘘……
> と言うように、いかようにも利用できてしまう点で、文学の

---

* Everybody's Friend or Josh Billing's Encyclopedia and Proverbial Philosophy of Wit and Humor

世界では統計の利用と同じだと思います。古い引用句は、逐語的ではなく意訳がなされているという意味で、まるで他の言語からの翻訳のようです。この傾向は特にこの作品分野で顕著です。それは、この分野の著者たちが、架空の方言のような言葉で書いていたためです。そのよい例が『ハックルベリー・フィンの冒険』で、読みにくいばかりか、場合によっては明らかに不快な表現が含まれています。

オックスフォードなどの引用句の本をもっとたくさん調べてもよいのですが、それは、とても20世紀的な手法となります。

ハーティトラストをお調べになったことはあるでしょうか？ それは、大学図書館のデジタル化された書籍の共同リポジトリで、グーグルブックスとも協力関係にあるのです。特に1928年以前の出版物に関しては、宝の山です。

以下は、ジョシュ・ビリングスの言葉として『リスペクトフリー・クォーテッド』に載っていた、お調べの引用句です。この本も『オックスフォード引用句辞典』を出典として挙げています。オックスフォードは、私もバートレットよりよく使う引用句辞典です。

「困るのは、知識不足ではない。不正確な情報を多く知りすぎていることだ」。著作者ジョシュ・ビリングス(ヘンリー・ウィーラー・ショー)『オックスフォード引用句辞典』第3版（1979年）（491頁）より。これは彼の著作物では確認で

---

* HathiTrust
** Respectfully Quoted
*** 私たちは電子書籍として所蔵しているので、席を立つ必要もありませんでした！

きませんでしたが、『エブリバディズ・フレンド、オア・ジョシュ・ビリングス・エンサイクロペディア・アンド・プロヴァービアル・フィロソフィー・オブ・ウィット・アンド・ヒューマー』（1874年）で、似たような言葉が見つかりました。原文のミススペルを訂正すると「自分が確かなつもりでも、本当に知っているのはわずかなこと」（502頁）、「知恵は、新しい知識の多さではなく、間違った知識の少なさに宿る」（430頁）、「不正確な情報をもつくらいなら、何も知らないほうがましだと、私はつくづく思う」（286頁）となります。

ところで、ウォルター・モンデールが引用した、ウィル・ロジャースの発言ですが、ロジャースの著作物では確認できていないという注記が『リスペクトフリー・クォーテッド』に載っていました。

　ビリングスの本へはリンクがあります。ここで"ain't so"というフレーズを検索していただけば、わかると思います。

　確認できませんよね。また、この大全／百科事典でマーク・トウェインを検索すると、著者のビリングスが、自分と同じようにユーモアと機知に富んだマーク・トウェインのことを、最も信頼に値する文通相手だと書いています。つまり2人は、互いのやり取りのなかで、巧妙なアフォリズム、ビリングスなら「アファリズム」と書くものを交換し合っていたのでしょう。どちらが何を言ったかなど知るすべもありません。

---

* http://hdl.handle.netI2027 / njp.32101067175438。

私は、人、特に政治家が、マーク・トウェインやウィル・ロジャースの言葉を引用するたびに、またかと呆れ、H・L・メンケンさん、私たちはあなたを知らなすぎますね、と心の中で言います。今の世の中は、彼のような批判的思考ができる人が少なすぎます。ユーモア作家として2番目だったために、100年後にいい加減な勘違いをされているジョシュ・ビリングスが気の毒です。

　以上は、内容も引用元も、明らかにでっち上げられた引用句の事例だ。基本的な考えは、ビリングスの言葉にあるとおりだが、それを考えついたのは、ビリングスなのか、トウェインなのか、2人の共通の友人であるブレット・ハートであったのか定かではない。さらに、ウィル・ロジャースもその中に巻き込まれたのは、彼らしい感じがする句だからだ。
　パート2冒頭の引用句は、ある知り合いから教えてもらったものだ。ただ彼は、こんなふうに間違って覚えていた。

最も黒い嘘は、人を間違った結論に導く部分的な真実だ。

　これは、非常にもっともらしく聞こえた。抽象名詞に色彩を与え、形而上学的な事柄と実際的な事柄を交えているのがいかにもテニスンらしい。だが、本書の事実確認作業で、実際の句「真実が半分含まれた嘘は最悪の嘘」を知ったのである。そんなものなのだ。ちなみに、これはカート・ヴォネガットが愛用した言葉だ。
　新しい主張、あるいは対立する主張が現れたときは、どちらが本当かについて、情報と証拠に基づいた選択をすればいい。裁判

官と陪審員になったつもりで、双方の主張を自分の頭で検討し、判断を下す。その一過程として、エキスパートの意見を求めるのがよい。ではエキスパートは、どのように見分ければよいのか？

エキスパートのレベルを見極める

 ある分野の権威による主張の信頼性を検討するには、その権威が、誰、あるいは何によって確立されたのかの確認から始めるべきだ。ある事象の目撃により権威を得たのなら、その目撃の信頼性はどうなのだろうか？

 ときとして立派な権威者でも間違うのだ。アメリカ政府は2000年初頭、イラクの大量破壊兵器（WMD）について誤った判断を下した。政治に関連しないところでは、長年のあいだ、[101]ヒトの染色体は23対ではなく24対だと科学者によって考えられていた。主張を吟味するうえで、認知度の高い権威の言動だという事実は、決定的なものではないが、初期の１ステップとしては有効である。

 エキスパートの話し方には２通りあり、その２つを見分けることが非常に重要だ。１つめは、事実と証拠をチェックし、それらを総合的に考慮して、証拠に基づいた結論を形成するというやり方である。その過程で、どんな証拠が事実にどう関連し、自らの結論にどうつながったかを共有するのだ。科学はそのようにあるべきであり、裁判もそのように進むべきである。そして、一流のビジネスの意思決定、医療診断、軍事戦略もそのようになされるべきである。

 エキスパートの話し方の２つめは、自分の意見をただ共有するというものだ。エキスパートも人間である。われわれと同様に、つい話に夢中になったり、自己内省、もしもの話、まだ試されていないアイデアなどについて、ついとりとめもなく語ってしまっ

たりする。それがいけないわけではない。そうした連想思考から検証可能なアイデアが生まれる場合もある。しかし、このような話し方は、論理的な証拠に基づいた主張と区別しなければならない。メディアに登場する評論家や科学者によって書かれた一般向けの書籍や記事には、今言ったような、証拠に基づいた主張ではなく、憶測がはびこっている。しかし皆、著者のエキスパートとしての地位や派手な言葉を使う才能に引かれて買ってしまうのだ。著者は、自らがかぶっている権威のヴェールを上げ、読者にカーテンの裏側も見せ、少なくとも、証拠のいくつかは読者の自分の目で見てもらうべきなのだ。

エキスパートという言葉は、通常、特別な訓練を受け、多大な時間を費やして技能を身につけ、能力や知識が人と比べて高度な人、たとえば医師、航空会社のパイロット、ミュージシャン、アスリートのためにある。だから、エキスパートとしての地位というのは社会的な判断なのである。つまり、ある人の技能が、世間の他の人たちのレベルと比較してどうかという、相対的な位置づけなのだ。アインシュタインは、60年前の物理学のエキスパートだが、仮に今でも生きていて、スティーヴン・ホーキングをはじめとする多くの物理学者が今もっている知識基盤を取り入れていなかったとしたら、おそらくエキスパートとは見なされないであろう。また、エキスパートとしての地位には幅がある。ジョン・ヤングは、月面を歩いたわずか12人のうちの1人で、世間の大部分の人間よりもその知識をもっているはずだ。しかし、*ヤング船長は月面歩行のエキスパートであるとするには語弊がある*。

受けた訓練と技能のレベルが同じエキスパート同士でも、意見が異なる場合があるし、意見は同じでも、それが間違っている場

合もある。何千人ものベテラン金融アナリストが、株価予測を完全に外しているが、新米なのに正しい予測をする人も少数ながらいる。デビュー前のビートルズが送ったデモテープが、イギリスのすべてのレコード会社に拒絶されたのは有名な話だ。ポップスには門外漢なEMIの若手プロデューサー、ジョージ・マーティンが、彼らを拾い上げて契約した。グラフィカル・ユーザー・インターフェースを開発したゼロックスのPARC（パロアルト研究センター）は、パソコンの将来性を信じなかった。しかし、ビジネス経験ゼロのスティーブ・ジョブズは、彼らが間違っているのだと気づいた。こうした領域で新参者が成功を収められるのは、株価や一般大衆の嗜好が非常に予測困難で無秩序状態であるのだと考えれば、理解できる。人生いろいろある。エキスパートとは、絶対に間違いをしないという意味ではなく、統計的に正しい可能性が高いという意味なのだ。

発明者やイノベーターの多くが、エキスパートに「可能性がない」と言われた経験をもつ。その最たる例が、ライト兄弟をはじめとする、動力飛行機の発明に取り組んでいた研究家たちだ。ライト兄弟は高校中退で、航空学も物理学も本格的に学んではいない。正規の教育を受けたエキスパートの多くが、空気より重い機械の飛行は科学的に不可能だとしていた。ライト兄弟は、独学であるにもかかわらず不屈の努力で、空気より重くてもきちんと飛ぶ飛行機をつくり、エキスパートたちが間違っていたのだと証明し、事実上のエキスパートにのし上がった。マイケル・ルイスの野球小説『マネー・ボール』（早川書房）は、昔からありがちな問題でも、旧来的な常識にとらわれず、論理と統計的分析を用いて対処すれば、エキスパートに勝てる可能性について描いた作

品だ。オークランド・アスレチックスのマネジャー、ビリー・ビーンは、選手のパフォーマンスを客観的データで分析するという、他チームが軽んじていた手法を使って、チームを2年連続でプレーオフに進出する強豪に変え、チームの評価額を大幅に上げた。

　エキスパートは多くの場合、免許や上級学位を取得していたり、他の権威によって認可されていたりする。トヨタ認定の整備士は、トヨタ車のエキスパートと見なされる。同じ通りで営業する個人あるいは独学の整備士が、同レベルあるいはそれ以上の専門技術をもっていて、かつ料金も安いという可能性もある。ただ、その確率はさほど高くないだろうし、技術の優劣の測定自体が難しいかもしれない。単なる平均の話だからである。単に、平均的なトヨタ認定整備士は、トヨタの車の修理に関し、平均的な個人営業の整備士より多くの知識をもっている、という平均の話なのだ。もちろん例外はあるので、自分独自の理論を加味する必要がある。たとえば、私の知っていたベンツの整備士は、かつてベンツのディーラーに25年にわたって勤め、そのなかでも最も評判のよいトップクラスの整備士だった。しかし、通勤距離を短縮し、人の下で働かなくてすむよう、彼は自分の修理工場を開いた。35年の経験をもつ彼は、個人でありながら、ベンツディーラーの多くの若い整備士より専門技術が高かった。もう1つの可能性として、個人の整備士は、たとえば、トランスミッションのオーバーホールやシートの張り替えといった、ディーラーがめったに行わないような修理を専門としている場合もある。デフを分解修理するなら、そんな作業は専門学校の実習で1度やったきりであるディーラーの整備士にやらせるより、月に5回やっている個人の整備士

* 私が出会ったときの通算経験年数

にやらせるほうが得策だ。外科医についても、同様だ。「もし外科医が必要になったら、同じ手術を１、２回経験している人よりも、200回経験している人を選ぶべきだ。たとえその１、２回がどんなにうまくいっていたとしても」

科学、テクノロジー、医学の分野においては、エキスパートの功績は、査読誌（これについては少し先で詳しく説明する）や特許として掲載される。また、ときとしてノーベル賞、大英帝国勲章、科学栄誉賞といった賞によって認められている。ビジネスにおいては、エキスパートは、会社を運営する、立ち上げる、巨万の富を築く（ウォーレン・バフェット、ビル・ゲイツなど）、といった経験がものを言う。もちろん、今月のトップセールスマン、今年のトップ自動車整備士、地域の「ベスト〜」賞、またベストメキシカン、ベスト屋根ふき業者などといった、小規模な賞もある。

芸術、人文科学の分野におけるエキスパートは、大学教職員の地位に就いていたり、大学や政府の要職者、または専門委員会によって認められたりしている。専門委員会のメンバーは、たいてい過去の受賞者や信頼できる推薦者の助言によって選ばれる。ノーベル賞や、「天才賞」とも呼ばれるマッカーサー賞の選考委員会は、このように構成されている。

[102]芸術や人文科学の分野で、ノーベル賞や、ピュリツァー賞、ケネディ・センター名誉賞、ポラリス音楽賞、ジュノー賞、全米図書賞、ニューベリー賞、マン・ブッカー賞といった受賞歴がある人なら、各分野のエキスパートだろうと、われわれは結論づける。同業者によって選ばれる賞は、特に有効な判断材料だ。ASCAP（米国作曲家作詞家出版社協会）は、プロの作詞家、作

曲家、音楽出版社のみが加盟できる協会で、その会員の投票によって選ばれる賞を授与している。この賞は、同業者のエキスパートからなる委員会によって与えられるという点で意味深い。また、グラミー賞も音楽の、アカデミー賞も映画の業界人の投票によって選考される。

　こう思うかもしれない。「ちょっと待て。その手の賞には、必ず、駆け引きや個人的嗜好が絡んでいる。私の好きな俳優／歌手／作詞家／ダンサーは、受賞歴が１度もないが、今年の受賞者と同等に優れていると思っている人が何千人といるはずだ」。だが、それは別の問題だ。こうした賞のシステムは、だいたいにおいて、すべての受賞者が必ず受賞に値する人物であるよう配慮されている。だがそれは、受賞に値する人物すべてが受賞できる、というわけではない。前述の非対称の項で解説したとおりである。公正で権威ある賞によって評価された人びとは、通常、エキスパートとしての地位を確立する。ただし、これにも例外はある。1990年にミリ・ヴァニリがグラミー賞を受賞後、口パクだった事実が発覚して賞をはく奪された。また『ワシントン・ポスト』紙のジャネット・クック記者がピュリツァー賞を受賞したが、２日後に受賞記事がねつ造だったと発覚し、返上した。作家のガブリエル・ガルシア・マルケスは、クックにはノーベル文学賞が授与されるべきだと皮肉った。エキスパートの不正が発覚したら、もうエキスパートと見なすのをやめるべきだろうか？　やめたほうがよいだろう。信頼性が損なわれるのは確実だ。嘘をついたのだから、また繰り返すと思って注意すべきだ。

専門の領域は狭いのが普通

　子殺しの罪に問われたサリー・クラークの裁判で証言した、小児科医のロイ・メドウ医師は、医療統計の専門でも疫学の専門でもなかった。ただ医療の仕事に携わっていたので、それで医療統計や疫学にも詳しいはずだと陪審員が思い込むと検察は期待して、彼を証人に立てたに違いない。ウィリアム・ショックレーは、トランジスタを発明した3人の発明家の1人として、ノーベル物理学賞を受賞した。しかし晩年には、非常に人種差別的な見解を世に広め、それが一部に支持された。それはおそらく、ノーベル賞をとるような頭のよい人物だから、他の人よりも知識が豊富であるはずだと人びとが思い込んだからであろう。今では信ぴょう性の低さが世に知れ渡ったモーツァルト効果だが、それを「発見」したゴードン・ショーは物理学者であり、行動科学を学んだ経験はない。それでも人びとは、ショックレーのときと同様に「物理学者なのだから頭がいいはずだ」と考えたのだろう。しかし、知能は単一の物理量であるという通念とは裏腹に、英知と経験は、たいていの場合、領域に特化したものだ。世界一のトヨタ整備士だからといって、フォルクスワーゲンの故障個所を突き止める可能性はないかもしれないし、最も優秀な税理士だからといって、契約違反訴訟について最も適切な助言はできないかもしれない。社会科学に関して質問をするなら、物理学者は最良の相手とはいえないだろう。

　われわれがついだまされてしまうのは、演じた役のイメージを使って商品を宣伝する俳優である。ドラマ『ロー・アンド・オ

---

* 合理的に考えれば冷静になれることを願う。

ーダー』で、信頼感も道徳感も強いジャック・マッコイ地方検事を演じたサム・ウォーターストーンは、迫真の演技を見せた。彼は金融や投資に詳しいわけでもなんでもないが、TDアメリトレード証券のコマーシャルに出演し、高い説得力を披露した。時代を一世代ほどさかのぼるが、テレビの『ドクター・ウェルビー』で人気を博したロバート・ヤングは、カフェインレスコーヒー、サンカのコマーシャルに出演した。また、『ジェネラル・ホスピタル』のクリス・ロビンソンと『オール・マイ・チルドレン』のピーター・バーグマンは、ヴィックスの咳止めフォーミュラ44を宣伝したが、そのなかで、FTC（連邦取引委員会）の「白衣法」と呼ばれる規定で言わされたこの断り文が有名になった。「私は医師ではなく、テレビでその役を演じています」。こうした俳優たちがテレビドラマで演じていた役の権威と、現実の医学界の権威を、だまされやすい視聴者はすぐ混同してしまうようだ。

情報源のヒエラルキー

　出版元が真のエキスパートに相談する頻度は、会社によって異なる。情報源にも序列が存在するのだ。信頼性が一貫して高いところとそうでないところがある。学界では査読誌に掲載された記事のほうがたいてい書籍よりも正確で、大手出版社から出た書籍のほうがたいてい自費出版の本よりも正確だ。なぜなら、大手出版社のほうが、資料を精査、編集する可能性が高く、そうする財務的意義も大きいからだ。『ニューヨーク・タイムズ』『ワシントン・ポスト』『ウォールストリート・ジャーナル』といった、受賞歴のある新聞は、ニュース報道で一貫した正確性を保ってき

た実績によって、定まった評価を得たのである。彼らはいかなる報道に関しても、独自に検証しようと努める。ある政府関係者から聞いた内容について、別の関係者から裏をとる。ある科学者がある主張をしたら、新聞社は、その研究結果について一切の利害関係をもたない別の科学者に連絡をとり、独立した意見を求める。だがそれでも間違いを犯す者はいる。『ニューヨーク・タイムズ』紙でも、記者がねつ造記事で有罪判決を受けているし、信頼性の高い新聞と考えられていても、毎日正誤表を出している。同誌は、[103]ノーム・チョムスキーをはじめとする一部の人間に、適切な懐疑心をもたずにアメリカ政府に関する報道を行うプロパガンダ機関と評されている。しかし、新聞の信頼性もまた自動車整備士同様、あくまでも平均の話であって、『ニューヨーク・タイムズ』の大部分の記事は、たとえば『ニューヨーク・ポスト』紙などの記事よりは、真実性が高い。

　信頼できる情報源は、報道する前に事実確認をしようとする。だが、そうした事実確認の基準をもたない多くの情報源がインターネットに出現している。そうしたメディアが、従来型の慎重なメディアより早く、正確なニュースを流す場合もある。マイケル・ジャクソンの死を、従来メディアが報道する前に、TMZドットコムで知った人は多い。TMZは、『ロサンゼルス・タイムズ』紙やNBCよりも裏付けが少なくてもニュースを流してしまうのだ。このニュースに関してはTMZの報道は正しかったが、このような報道姿勢は信頼に値しない。

　ツイッターで拡散された著名人の訃報には、実は間違いがよくある。2015年だけでも、カルロス・サンタナ、ジェームズ・アール・ジョーンズ、チャールズ・マンソン、ジャッキー・チェンな

どが流された。[104]2011年には、偽ツイートが原因で、オーディエンス社という会社の株が大量に売りに出され、同社の株価が25％も下落した。ツイッター社自体の株も、買収されるというデマがツイートされたせいで、一時的に8％値上がりした。これは、ブルームバーグ・ドット・コムの外観を装った偽サイトで発信されたデマがもとだった。これについて『ウォールストリート・ジャーナル』はこう報じている。「株価を操作する目的で[105]デマや誤報を流す手口は、何世紀にもわたって使われている。しかし、今と昔と違うところは、情報があまりにも氾濫し、その量も膨大なため、迅速な執行が求められるトレーダーは、巧妙な作り話にだまされないようにするのが難しいという点だ」。どんな識者でもだまされる可能性はある。1999年にピュリツァー賞を受賞したジャーナリストチームの一員でもあるベテランの記者[106]ジョナサン・ケープハートは、架空の地域を代表する架空の議員によるツイートをもとに記事を書き、『ワシントン・ポスト』紙に寄稿してしまった。

　グラフや統計値と同じく、優れた情報源からの情報だからといって、なんでも盲目的に信じてはいけない。同時に、情報源が信用できそうにないからと、なんでも自動的に否定するのもいけない。『ニューヨーク・タイムズ』紙の記事をすべてうのみにするのも、TMZの記事をすべて否定するのもよくない。記事がどこに現れたかが、主張の信頼性につながる。また、裁判のように、1つの証言に依存するのではなく、その裏付けとなる証拠を得るようにしたい。

---

* 訳注：経済・金融情報を発信する大手メディア

トップレベルドメイン

　URLの末尾にある3文字の拡張子がトップレベルドメインだ。自分の国のトップレベルドメインの種類を知っておくとよい。なぜなら登録には条件があるため、これを見れば、そのトピックに関するそのサイトの信頼性がある程度わかるからだ。たとえばアメリカでは、.eduは、Stanford.edu（スタンフォード大学）といったように、非営利の教育機関に利用が限定されている。.govは、CDC.gov（米国疾病対策センター）のように、アメリカの政府および地方自治体の機関に限定され、.milは、army.milのように、アメリカ軍に限定されている。最も一般的なのは、GeneralMotors.comのように、営利目的の企業体のための.comだろう。その他、.net、.nyc、.managementといった、登録条件のないトップレベルドメインがある（！）。注意：BestElectricalService.nycというドメイン名を使っていても、ニュージャージー州の業者、そしてニューヨーク州での業務を認可されていないという可能性もある。また、AlphaAndOmegaConsulting.managementというドメイン名を使っていても、マネジメントにはまったくの門外漢かもしれない。

　トップレベルドメインが何を示すかがわかっていれば、その情報に潜むバイアスを特定できる可能性もある。教育機関や非営利団体（.edu、.gov、.orgのつくサイト）による調査報告書のほうが、商業サイトの報告書より中立的である確率が高いだろう。ただし、教育機関や非営利団体が、学生のブログをホストしている場合や、立証されていない見解が掲載されている場合もある。また、教育機関や非営利団体にはバイアスがないわけではない。自

分たちのミッションに対する献金や市民の支持をたくさん集める目的で情報を公開しているのかもしれない。そしてPfizer.comなら、グラクソ・スミスクラインなど競合製薬会社がつくっている薬に関し、バイアスのかかった考察を提示するかもしれないし、グラクソももちろん、自社製品に肯定的であると思われる。

逆に、中立性を求めないほうがよい場合というのもある。自宅の冷蔵庫の取扱説明書を探すなら、特化したメーカーのウェブサイト（例：Frigidaire.com）に行くべきで、古かったり不正確だったりするマニュアルを再配布するサイトへ行くべきではない。ある.govサイトは政府の利益を計るような内容になっているかもしれないが、法律や税法、統計数値、車の登録方法を調べるなら、.govサイトの情報が最も正確だろう。医学関係の事柄なら、.comのサイトよりも、金銭的利害をもたないCDC.govとNIH.govのほうがより正確な情報を提供してくれるはずだ。

107 背後に誰がいるのか？

ウェブサイトが、人をごまかすために実体とは別の名前で運営されているような例はないだろうか？　ビタミンE製造業者組合が、自分たちの主張が中立的であるように見せかけるために、NutritionAndYou.infoというウェブサイトをつくっているかもしれない。食料品店チェーンのホールフーズの社長は、自らがインターネット上で一消費者を装い、同社の食料品の品質を称賛していたのが見つかってしまった。イェルプやアマゾンをはじめとする数多くのレビューサイトのレビューの多くが、その会社や製品の家族や友人による投稿であると発表している。インターネット

では、見かけと実体が異なる場合が少なくないのだ。「米国政府ヘルスサービス」と銘打ったウェブサイトが、政府が運営しているサイトとはかぎらない。「独立検査機関」と銘打ったサイトが第3者機関とはかぎらず、自動車メーカーが、第3者的とは言えない試験によって自社製の車を良く見せる目的で運営しているかもしれない。

[108]2014年、フロリダ州第13区選出の連邦下院議員補欠選挙で、地元の共和党支部が、民主党の対立候補アレックス・シンクの名前を使ったウェブサイトをつくり、同候補への献金を募っているかのように見せかけた。しかし献金の本当の行き先は、共和党候補のデビッド・ジョリーだったのだ。contribute.sinkforcongress2014.comというそのサイトは、シンクが自身のサイトで使っていたテーマカラーや写真によく似た素材を使っていた。

民主党下院議員候補アレックス・シンク自身のウェブサイトの画像。

Part 2　言葉を吟味する

アレックス・シンクの、デビッド・ジョリーへの献金を募るために共和党のウェブサイトで使われた画像

　共和党のサイトは、たしかに、献金はシンクに勝つために使われると書いているので、完全な詐欺行為にはならないが、このような文言を注意深く読む人などあまりいないのが現実である。このだましサイトの最も目立つ要素は、シンクの大きな写真と、「アレックス・シンク／下院」という見出しであり、これがアレックス・シンクのためのサイトであることを強く印象づけている。彼女を打ち負かそうとするライバルの仕業には見えない。その後、民主党もこれに応戦するために、www.JollyForCongress.comというサイトをつくり、シンクの対立候補の献金を募るように装った。

　デンテック・セーフティ・スペシャリスツと、デジル・セーフティ・プロダクツは、類似したサービスと商品を提供する、競合企業同士である。デンテックは、自社製品を売り込むためのウェ

ブサイトDentecSafety.comをもち、デジルは同じくDegilSafety.comというウェブサイトをもっている。しかし、デジルは、DentecSafety.caというドメイン名を登録し、カナダの消費者を自社サイトへリダイレクトして顧客を盗もうとした。[109]裁判では、デジルがデンテックに1万ドルを支払い、DentecSafety.caの使用停止を命じる判決が言い渡された。

あるオンライン[110]小売業者が、GetCanadaDrugs.comというウェブサイトを運営していた。法廷で、このサイト名が「見かけによらず虚偽的」であると結論づけられた。同社の販売する医薬品がすべてカナダ製ではなかった点や、カナダ人の顧客はウェブサイトの客のわずか5％だった点が、主な争点だった。このドメイン名は現在は存在しない。

ドメイン名の情報は参考にはなるが、確実な確認方法ではない。MartinLutherKing.orgというサイトは、偉大な演説家であり公民権運動指導者だったマーティン・ルーサー・キングに関する情報サイトに見える。.orgのつくサイトなので、利益目的の隠れた動機はなさそうだと判断する人もいるだろう。このサイトは、マーティン・ルーサー・キングに関する「真実の歴史的検討」を行っていると宣言している。だが、ちょっと待ってほしい。「私の言動は本当ですよ」という前置きから話を始める人はあまりいない。BBC放送は、ニュースの1つ1つに「これは真実です」という前置きをつけない。真実を伝えるのは、当然の姿勢であり、人びとは、基本的に、他人が嘘をつくと思っていない。「嘘をついている人はどうしてバレるのだろう？　それは、*包み隠さず正直に言うと*……と言って話を始めるから」という古いジョークがある。正直な人は、このような前置きをする必要がないからだ。

[111]MartinLutherKing.orgの内容は、実は、歪曲、反ユダヤ的な暴言、文脈を無視して引用された言葉の、とんでもない寄せ集めだ。このサイトの運営者はというと、[112]ストームフロントという白人至上主義のネオナチヘイトグループである。人種差別的意図を隠すために、偉大な公民権運動の指導者に関する「真実」を約束するとは、なんと姑息なやり方だろう。

組織や機関によるバイアス

人や組織の情報の構成方法、提示方法に影響を及ぼしているバイアスは存在しないだろうか？ その人や組織は、利益相反の立場にないだろうか？ アーモンドの生産者協会による、アーモンドの栄養価に関する主張は、第3者検査機関の主張ほど信頼性が高くない。

エキスパートを評価するときは、自覚なしにバイアスをもってしまうエキスパートの存在も忘れてはならない。たとえば、同じ腫瘍に対してでも、腫瘍外科医は手術を勧め、放射線腫瘍医は放射線治療を、そして腫瘍内科医は化学療法を勧めるかもしれない。うつなら、精神科医は薬物療法を、心理学者は話し合い療法を勧めるだろう。古いことわざにもあるように、ハンマーをもつ者にはすべてが釘に見える。いったい誰が正しいのか？ それを知るためには、自分で統計データを見たり、さまざまな可能性を評価した中立的な第3者を見つけたりする必要があるのだ。科学と医療の分野でそれを達成する、または少なくとも達成が期待されているのがメタアナリシスである。メタアナリシスとは、特定の主張を裏付ける証拠の重みを見極めるために、異なる研究室で行わ

れた何百もの研究結果を総合的に分析する研究手法だ。企業が会計帳簿の監査に監査人を使ったり、買収先企業の本当の価値を決めるのに金融アナリストを使ったりするのも、同じ理由である。買収される会社の人間は、たしかに自社の財務状況のエキスパートではあるが、明らかに立場が偏っている。また、そこの社員が、必ずしもこちらの考える方向に偏っているとはかぎらない。会社を売りたければ会社の価値を膨らませようとするだろうし、敵対的買収を恐れている場合は、価値を低くしようとするだろう。

そのウェブページに誰がリンクしているのか

　見ているウェブページに、他のどんなページがリンクしているかが、グーグル検索で調べられる。まず「link:」と打ってからウェブサイトのURLを打ち込むと、グーグルが、そのサイトにリンクしているすべてのサイトを挙げてくれる。たとえば、link:breastcancer.orgと検索すれば、そのページにリンクしている200のサイトが表示される。さて、何のためにそのような調査をするのか？　もし消費者保護団体のベター・ビジネス・ビューローや、その他の監視団体があるサイトにリンクしていれば、そうした団体がそのサイトを褒めているのか、非難しているのか、突き止めたほうがいい。そのページが裁判の証拠となっていたりする場合もあれば、米国がん協会といった、権威ある情報源に有益な資料としてリンクされている場合もある。

　Alexa.comは、たとえば国、学歴、そのサイトを閲覧する前にどのサイトを閲覧していたかといった、そのサイトの閲覧者のデモグラフィックデータを教えてくれる。こうした情報は、どのよ

うな人びとがどういう意図でそのサイトを利用しているのか、という実態を把握するのに役立つ。たとえば、医師たちが閲覧している薬の情報サイトなら、そうでない情報源よりも信頼性が高いといえるだろう。地元の店に関する口コミなら、地元以外の人たちの意見よりも、自分の町の人たちが寄せている口コミのほうが、より確かな情報が得られるはずだ。

査読誌

　論文審査のある学術論文誌や専門誌では、新しい実験や、調査書、学説、主張などが、著者とは一定の距離のある学者たちによって評価される。査読者は、査読対象と同じ研究分野のエキスパートでなければならない。この制度は、確実と言うにはほど遠く、査読を経た研究結果が後で覆されたり、論文が撤回されたりもする。査読は、信頼すべき唯一の制度ではないが、自分自身の結論を出すための優れた参考にはなる。そして、民主主義と同様、われわれのもつそうした制度のなかでは、最善のものである。たとえば、『ネイチャー』『ランセット』『セル』といった学術雑誌に掲載された論文は、厳しい査読を経たものであるのは間違いない。タブロイドと真面目な報道機関のどちらを信頼するかという問題と同じで、査読誌で発表された論文のほうが正しい確率が高い。

　科学あるいは学術的な記事の場合、出典や参照文献として、論文が掲載された査読誌を示すのが決まりだ。評判の高い情報源を載せて、主張の正当性を示し、事実を立証する必要がある。10年前なら、特定の学術誌が信頼できるかどうか、容易に判断がつい

たが、今では、その境界線がぼやけてきている。それは、研究者が費用を払うというシステムによって、どのような論文でも掲載するオープンアクセスジャーナルが、ニセ学術の世界で氾濫するようになったからだ。図書館司書なら、その判別を手伝ってくれる。また、PubMedなどのインデックス誌に載っている学術雑誌なら、質で選抜されているが、普通の検索で見つかった論文はそうではない。グーグル・スカラー（Scholar.Google.com）の論文検索は、通常のグーグル検索よりは限定的で、検索結果として学術論文のみを表示するが、掲載雑誌の審査はしないので、ニセ学術論文も多く含まれている。グーグル・スカラーで検索すれば、学術研究の体をなしてさえいない論文を除外できるが、この検索は両刃の剣である。というのは、妥当に見える検索結果がたくさん挙がってくるため、どれを信じていいか、判断が難しいからだ。デンバーのコロラド大学の大学図書館員、ジェフリー・ビールが、彼の呼ぶところの「搾取的なオープンアクセスジャーナル」のブラックリストを作成した。このリストに名を連ねる出版社は、4年前は20社だったが、今では300社に増えている。この他にも、研究論文を吟味するのに役立つサイトには、ソーシャル・サイエンス・リサーチ・ネットワーク（ssrn.com）などがある。

規制当局

インターネットには、偽りの主張をしようとする者を規制する中央権力が存在せず、有害なサイトを閉鎖させるには、裁判所の

---

* 米国国立医学図書館によって管理されている。
** 著者から多額の掲載費用を取る。

差し止め命令を得るという、費用のかかる手続きをとるしかしない。

　ウェブ以外の世界では、いくぶん状況が見えやすい。教科書や百科事典は、入念な査読によって正確性がチェックされる。それでも、教育委員会や議会の政治的圧力によってその内容が変えられてしまう事態が生じる。民主主義国家における大手新聞の記事は、イランや北朝鮮などの信用できない政府系新聞に比べれば、情報源がきちんと明示されている。製薬会社がある主張をしたら、アメリカではFDA（食品医薬品局）、カナダではヘルスカナダ、他国では同等機関による認定が必要となる。テレビ広告に対しては、虚偽や誤解を招く主張がなされると、FTCが調査する。この役割を果たすのは、カナダではASC（カナダ広告基準）、イギリスではASA（広告規制局）、ヨーロッパではEASA（ヨーロッパ広告基準連合）という自主規制法人、他にも多くの国に同等の機関がある。

　虚偽の主張をしたウソつき狐は処罰の対象となるが、その処罰が甘く、抑止力としてはあまり効果的ではない。[113]エナジードリンクのメーカー、レッドブルは、2014年に、身体的・知的パフォーマンスが向上するとうたって消費者を欺いたとして、集団訴訟を起こされ、和解金1300万ドルを支払った。2015年には、大手チェーンストアの[114]ターゲットが、実際の店頭価格が広告よりも高い、また商品の重量を偽ったとして集団訴訟を起こされ、和解金390万ドルの支払いに応じた。同じく、食料品スーパーのホールフーズも、2015年にパッケージ食品の重量を偽ったとして罰金を請求された。[115]ケロッグは、「フロステッド・ミニ・ウィーツが子供の注意力を11％向上させる効果が臨床的に示された」とい

う誇大広告をしたとして訴訟を起こされ、400万ドルを支払った。このような金額は、われわれにとっては莫大に聞こえるが、レッドブルや、ケロッグ、ターゲットにとっては、会計の丸め誤差に毛の生えたような額なのだ。

その情報は最新か？　信ぴょう性に問題はないか？

　本や新聞、そしてこれまでの情報源と違って、ウェブページにはめったに日付がついていない。グラフやチャート、表にも、いつからいつのことなのか表示がない。ウェブページに「年初来の売上高」とあっても、それが実際に「今日まで」の数字だと思ってはいけないし、作成されたのが今年かどうかさえわからない。

　ウェブページは、比較的安く簡単に作成できるため、いったんつくられたらほったらかしにされ、他のプロジェクトに移ったり、単に更新をやめたりする人が多い。これは、実際は店じまいをしているのに、店先に「営業中」のネオンサインを点灯させたまま放棄するのと同じである。

　日付の他にも、先に述べたようにさまざまな理由、たとえば虚偽、不手際、測定ミス、解釈ミスなどで、調査結果や主張が信頼に値しないケースがある。さらに、適切に行われた裁判で有罪となっても、後で無罪と証明されたり、何度も検査された自動車のエアバッグがリコールになったり、メディアに登場する評論家が意見を変えたりする場合もある。したがって、サイトの更新日時をチェックしただけでは、その情報が信頼できるかど

---

*　2014年度の売上高77億ドル
**　146億ドル
***　726億ドル

うかは判断できない。誤りだと完全に証明されている事柄をいまだに主張する新しいサイトが毎週のようにできている。その一方、Snopes.comなど、都市伝説の真相を暴くウェブサイトや、RetractionWatch.comのような、論文の撤回を監視するサイトもたくさんある。

　2015年秋から2016年のアメリカ大統領選までの期間、多くの人が、政治家による主張を検証すべく、事実確認サイトを参照した。政治家たちは、少なくとも紀元前64年にクィントゥス・トゥッリウス・キケロが兄のマルクスにそうするよう助言してからずっと、嘘をついている。キケロの時代にはなく現代にあるのは、リアルタイムの事実検証だ。だからといって、インターネットサイトの事実検証がすべて正確で公平だというわけではない。検証者が特定の候補者や政党に肩入れしていたり、不利に扱ったりしていないかを、読者諸君には確認してほしい。

　フロリダ州の『タンパベイ・タイムズ』が運営しているサイト、ポリティファクト（Politifact.com）は、事実確認でピュリツァー賞を受賞した。同サイトは、政治にかかわる人物のスピーチや、公式の場での言動、インタビューに対する監視と事実確認を行い、6つの段階に評価してメーター表示している。「真実」「おおかた真実」「半分真実」「おおかた嘘」「嘘」があり、正確性を欠くどころかまったくのデタラメというような発言は、最悪レベルの嘘として「パンツ・オン・ファイア（尻に火）」という表示になる。また[116]『ワシントン・ポスト』紙が運営する事実確認サイトでは、1つから4つまでのピノキオマークで評価し、「真実、すべての真実、そして真実だけ」を含む発言や主張には、ゼペッ

---

* "Liar, liar, pants on fire"という子供のはやし言葉から。

ト爺さんからのチェックマークが授けられる。

その一例が、ドナルド・トランプ大統領候補が、2015年11月21日、アラバマ州バーミンガムで行った演説だ。彼は、国内からテロの脅威と闘うために、アメリカ国内のイスラム教徒の登録制度をつくるという自身の立場を支持しようと、2001年9月11日、ワールド・トレード・センターの崩壊に、対岸のジャージーシティで「何千もの」イスラム教徒が歓声を上げているのを見たと語った。翌日、ABCのニュース番組で司会を務めるジョージ・ステファノポロスが、ジャージーシティの警察がその出来事を否定していると、カメラの前でトランプに突きつけた。するとトランプは、テレビで広く放送されたその光景を自分の目で見たと答えた。ポリティファクトと『ワシントン・ポスト』紙が、同時多発テロ後3カ月間のテレビ放送記録をすべてチェックしたところ、トランプの主張を裏付けるような証拠は何も見つからなかった。それどころか、ニュージャージー州パターソンでは、メインストリートに、イスラム教徒が「イスラム教コミュニティはテロリズムを支持しません」というバナーを掲げていた。[117]ポリティファクトは、調査結果をトランプの記憶は「われわれが見つけ出したすべての証拠と相反する。この発言は"パンツ・オン・ファイア"に格付けする」とまとめた。『ワシントン・ポスト』紙も、ピノキオ4つの格付けを与えた。

同じ大統領選で、一方のヒラリー・クリントン候補は「私の祖父母たちも皆移民でした」と言った。ポリティファクト、そして米国国勢調査の記録によると、4人の[118]祖父母のうち外国で生まれたのは1人だけで、3人はアメリカ生まれだった。

コピペか、再投稿か、編集か？

自分を博識に見せたいなら、他人のウェブページで博識めいた内容の記事を見つけ、自分のページに載せてしまうという方法がある。ついでに、議論を招きそうな自分自身の意見を加筆すれば、それが他人の学識の衣を着て検索結果に表示され、自分のサイトの閲覧者が増えるだろう。もしあるイデオロギー的思惑を抱えているとしたら、他人の、慎重に裏付けされた主張を編集し、故意に、その主張とは反対の立場を提唱するのも可能だ。自分の読んでいる記事が、オリジナルで、純粋な情報であり、誰かがつぎはぎしたものでないと確認するのは、閲覧者それぞれの責任なのだ。

裏付け情報

悪質な情報発信者は、大半の人が注釈を読んだり参照文献をチェックしたりしないという事実につけこんでいる。そのような相手をだますのは非常に簡単である。仮に、自分の販売するスキンクリームは、加齢を10年遅らせるのだという効果が実証されていると、自らのウェブサイトで宣伝したいとしよう。そのためにある記事を書き、あちこちに参照文献を注記する。ただし、実はその主張とはまったく無関係なページへのリンクを貼ってしまっても、実際に参照文献をチェックする人は少ないので、ほとんどの人が気づかない。チェックしたとしても、確認するのは、そのリンク先が、エージングや皮膚科学に関する査読誌など、関連したテーマのサイトだけで、あなたの商品についてはなんら言及していない事実には気づかない。

さらに巧妙なケースになると、その参照文献は一応関連したテーマではあるが、記事の主張を具体的に裏付ける内容ではなかったりする。あなたのスキンクリームにはビタミンXが含まれていて、ビタミンXは、皮膚の健康と状態を向上させるとわかっていると主張したいとする。それに問題はない。しかし、参照文献はあなたの主張をどのように裏付けているのだろう？　ビタミンXの研究論文に書いてあるのは、それを皮膚に塗った人についてか？　それとも経口で服用した人についてか？　また、実験は、どのくらいの量で行われたのか？　そもそもあなたの商品には、十分なビタミンXが含まれているのか？

用語の落とし穴

　たとえば、CDC.gov（疾病対策センター）のサイトに、ある疾病の発生率が1万人に1件と書いてあったとする。だがあなたは、NIH.gov（国立衛生研究所）のサイトで、同じ病気について、有病率が1000人に1件と書いてある記事を見つける。これはカンマの位置がずれているという誤記なのだろうか？　発生数と有病数というのは同じではないのか？　実は違うのである。疾病の発生数とは、一定期間、たとえば1年間に、どれだけの疾病が発生したかを示す。有病数は、一時点における症例数、つまりその病気をすでに患っている人の総数である。ときおり数字に苦手意識をもっている人が、1000人に1件のほうが、1万人に1件よりも少ないという勘違いをする。1000と1万という桁数の大きい数字ばかりに目が行ってしまい「〜に1件」を見逃すためだ。
　MS（多発性硬化症）を例にとろう。MSは脳と脊髄に起こる

脱髄性疾患である。アメリカでは毎年約1万400人が新たに診断され、発生率は、[119] 3億2200万人中1万400人なので、10万人中3.2件となる。言い換えれば、この病気にかかる確率は、0.0032％である。ではこの数字を、すでにこの病気にかかっているアメリカ人の総数と比較してみよう。患者総数は40万人なので、有病率は、3億2200万人中40万人、すなわち、10万人中120件となり、生涯にこの病気を患う確率は、0.12％なのだ。

発生数と有病数に加え、死亡数という統計指標がよく使われる。これは、通常一定期間に、特定の病気によって死亡する人の数である。[120]冠動脈性心疾患の場合、毎年110万人が新たに診断され、現在1550万人のアメリカ人がこの病気をもっている。毎年、この病気で亡くなる人は37万5295人だ。今年心疾患と診断を受ける確率は0.3％で、MSにかかる確率の100倍である。現在この病気を患っている確率はほぼ5％である。特定の年にこの病気で死亡する確率は0.1％で、生涯にこの病気で死亡する確率は、20％である。もちろん、パート1で見たように、これらの数字は、アメリカ人全体を分母とした割合だ。もし心疾患の家族既往歴、喫煙の有無、体重、年齢などの特定の情報がわかっていれば、条件付き確率を用いて、より正確な推定値を出せるのだ。

発生数は高いが、有病数と死亡数が比較的低い病気もある。その一例が風邪だ。その年に風邪をひく人は何百万人にものぼり、高発生数だが、ほとんどの症例がすぐに治るので、有病数つまりある時点でその病気にかかっている人の数は低いと考えられる。また、比較的まれだったり、慢性的だったり、簡単に管理できたりする病気は、発生数が低い、すなわち年間の新規発生数が少ない。しかし、その病気を抱えたまま生きるので新規発生数が累積

し、有病数は高くなる。そして死亡数は低い。

　根拠を評価する際、数字と軸ラベルを無視しがちな態度については前項で説明したが、言葉の説明を無視する場合もままある。パート1で見た、「粗出生率」を示すアメリカ地図を思い出してほしい。「粗出生率」とは何かと考えただろうか？　出生率が、生児出生か死産か、出生後の一定期間に死亡した新生児を含むのかどうか、といったさまざま要因によって調整された数字だと推察できるだろう。「粗」という言葉は、通常、自然のまま、あるいは生、未加工、未処理の状態、たとえばクルードオイル（原油）などにつくから、粗出生率も、生で、純粋で、未調整の数値を意味するはずだと思うかもしれない。しかし違うのだ。統計専門家は、生児出生数、つまり出生総数から死産数を差し引いた数を表示するのに粗出生率という用語を使う。おむつのビジネスを展開するかどうかを決めようとしているなら、粗出生率を使うべきで、総出産率を使うべきではない。なぜなら、総出産率だと生きて生まれてこなかった子も含まれてしまうからだ。

　ところで、これに関連する統計指標で、死亡した人の数を人口で割った、粗死亡率がある。粗出生率から粗死亡率を引くと、公共政策立案者たちが非常な関心をもつ統計指標、人口自然増加率（RNI）が出る。

---

* トーマス・マルサスがそうだった。

代替説明の軽視と過小評価

　主張や議論の内容を検討する際は、ここに提起されている理由以外に、報告された事実または観測値を説明する理由が何か他にないかと自問してみよう。必ず何か別の説明も考えられるはずなので、それらと、提起された説明を天秤にかけ、最も順当で有力な結論が引き出せているかどうかを判断するのが、われわれの仕事だ。

　たとえば、廊下で友人とすれ違ったとき、向こうが挨拶を返してこなかったら、相手が怒っていると結論づけられるかもしれない。しかし代替説明として、相手が気づかなかった、会議に遅刻しそうだった、考えごとをしていた、心理学実験に参加していた、1時間口をきかないと決めていた、一時的に、あるいは永久にボディスナッチャーに肉体を乗っ取られた、といった可能性も考えられる。

　代替説明は、ニセ科学やガセネタに対してとても頻繁にもち上がるが、本当の科学にもよく提示される。CERNの物理学研究者たちは、ニュートリノが光の速さよりも速く移動する事実を発見したと公表した。これは、100年続くアインシュタインの説を覆すものだ。だが結局は、線形加速器のケーブルの緩みによる測定ミスだったのだ。非常に複雑な実験の多くで、宇宙の本質に関する理解を完全に書き換えなければならないような出来事より、手法上の欠陥のほうが、説明として信ぴょう性が高い。この事例はそれを強調している。

同様に、とあるウェブページが、まったく耳新しいビタミン混合剤が、ある実験を引き合いに出して知能指数を20％アップさせると証明したとしよう。そして、製薬会社はそれを一般に知られたくないなどと書いていたら、そのような事実が今まで誰にも知られていなかったのはおかしい。誰かが金儲けをしようとしているだけなのではないかと、この主張の代替説明を疑うべきだ。

メンタリスト、占い師、霊能者は、人の内面を読み取るという信じ難い技で、大金を稼ぐ。彼らは、知られている因果関係の法則や時空の本質などすべてを超えた神秘の力を利用しているのだというのが1つの説明だ。それに対する代替説明は、彼らは手品のトリックを使うマジシャンであり、どうしてその技が可能なのかについて嘘をついているだけだというものだ。この考え方の信ぴょう性は、そのような超能力を装ったトリックを暴くプロのマジシャンの存在により高められた。その1人であるジェームズ・ランディは、あるメンタリストがこれまで行ったすべての技を、巧みなイリュージョンを使って再現して見せた。マジシャンたちが、自称超能力者が信じるに値しない存在だと世に示すために、彼らの行うトリックのタネ明かしをする場合もよくある。公正を期して言うのだが、私は、超能力者を装ってわれわれをだまそうとするマジシャンが、実は自らの能力が世間に知られ、利用されたり誘拐されたりするのを恐れる、本物の霊能者であり、巧みなイリュージョンを使っているふりをしているだけ、という可能性もなくはないと思う。しかし、2つの可能性を検討してみよう。一方を信じるには、自然科学についてのわれわれの知識のすべてを打ち捨てる必要がある。もう一方は、そうではない。人が嘘をつくというのは、心理学者、警察官、ビジネスマン、離婚経

験者、外務職員、スパイ、弁護士などがよく知るところだ。人は、さまざまな理由で、また、ときには驚くような頻度と即時性をもって嘘をつく。しかし、信じ難い主張に出会った場合、それを言っている人物がなんらかのかたちで嘘をついているという別の説明のほうが信ぴょう性が高い。

　軍事指導者や、経済学者、ビジネス戦略家などの超能力を使わずに未来を予測しようとする人びとの予測が、よく大きく外れるのは、代替説明をよく検討していないためだ。そこで登場したのが、起こり得る結果を、可能性の低いものも含めてすべて検討するシナリオ分析というビジネス手法だ。これはとても困難な作業で、専門家でも失敗する。[121]1968年に、ウィル・デュラントとアリエル・デュラントがこんなことを書いていた。

> **アメリカでは、出生率の低いアングロサクソン人が、経済的・政治的勢力を失った。ローマカトリック教徒の家庭は出生率が高いので、2000年には、ローマカトリック教会が、連邦・地方自治体・州の政府を支配するだろう。**

　彼らが検討していないのは、本が書かれてから2000年までの32年間に、多くのカトリック教徒が教会を去り、そして多くが教義に反した避妊を行うという事実だ。彼らの見解に対する代替シナリオは、1968年当時では想像し難いものだ。

　社会や芸術に関する予測も外れる。ビートルズの全盛時代に、専門家が「ギターバンドはもう流行らなくなる」と言っていた。ベートーヴェンの『交響曲第5番・運命』の初演のときも、誰も2度と聞きたくないだろうといった酷評が多かった。誤算は科学

でも起きる。専門家たちは、高速列車は乗客が窒息死するからけっして使われることはないと言っていた。別の専門家たちは、光が見えない「エーテル」の中を伝わると考えていた。科学も人生も固定してはいない。われわれは証拠の重みを検討し、自分に使える最良の手段をすべて活用して、自分の頭で判断するしかないのだ。しかし、使えるのに十分に使われていない手段がある。それは、創造的思考によって、従来の通念に代わる世界を想像する方法だ。

代替説明は、多くの場合に、刑事裁判における法的議論に必要不可欠だ。パート1で説明したフレーミング効果、そして条件付き確率の逆は不成立だという不十分な理解が、多くの冤罪をもたらしているのだ。

適切な科学的推論をするには、2つまたはそれ以上の仮説を立て、双方の確率を提示する必要がある。法廷で弁護士たちが、重点を置くべきなのは、血液やDNAサンプルが一致するという1つの説の確率ではなく、2つの可能なシナリオのそれぞれの確率だ。つまり、2つの血液サンプルが同じ人物のものである確率と、そうでない確率の両方を提示すべきなのだ。さらに言えば、被告人が有罪で血液が一致する確率と、無罪でも血液が一致する確率を比較する必要がある。あるいは、そのデータが存在しても被告人が無罪である確率と、そのデータが存在して被告人が有罪である確率を比較してもよい。また、測定の正確性を知る必要もある。[122]FBIは、2015年に、顕微鏡による毛髪分析の結果の90％が間違いだと発表した。2つの確率の比較や測定の正確性[123]といった情報がなかったら、裁判で公正あるいは正確な判断を下すのは不可能だ。つまり、1つの一致説のみの話をするなら、犯行現場に犯

人がいて血液が一致する確率という一方的な証拠しか検討されない。代替仮説の条件下で血液が一致する確率が提示されない。双方の確率を比較する必要があるのだ。

この問題は頻繁に起きる。[124]あるイギリスの裁判事件では、デニス・アダムズという容疑者が、DNA鑑定のみで罪に問われていた。被害者の女性は、彼を犯人と同定できず、法廷では、アダムズが自分を襲った犯人には見えないと言った。被害者はまた、アダムズが、犯人より20歳ほど年上に見えるともつけ加えた。さらにアダムズには、犯行の晩にアリバイがあり、それは第3者の証言によって裏付けられていた。裁判で検察が提示した唯一の証拠は、DNA鑑定の一致だった。アダムズには弟がおり、その弟のDNAも一致したが、弟が犯行に至ったという証拠が他に何1つ存在しないので、捜査の対象にはならなかった。しかし彼らは、デニスに対する証拠も他に何1つ持ち合わせておらず、DNA鑑定の一致だけが唯一の証拠だった。裁判では、デニスの弟が犯人かもしれないという代替仮説を検討する者は誰一人としていなかった。そしてデニスは、第1審でも控訴審でも有罪判決を受けた。

宇宙から見えるようにつくられた古代の構造物

人間は地球上で進化したのではなく、ある種の宇宙人が地球に降り立って最初の人間の種をまいたのではないか、という考え方を聞いたことがあるかもしれない。この話そのものが信じ難いというのではなく、ただそれを裏付ける確固たる証拠がないだけだ。証拠がないから嘘だというわけではないし、証拠を探すべきだとは思う。ただ、何かが真実かもしれないという事実だけでは、

SFの世界以外では、限界があるのだ。

[125]『ニューヨーク・タイムズ』紙が2015年に掲載したある記事に、カザフスタンの謎めいた地上絵がある。その絵は、宇宙からしか認識できないのだ。

> 北部の人里離れた樹木のない大草原地帯の衛星写真に、壮大な図柄が写っていた。それらは、四角、十字、線、円などの幾何学模様で、それぞれがフットボールの競技場数個分の面積があり、空中からしか認識できず、最も古いものは8000年前からあると推定される。
> 最大のものは、新石器時代の共同社会があった場所の近くに位置し、101個の盛り土を並べて形作られた巨大な四角形で、角が対角線で結ばれている。四角形の総面積は、クフ王のピラミッドを上回る。また、3本線のかぎ十字のような形状で、先端に左折れのかぎ線が付いているものもある。

これらの巨大な形状は、古代人が宇宙人に向けてメッセージを発信する手段で、宇宙人の厳密な指示によってつくられたのでは……といった想像につい夢中になってしまう。もしかしたら、古代の宇宙船の離着陸場、あるいは、「もっと食料を送ってくれ」といったようなメッセージが暗号化されているのかもしれない。われわれ人間はそういうものなのだ。つまり、超常的な出来事を想像するのが好きなのだ。話をつくる生きものなのだ。

星間飛行ができるような文明なら、地面に盛り土を並べるといったやり方より、もっと効率的な交信技術を駆使するはずだという、わかりきった説明はさておいても、これには代替説明が存在

する。幸いにも『ニューヨーク・タイムズ』紙はそれを伝えている。だが他のすべてのメディアが報じたわけではない。不思議な石の発見者ディミトリー・デイのコメントである。

> 「私は、これが空から見るためにつくられたとは思いません」。デイ氏は、故郷のクスタナイで行われたインタビューでそう語り、異星人やナチスについての突飛な憶測を否定した。かぎ十字は、ヒトラーよりもはるか昔からほぼ普遍的に見られた古代模様である。彼は、小高い台地に一直線に並べられた構造物は「日の出の位置の変化を観測するための展望台だった」という説を立てている。

古代の日時計という説のほうが、宇宙人よりも信ぴょう性が高そうだ。だからといって、それが真実だとは言えない。しかし、このような現実味のある代替説明を見いだすのも、情報リテラシーと主張の検討の一環なのだ。

対照群の欠如

いわゆるモーツァルト効果が否定されたのは、モーツァルトを1日20分聴くと一時的に知能指数が上がるという結果を出した実験に、比較対象となる対照群が適切に設定されなかったためだ。どういうことかというと、1つの集団にモーツァルトを聴かせる。別の集団には何もさせないのだ。何かをしている状況に対して、何もしていない状況は、適切な対照条件ではない。結局、後の実験で、対照群に別のことをさせてモーツァルトを聴いた群と比べ

ると、その行動がどんなものであっても、モーツァルトの効果は見られないという結果が出たのだ。モーツァルト効果は、モーツァルトの音楽によって知能指数が向上したのではなく、対照群が何もしないで退屈した影響で知能指数が一時的に下がったという現象だったのだ。

20人の頭痛もちの人を研究室に連れてきて、新しい魔法の頭痛薬を飲ませたら、10人に改善が見られたとしても、それで結果が引き出せたわけではない。ときおり頭痛は自然に治ってしまうからだ。そのなかの何人がそうだったのか？ それはわからない。同じような年齢層とバックグラウンドをもち、同じような痛みを訴えている人からなる対照群を設定する必要がある。また、治るかもしれないと思うだけで健康が改善する場合もある。よって、対照群には、試験対象の薬と同等にそう思わせる効果のあるものを与える。それが、よく知られているプラセボである。つまり、実験が終わるまで、どちらの群が何を投与されたか誰にもわからないようにするための、外見が魔法の頭痛薬とまったく同じにした偽薬である。

マルコム・グラッドウェルは、著書『逆転！ 強敵や逆境に勝てる秘密』（講談社）で、根拠のない結論を広めた。失読症をもつ人は、実は人生で有利な点もあるのだと示唆したのだ。そのために多くの親たちが、失読症のわが子に、本来必要とされている学習支援を受けさせるべきでないと信じるようになってしまったのだ。グラッドウェルは、対照条件の欠如にはまったのだ。彼が選んだ失読症をもつ人たちが、もし失読症を改善できていたら、あとどのくらい成功していただろう？ それは誰にもわからない。

対照群の欠如は日常の会話にもよく出てくるが、科学的な主張

の場合よりも認識しにくい。なぜなら、日常会話では、そのような問題に注意しないからだ。たとえば、毎日同じ時間に寝起きすると生産性と創造性が向上する、という新しい研究結果を読んだ場合に、その正当性を確認したとする。だが、どのような尺度でも成功しているアーティストの友人が、私はいつでも好きな時間に寝るし、徹夜もしょっちゅうだし、20時間寝るときもあるが、全然平気だと反論した。しかし、彼女の話には、対照群が欠如している。もし彼女が規則正しい睡眠時間を守っていたら、[126]彼女の生産性と創造性はあとどのくらい上がっていただろう？　それがわからないのだ。

[127]ある双子が、生まれてすぐに離れ離れになり、1人はナチス独裁下のドイツで、もう1人は、トリニダードとベネズエラで育てられた。1人は、ローマカトリック教徒の家庭で育ち、ヒトラー青年隊に入った。もう1人は、ユダヤ人として育った。[128]21年後に再会した2人には、あり得ないほど似た行動が多いという事実が判明し、これには多くの人が遺伝によるものとしか考えられないと言った。2人とも薬指で頭をかき、知らない人に忍び寄って大きなくしゃみをするのを面白がり、きれいに刈り込んだ口ひげを生やし、角が丸くなった四角いメタルフレームの眼鏡をかけ、肩章とミリタリーポケットのついたブルーのシャツを好み、歩き方、イスへの座り方も同じで、バターと辛い食べものが好きで、トイレの前と後に水を流し、本を最後から読み、ペンや鉛筆が持ちやすいようにテープを巻いた。

このような話を聞くと、われわれの行動は遺伝子からどのような影響を受けているのか、考えさせられる。皆、ロボットのように、行動があらかじめ決まっているのだろうか。このような偶然

を、説明するすべは他にあるのだろうか？

　実は、2つある。どちらの考えも対照群の欠如に帰着する。社会心理学者なら、同じような容姿の人は、社会から同じような扱いを受けるものだと主張するかもしれない。見た目のいい人と悪い人は、背の高い人と低い人は、違った扱いを受けるだろう。そしてもし、正直で利己心がなさそうに見える顔つきをしていたとしたら、そうでない顔つきをしていた場合と扱いが異なるはずだ。兄弟の行動はそれぞれの住む社会によって形成されたという考えだ。だが、この生後すぐに生き別れた双子の「自然実験」について確固たる結論を出すには、血はつながっていないが容姿が酷似し、別々に育った人の対照群が必要なのだ。

　一方、[129]統計専門家か行動遺伝学者なら、こう考えるだろう。人は何千もの行動をするので、そのなかのいくつかを、赤の他人である2人が共有している確率が高く、長く観察してさえいれば、洋服、身だしなみ、いたずらの嗜好、変わった癖など、酷似した点は見つかるだろう。この場合は、赤の他人をペアにした対照群を設定し、癖や習慣を洗い出さなければ、この双子の興味深い話が遺伝からくるものなのか、単なる偶然なのか、わからない。遺伝が関与している可能性もあるが、その寄与度はわれわれが考えるほどではないのかもしれない。

いいとこ取り

　人間の脳は、この広大な世界で毎秒起きている幾多の出来事を取り込みながら、話をつくるようにできている。何の意味もない偶然の出来事は起きるものだ。長いあいだ連絡のとれていなかっ

た友人について考えていたとき、ちょうど彼女から電話がかかってきても、どちらかに超能力があるわけではない。ルーレットで３回連続で勝っても、勝ち運に乗っているから次の回転で残りの有り金を全部賭けるべきというわけではない。今回は無資格の自動車整備士に車を修理してもらえても、次も彼に直せるというわけではなく、今回は運がよかっただけだ。

　仮にビタミンＤを摂りすぎると倦怠感が生じるという仮説を信じ込んでいたとしよう。その考えを裏付ける根拠も見つかるとは思う。だが、その考えを裏付ける証拠だけを探したのでは、適切な調査とはなりえない。なぜなら矛盾する証拠が無視されているからだ。矛盾する証拠が少ないのか、それとも多いのかも、探していないのでわからない。科学者は、こういうときに、自分の論証に有利なデータを「いいとこ取りする、という口語表現を使う。適切な調査をしようと思ったら、どのような問題にもオープンマインドで臨み、有利な証拠も不利な証拠もためらいなく検討するよう努めたうえで、（「こうだったらいいのに……」という気持ちに基づいた結論ではなく）証拠に基づいた結論を形成する必要があるのだ。

　いいとこ取りによりバイアスが生じ、それについて回るのが、選択的ウィンドウイングだ。これは、全体を代表している情報ではなく、部分的な情報のみに利用を許す方法である。列車の窓からある都市を見ても、街は部分的にしか見えず、その見えている部分が、代表的な部分であるとはかぎらない。視野は、線路の通っている部分に限られる。そしてそこにはどのような偏りがあるかわからない。列車は騒音を出すので、裕福な人たちはたいてい、騒音の届かない場所に住む。したがって、線路際に住んでいる人

の多くは低所得者だろう。線路際の住人を通してしか、ある都市について知らないのなら、都市全体を見ているとはいえない。これはもちろん、パート１のデータの収集方法と、全体を反映する標本抽出の重要性に関連している。少なくとも、電車で通る見知らぬ街にある世界の本質を理解するのがわれわれの目的なので、見聞きする物事に対する代替説明を考えるべきだ。見ているのは全体像の一部にすぎず、見えていない部分は見えている部分と非常に異なる可能性がある、という考えが、幅広い適用性をもつ優れた代替説明である。

　妹から、５歳の娘の描いた絵の写真を自慢げに見せられたとしよう。それは本当にすばらしい絵かもしれない！　その絵が気に入ったなら、額に入れればよい！　だが、その子が将来、偉大な画家になる可能性に投資すべきかどうかを判断する立場だったら、いくつかの問いを立てるべきだ。誰がこの絵を描かせたのか？　誰がこの絵を選んだのか？　オリジナルの大きさは？　この小さなピカソはこの絵を描く前に何枚くらい描いているのか？　直前と直後にはどんな絵を描いているのか？　選択的ウィンドウイングを通して、すばらしい一連の絵画の一部を見ているのかもしれないし、もっと大きなそしてそれほど出来のよくない絵のすてきな一部分を先生が選んでカットしたのかもしれない。

　選択的ウィンドウイングは、見出しにもよく見られる。「新法案を支持するアメリカ人は、反対するアメリカ人の３倍」という見出しがあったとしよう。本書パート１で説明したとおりに検討を行って、アメリカ人全体を代表する十分な数の標本による調査だと確認できたとしても、アメリカ人の過半数がその法案を支持

---

*　「数値の収集方法」

しているとは結論づけられないのだ。反対する人が1％で、支持する人が3％、そして94％が浮動票の可能性も十分に考えられる。こうしたインチキをそっくりそのまま選挙関係の見出しに応用し、大統領予備選で候補者Aを支持する共和党支持者は、候補者Bを支持する共和党支持者の5倍いたと発表したとしよう。それはそれで事実かもしれない。しかし、この見出しでは、候補者Cが80％の支持を集めたという事実があって、それを説明していないという可能性もあるのだ。

　コイン投げを10回やってみよう。半分が表になる確率だと「わかっている」。しかし、おそらくそうはならないだろう。1000回投げたとしても、正確に500回が表にはならないと思う。理論的確率は、無限の試行を重ねないとそのとおりにはならない。試行の回数が多ければ多いほど、実際に裏表が五分五分になる確率が高くなる。想像しにくいだろうが、5回連続で表が出る確率も、100％にかなり近いのだ。それが想像しにくい理由は、脳は、無作為がどのようなものかを十分に理解するように進化してこなかったからだ。コイン投げは、いつでも交互に表、裏、表、裏……とは出ずに、たとえ乱数発生器を使っても、どちらかが連続して、いわゆる勝ち運・負け運といわれるものになったりするのだ。これで人を簡単にだませる。コイン投げを1000回やっているところを携帯電話で動画撮影してみよう。毎回投げる前に「ここから5回連続で表を出します」と言う。そして表が出たら、次に投げる前に「これが5回連続の2回目になります」と言う。そこで裏が出てしまったら、最初からやり直す。だがまた表が出たら「これが5回連続の3回目になります」と言う。そして5回連続が出たところだけを残して動画を編集するのだ。これには誰も気づかな

い！　もっといいところを見せたければ、10回連続に挑戦してみればよい！　1000回投げれば、10回連続を達成できる確率は約38％ある。違った見方をすれば、[130]ある部屋にいる100人の人にコインを5回投げさせたら、そのうちの1人が5回連続で表を出す確率は96％ある。

ニューヨーク警察にお世話になった体験を人に聞いたとしたら、75歳の社交界の名士と、16歳の有色人種の少年とでは、答えがかなり違うだろう。彼らの体験は、それぞれが見たものに基づいた選択的ウィンドウイングの影響を受ける。16歳の少年のほうは、人種差別的取り締まりの対象として犯罪者扱いされ、何もしていないのに何度も止められたりしたという体験を話すかもしれない。75歳のほうは、そのような体験は理解どころか想像すらできず「警察官の方々は私には皆とてもよくしてくださる」と言うのではないだろうか。

[131]ポール・マッカートニーとディック・クラークは、自らの出演した1960年代のテレビ映像を持ち出し、自らの歴史の語られ方を思いどおりにしようとした。しかし、もし見ている人が、アーカイブ映像を探している学者か、ドキュメンタリー作家だとしても、彼らが選んだものしか見られない。ある主張を裏付けるデータや証拠を探すときは、自分の見せられているものが全体像を反映しているかどうかを自問してみよう。

選択的な小標本

小さな標本は、通常、全体を反映していない。
ある新しいハイブリッド車のマーケティングの責任者になり、こ

の車の燃費のよさを主張したいとしよう。ドライバーに試乗させ、1ガロンあたり80マイルという燃費を得た。それはすごい。しめたものだ！　しかし、その数値は運がよかっただけかもしれない。　もっと大規模なテストを行っている競合メーカーは、5人のドライバーを5台の車に乗せ、1ガロンあたり約60マイルという数値を出している。どちらのメーカーが正しいのだろう？　それは双方とも正しい！　競合メーカーの結果はこうだったとしよう。

　テスト1：58 mpg
　テスト2：38 mpg
　テスト3：69 mpg
　テスト4：54 mpg
　テスト5：80 mpg

　路面の状態、気温、運転の仕方で、ばらつきが非常に大きくなる。運がよければ、そして競合相手の運が悪ければ、その唯一のテストドライバーは、会社がニンマリしながら発表できるような極端によい結果を出す可能性がある。もちろんマーケティングの担当者が望むなら、いいとこ取りをして、テスト1からテスト4までの結果を無視できる。しかし、調査で真実を追究するなら、より大きな標本が必要である。独立検査機関が、それぞれ異なる走行を50回行えば、まったく違った平均が出てくるはずだ。一般的に、小標本のほうが異常値が出やすい。[132]*大標本のほうが、世の中の状況をより正確に反映する。*これを統計用語で*大数の法則*と言う。

小さな田舎の病院を1カ月間観察し、出生数の70％が男児だったら、大きな都会の病院の51％と比較し、この田舎の病院ではなにか奇妙な現象が起こっていると思ってしまうかもしれない。実際そうなのかもしれないが、確かな証拠はない。これも小標本の影響なのである。大病院は、出生件数100件のうち、51件が男児という結果だったかもしれないが、小さいほうの病院は、10件中7件だったのかもしれない。先に述べたコイン投げのように、五分五分という統計上の平均は、大標本のほうが実現されやすいのだ。

　標本はいくつあれば十分なのか？　それを割り出すのはプロの統計専門家の仕事だ。しかし統計データを見たときに参考にできる、大ざっぱなルールならある。選挙に関する嗜好、歯磨き粉に関する好みなどの集団調査の場合、標本のサイズの計算はインターネットのあちこちで行える。ある場所での、出生件数のうち何人が男児か、平均的な人は1日に何回空腹を感じるのだろうかなどの、何かの生起確率を推定するための標本のサイズを決めるには、調べようとしている事象が生起する基準率（すなわち発生率）がわかっていなければならない。調査する人が、特定の地域で色素欠乏症がどのくらい発生しているかを調べていたとして、最初の出生件数1000件にまったく発生しなかったからといって、そこで結論を出してしまうのは愚かである。色素欠乏症は、1万7000件の出生のうち1件の割合で発生する。したがって1000件の出生は、標本として小さすぎる。つまり調べている事象の希少性の割には「小さい」のだ。一方、[133]この調査が、早産の発生率を調べるものなら、1000件の標本は十分すぎるくらいだ。なぜなら、早産は9件に1件の割合で起きるからである。

統計リテラシー

[134]道端で詐欺師からこんなゲームに誘われたとしよう。帽子かバスケットの中に3枚のカードが入っていて、そのうちの1枚は両面が赤で、もう1枚は両面が白、そしてもう1枚は片面が赤で片面が白だ。詐欺師が帽子の中からカードを1枚取って、赤い片面を見せる。そして、その裏面が赤である場合に5ドルを賭ける。彼はあなたに、裏が赤である確率と白である確率は五分五分だから賭けに参加しようと思わせたいのだ。あなたはこんな推論をするかもしれない。

彼は赤い面を見せている。つまり、赤／赤のカードか、赤／白のカードを取ったのだ。つまり、裏は、同等の確率で赤か白のはずだ。ならば賭けに乗っても損はしないだろう。だって、この回で勝てなくても、その後すぐに勝てるだろうから。

ルーレットで倍賭けして大損した後でも、勝ち目は自己修正しない、というギャンブラーの誤謬と呼ばれる勘違いはさておき、詐欺師は、人びとが確率を誤って使うだろうと期待しているのだ。また、あなたの注意力をそぐために、早口でまくし立てるのが常だ。図で示すとわかりやすいだろう。

これが3枚のカードだ。

赤	赤	白
白	赤	白

彼が見せている赤の面は、合計3面の赤のうちのどれかなのだ。そのうちの2つのパターンにおいては裏も赤で、裏が白なのは1パターンだけである。つまり、赤を見せられ、その裏も赤である可能性は、3分の2であり、2つに1つの確率ではない。これに引っかかるのは、大半の人が、両面赤のカードの片面を見せられている可能性を考慮しないからだ。あなたも引っかかったとしても、気にしないでよい。なぜなら、数学者であり哲学者でもあるゴットフリート・ヴィルヘルム・ライプニッツの他、現代教科書の著者の多くも[135]同様の間違いを犯しているからだ。主張を確率に基づいて検討する際は、その基礎となっているモデルを理解するように努めよう。難しいかもしれないが、確率が複雑であり、多くの人がうまく検討できないという事実を認識しているだけでも、だまされる確率は下がる。だが、周囲の誰もが、正直間違った意見、たとえば皇帝の着ているすばらしい新調の服に賛同しているような場合はどうすればよいのか？

＊　監訳者注：すべての可能性は6通りある。
赤赤、赤白、白白、白白、白赤赤赤
そのうち表が赤であるのは3通りある。
赤赤、赤白、赤赤
そのうち赤が裏であるのは2通りある。

Part 2　言葉を吟味する

カウンターナレッジ

[136]カウンターナレッジは、イギリスのジャーナリスト、ダミアン・トンプソンによってつくられた用語であり、一定数の人びとが信じている事実のように見せかけた虚偽情報を指す。たとえば科学、時事問題、著名人のゴシップ、嘘の歴史などに見られる。それには裏付けとなる証拠のない主張、明らかに反証的な証拠がある主張が含まれる。ホロコースト、月面着陸、アメリカの2001年9月11日の攻撃が、実際は起きておらず、大規模な陰謀の一部であったと主張する嘘の歴史などが、カウンターナレッジにあたる。前国務長官による児童買春がピザパーラーを拠点として行われているというのは異様だ。

最近の米大統領で選挙人団の投票で勝利するには一般投票でも勝利する必要があるというのは事実無根であり、世論調査で大統領の指示者の52%、何千万人という人がこのうそを信じたのだ。カウンターナレッジの増減は政治世界だけにはとどまらない。

カウンターナレッジが広まる理由の1つは、もし本当だったら……と想像したときのスリル感である。繰り返しになるが、人間は話をつくる生きものであり、よくできた話を大いに好む。カウンターナレッジは、まず多くの数字や統計を使って、いかにも知識を得たような気にさせるやり方で、われわれを引き込む。しかし検証していくと、事実無根なのである。カウンターナレッジの提供者は、肝のすわった主張や数字の存在感だけで人びとによく

も悪くも強く印象づけ、それらをうのみにしてほしいと願っているのだ。

[137]ダミアン・トンプソンは、こうした主張が人びとの心をとらえ、感動でぞくぞくさせ、これまでの知識に疑念を抱かせる仕組みについて説明している。しかし、そこで理論的分析を用いれば、だまされずにすむ。トンプソンは、アメリカの9・11の攻撃について語っていた友人の言葉を回想している。「彼が口にしたもっともらしい意見に私たちは引きつけられた。『タワーが、横に倒れず、縦に崩壊した事実を考えればわかる。ジェット燃料は鉄筋を溶かすほどの熱を出さない。そんな熱を出せるのは、制御された爆発だけだ』」

このカウンターナレッジを分析すると次のようになる。

- タワーは縦に崩壊した——これは事実。映像で見ている。
- もしテロが報道されたとおりに実行されたなら、ビルは、倒れるはずだ——これは、暗黙の、隠れた前提である。これは、事実かどうかわからない。言っている者が断言しているからといって事実にはならない。この主張は検証が必要だ。
- ジェット燃料は鉄筋を溶かすほどの熱を出さない——これも事実かどうかわからない。またこの主張は、ビルの中には清掃溶剤、ペンキ、工業用化学物質などの他の可燃物が存在し、火災が発生した後にその勢いを強めた可能性を無視している。

プロの構造技術者でもなければ、これらが根拠としてもっとも

らしく聞こえてしまうかもしれない。しかし、ほんの少しの確認作業をすれば、プロの構造技術者の、タワーの崩壊にはなんら不思議な点がないという考えがわかるのだ。ビル崩壊についての専門知識は、ほとんど関係のない領域の為エキスパートの意見にも影響を受けないのだ。

　複雑な事象の場合、すべての出来事が観察あるいは報告されているわけではないので、説明できない事象もあるという事実を受け入れる必要がある。ジョン・F・ケネディ大統領暗殺事件では、ザプルーダーの映像が、一連の出来事を映した唯一の写真証拠だったが、それも完全ではなかった。[138]一般消費者向けビデオカメラで撮影されたものなので、フレームレートが毎秒18.3フレームしかなく、解像度も低かった。この暗殺事件については、解明されていない疑問がたくさん残っており、証拠の取り扱いが不適切だった点、1度も取り調べを受けていない目撃者が大勢いる点、真相を知っていると言った人、あるいは知っていると思われる多くの人びとが原因不明の死を遂げている点などが、指摘されている。陰謀があった可能性もあるが、単に未解決の問題点や矛盾点があるというだけでは、その根拠にはならない。原因不明の頭痛、そしてかすみ目があるというだけでは、まれな脳腫瘍の根拠にはならず、さほどセンセーショナルではない病気の可能性が高い。

　科学者など、物事を合理的に考える人は、たとえば光合成や、地球が太陽のまわりを回っている現象などのようにほぼ確実に真実である事柄と、たとえば、9・11の攻撃がハイジャックされた飛行機によるものでアメリカ政府の陰謀ではないなどというように、おそらく真実である事柄を区別する能力がある。これらの事

柄の真実性には、証拠の数とその証拠の種類の違いが影響しているのだ。また報告や理論に、1つ2つ穴があったところで、それで信頼性が損なわれたりはしない。[139]一握りの説明のつかない変則的事象によって、何千もの証拠に基づいた定説の信頼性が落ちたり、傷ついたりはしない。しかしながら、ホロコースト修正主義、反進化論、9・11陰謀説など、陰謀説的思考の中心をなすのは、往々にして、そうした変則的事柄なのである。[140]間違った理論と正しい理論の違いは、確率的現象でもあるのだ。トンプソンは、真ではないにもかかわらず社会的価値を得ている知識を、カウンターナレッジと呼んでいる。

記者に惑わされるケース

ニュースの記者が、重要な出来事に関する情報を集める方法には2種類ある。その2つは、互いに相容れないため、ジャーナリストが注意を怠ると、ニュース記事が世間を誤った方向へ導いてしまう。

*科学調査*モードの場合、記者は、科学者と組んで、科学の発達に関する報道を、科学者が苦手とする平易な言葉使いへと翻訳しているのである。記者は、査読誌やプレスリリースを通してある研究報告を読む。査読がなされた論文というのは、通常、3人から5人の公平な立場で信頼のある科学者が論文を査読し、正確性と結論を認めているのだ。すべての仮説、補助的仮説、結論を裏付ける科学的根拠の重みを定めるのは、たいていの場合、記者の仕事ではなく、論文を書いた科学者によってすでに行われている。

ここでの仕事の仕方が、記者を2種類に分ける。『ワシント

ン・ポスト』紙、『ウォールストリート・ジャーナル』紙など、本格的な調査報道を行うメディアは、通常、その研究に関与していない数人の科学者に連絡をとり、意見を聞く。発表された研究結果に異議を唱えるような意見を探すのである。だが、おおかたの記者は、研究報告が発表されたときに、その内容を平易な言葉に直して伝えれば、自分の仕事はそれで終わりと思っている。

　ニュース*速報*モードのときは、記者は、情報源から情報を集め、世の中で何が起きているかを突き止めようとする。情報源とは、出来事の目撃者を指し、たとえばデトロイトで起きた強盗事件や、ガザ地区の爆撃、クリミアでの兵力増強などを目撃した人を指す。目撃者が1人の場合もあり、2、3人の目撃者から話を聞いて裏付けをとろうとする場合もある。こうしたケースにおいて、目撃者の正直さや信頼性を確認するのも記者の仕事の一環である。「自分で見たのですか？」とか「それが起きたときどこにいたのですか？」といった質問をして確かめるのである。それに対し「いいえ」と答えたり、嘘をついたりする人の多さを知ったら驚くに違いない。記者が注意深く確認しなければ、矛盾が見つからないのだ。

　ジャーナリストが、何千もの観測とデータに基づいた科学的発見を報じるのが、第1のモードだ。そして、ジャーナリストが、わずか数人の目撃者の話に基づいた出来事を報じるのが第2のモードだ。

　記者は、2つのモードを適宜使い分けているので、時々、これらを混同してしまう。複数の体験談とデータは異なるのだと、ときとして忘れてしまうのだ。つまりただの話や、浅い次元での観察がたくさんあっても科学にはならないのだ。また、これに絡ん

でいるのが、新聞は楽しみながら学ぶものだから興味深い話を聞かせてくれ、という読者の期待もある。興味深い記事の大半は、因果関係のある一連の出来事を示している。たとえば、リスクの高い住宅ローンが、そうではないローンと組み合わされて、トリプルAに格付けされた金融商品になったのがもとで、2007年のサブプライム住宅ローン危機が起きた。中国広東省の深セン市に積み上がっていた建設残土を、政府機関が無視していたせいで、2015年に土砂崩れが発生し、33棟が倒壊した。これらは科学実験ではなく出来事であり、われわれはそれを理解し、話に仕立てようとする。ニュース記事と科学記事とでは、立証責任が異なるが、たとえ暫定的なものでも説明ができないと、話にならない。そして新聞や雑誌や本、すなわち人びとは話を必要としているのだ。

　これこそが、噂やカウンターナレッジ、見せかけの事実が、メディアによっていとも簡単に拡散してしまう本質的な理由なのだ。1987年、ヘラルド・リヴェラが、アメリカが悪魔教会に支配されるという全米的パニックに火をつけたときもそうだった。メディアによる同様のパニックの誘発は、この他にも、宇宙人による誘拐や抑圧された記憶などがあった。[141]ダミアン・トンプソンはこう述べている。「話題づくりに追われるニュース編集者にとって、どんなときも、苦悩に満ちた人の証言は、無味乾燥でときには結論の出ない統計的手法に勝る」

リスク認知

　多くの人は、犯罪記事に割かれた紙面の面積が、犯罪率の目安になると思っている。また、さまざまな原因の死亡事件を取り

Part 2 言葉を吟味する

上げた数が、リスクと関連していると思っている。だが、そうした推測は賢明ではない。[142]毎年、胃がんで死亡する人の数は、[143]事故で溺れ死ぬ人の5倍だ。しかし『サクラメント・ビー』紙は、2014年、胃がんによる死亡は1件も報じず、事故による溺死は3件も報じている。報道記事を読んだかぎりでは、胃がんによる死亡よりも溺死のほうがはるかに多いと考えてしまう。認知心理学者のポール・スロヴィックは、人びとが、メディアの注目を集めた出来事の相対リスクを過度に重視する傾向を示した。そして、ある出来事がメディアの注目を集めるか否かを決める公式の1つは、その話が興味深い記事になるか否かである。溺死には、胃がんによる死亡よりも、よりセンセーショナルで、突然で、予防可能でもあり、悲劇だが興味深い話をつくるすべての要素がそろっているのだ。そのために溺死のほうが多く取り上げられ、そのほうがよく起こるという勘違いに人びとを導いてしまう。リスクの誤解は、自分を守るために利用できる証拠を無視してしまう。また軽視してしまう危険を招きかねないのだ。

「最近、津波がこんなに取り沙汰されているのに、君はずいぶん無頓着なんだね」

メディアで活躍する不道徳あるいは無知なアマチュア統計専門家が、このリスクの誤解という原理を使って人びとをだまし、多くのそうではない事柄をそうだと信じさせるのは簡単だ。

2015年、[144]英『タイムズ』紙の一面に、生涯のうちにがんにかかるイギリス人が、33％から50％に増加した、という見出しが載っていた。今の子供たちが成人する頃には3分の2に上昇し、がん患者の多さが、イギリスの国民健康保険を圧迫する可能性もある。これを読んだ人はどう思うだろう？　がんが流行ってきているのかと考えたり、健康に悪いジャンクフードや、放射線を出す携帯電話、発がん性のある掃除用洗剤など、今の生活スタイルに何か関係しているのだろうかと考えたり、オゾン層の穴から降り注ぐ放射線を疑ってみたりするだろう。また、この見出しが、食品メーカー、日焼け止めメーカー、ホリスティック医学の医者、ヨガのインストラクターなど、営利を追求する複数の利害関係者の目的推進のために使われる場合も、もちろん考えられる。

パニックに陥る前に、これが、すべての種類のがんを合わせたがん発生率であるのだと知ってほしい。進行の遅い前立腺がんや、容易に切除できるメラノーマなども含まれている。がんにかかった人全員が死ぬわけではない。[145]英国がん研究所（CRUK）は、早期発見や治療法の改善などのおかげで、がんを克服する患者の割合が、1970年代に比べて倍増したと報告している。

この見出しが無視しているのは、医療の発達のおかげで、人の寿命が延びたという事実だ。[146]心疾患は、これまでになく抑制されるようになり、呼吸器系疾患による死亡数も過去25年間で劇的に低下した。がんで多くの人が死亡している主な理由は、がんで死ぬ前に他の病気で死ぬ確率が低くなったからである。人は、い

つか必ずなにかしらの原因で死ぬのだ。この考えは、前述の『タイムズ』紙の記事の本文を読めば書いてあったのだが、読まないで、見出しだけを見てくよくよ思い悩む人が多い。見出しの統計は、がんが高齢者の病気であり、多くの人ががんを患うまで長生きするようになった、という状況も反映しているのである。だからパニックを起こす必要はない。「アルゼンチンの車の半数が、寿命期間中に、完全なエンストを起こす」と言っているのと同じなのだ。それはそうだろう。車は、いつかの時点でなんらかの理由で乗れなくなる。車軸が折れる、腐食が進む、トランスミッションの不具合、あるいは、エンジン故障などが考えられるが、必ず、どこかしらの不具合が出るのだ。

正しい説明のなかに偽った説明を交えて信じさせる

　人びとにカウンターナレッジを信じさせたければ、効果的なテクニックの1つとして、立証可能な事実をたくさん挙げ、そのなかに事実でない情報を1つ、2つ織り交ぜるという方法がある。正しい事実が全体に真実味を与えるので、インターネットで事実確認をされても大丈夫だ。そこへ、自分の主張のために事実でない情報を1つか2つ加えても、残念ながら多くの人はだまされるのだ。でっち上げの事実やカウンターナレッジを本当の事実と結びつけるという手法で、人を説得できてしまうのだ。

　以下の主張を検討してみよう。

1．水は水素と酸素でできている。
2．水の分子記号はH_2Oである。

3．人間の体の60％以上が水でできている。
4．人間の血液は92％が水である。
5．脳は75％が水である。
6．水が汚染されている地域が世界に多く存在する。
7．世界で利用可能な水のうち、飲めるのは1％以下である。
8．ボトル入りの水を買わないかぎり、飲料水の質は確保できない。
9．主要な保健衛生研究者がボトル入り飲料水を飲むことを推奨し、その大半が、自らもボトル入り飲料水を飲んでいる。

　1から7までの主張はすべて事実だ。しかし、主張8は、論理的に正しいとはかぎらない。そして主張9の、主要な保健衛生研究者とは、いったい誰だろう？　また、彼ら自身がボトル入り飲料水を飲んでいるとはどういう意味か？　パーティやレストラン、飛行機などで、他に選択肢がないときにそうしているのだろうか？　それとも、ボトル入り以外は絶対に避けているのか？　この2つの違いは大きい。

　事実は、ボトル入り飲料水の安全性が、先進国のほとんどの水道水よりも高いとは言い難く、規制が緩いせいで、水道水より安全でない可能性もあるのだ。この事実は、天然資源保護協議会、メイヨー・クリニック、『コンシューマー・リポート』誌、そして査読誌に掲載された多くの研究報告など、信頼のおける[147]さまざまな情報源が報告している。

　もちろん例外もある。[148]ニューヨーク市、モントリオール、ミシガン州フリントをはじめとする多くの古い都市では、都市水道

水が鉛の水道管で供給されているため、鉛が水道水に溶け出し、鉛中毒を引き起こす可能性が懸念されている。また、ときおり起こる浄水場の問題で、行政が水道水の使用について一時的な勧告を出している。そして規制や衛生基準の低い開発途上国を旅行する際は、ボトル入り飲料水を飲むのが一番だろう。しかし、先進工業国の水道水の基準は、いかなる業界と比べても、最も厳しい基準である。お金を節約するためにもペットボトルはやめよう。この例のような、ニセ科学に基づいた環境衛生擁護者の主張は、信頼に値しない。

Part 3

世の中を評価する

「自然はわれわれに確率を計算することしか許してくれない。しかし、それでも科学は崩壊していない」

——リチャード・P・ファインマン

科学のしくみ

　数百年にわたって批判的思考がはぐくまれてきた結果、人間の思考と歴史に、あるパラダイムシフトが起きた。それが科学革命である。フィレンツェ、ボローニャ、ゲッティンゲン、パリ、ロンドン、エディンバラをはじめとする学問の中心地で、科学革命が進んだ。そして、それが実現されなければ、科学による現在のような文化、産業、大いなる野望の形成はありえなかっただろう。科学は、もちろん、絶対確実なものではない。しかし科学的思考は、人びとが何かをなすとき、また真偽の判断をするときの大部分において、基本となる。したがって、科学の舞台裏を詳しく見て、その仕組みをより深く理解する価値はある。その一環として、たとえ厳密な思考をする人でも、自らの不完全な脳にだまされるという現実も学ぼう。

　残念ながら、データをねつ造する研究者がいる現実も認識しなければならない。極端なケースでは、行われてもいない実験、収集されてもいないデータを発表する者さえいるのだ。彼らが発覚を免れるのは、研究者のあいだでは、不正というものが比較的まれなため、査読者が警戒心をもたないからである。また研究者が、自らのお気に入りの仮説がより正確にデータに反映されているように見せかけるために、一握りの観測値を改ざんする場合もある。より普遍的なケースとしては、研究者が、仮説に合わない特定の観測値を割愛したり、仮説に都合よく貢献するとわかっているケースだけを選んだりする。[150]2015年には、エイムズにあるアイオ

ワ州立大学の元生物化学者ドンピョウ・ハンが、エイズワクチン開発中にデータのねつ造と改ざんを行ったという不正事件が発覚した。この事件は、彼が大学の職を追われただけでなく、5年の実刑判決を下されるという、異例の結末となった。[151]MMRワクチン（はしか、おたふく風邪、風疹の3種混合ワクチン）が自閉症の原因か否かという大きな議論は、改ざんされたデータに基づいて論文記事を書いたアンドリュー・ウェイクフィールドによって広められた。この論文は後に撤回されたが、いまだに何百万もの人びとがMMRワクチンと自閉症の関連性を信じている。また、研究者が、確立された原則に合わせてデータを操作あるいは削除し、その行為を報告しないために、解釈や再現が困難になるというケースもある。それが科学者の不正行為に当たるか否かはきわどいところだ。

　科学の原動力は、確信を得るための証拠の探求といえるが、それはわれわれの正義感や司法制度の原動力でもある。その探求の正しい手順を示してくれているのが科学的手法である。

　科学の手法について、世間一般に広まっている2つの誤解がある。1つは、科学はきちんと整ったもの、つまり、科学者同士の意見は食い違ったりしないという誤解だ。2つめは、一度実験を行えば、ある現象について知る必要のあるすべてがわかり、そうした実験が発表されるたびに科学が飛躍的に進歩するという誤解だ。実際の科学では、知識の真偽についての論争、疑念、議論が渦巻いている。真の科学的知識は、多くの再現実験とその研究結果の総括の繰り返しによって、徐々に確立されていくものなのだ。科学的知識は、複数の研究室で行われた多数の実験から膨大なデータを寄せ集めるプロセスによって得られる。いかなる単一の実

験も、大きな壁面の1つのレンガにすぎない。実験の数が一定量に達して初めて、壁全体に相当するデータの検討ができ、確固たる結論が導かれるのだ。

本当に価値があるのは、単一の実験ではなく、メタアナリシスなのだ。科学者たちが、何かについて意見の一致を見るのは、たいてい、ある仮説を証明または反証するさまざまな証拠をまとめるためのメタアナリシスが行われた後だ。

メタアナリシスと単一の実験の違いが、パート2で言及した選択的ウィンドウイングや小標本の問題を思い起こさせるなら、それは正しい。たとえ被験者数や観測数が多かったとしても、ただ1回の実験では、単なる例外である可能性がある。前章の例に出てきた、あの1ガロンあたり80マイルの燃費は、1回のテストで得た幸運な結果だ。異なるときと場所で12回実験すれば、その現象がどれほど確固たるものか、より正確に把握できる。新しく出たフェイスクリームを用いれば見た目が20歳若返るとうたわれていたり、新しいハーブ治療薬が風邪に効くとうたわれていたりしたら、その主張はメタアナリシスによって裏付けられているのか、単一研究なのか、という疑問も、他の疑問とともに立てるべきである。

演繹(えんえき)と帰納(きのう)

科学の進歩は、2種類の推論法に依存している。演繹は、一般的な前提をもとに特定の結論を得る推論法で、論理の法則に従えば、確実な結論が得られる。帰納は、一連の観測事例や事実をもとに、その原因となる一般的法則や原理を引き出そうとするもの

で、特定の事例から一般的な結論を得る推論法である。帰納で得られる結論は必ずしも正しいとはいえない。世界に対するわれわれの観測と理解に基づいたものなのだ。だからデータが実際に示したものから飛躍している場合がある。

パート1で説明した確率は、演繹的推論であり、「これは種も仕掛けもないコインである」などの一般的な情報から、3回連続で表が出る確率などの特定の予測をする。一方、統計は、帰納的推論であって、3回連続で表が出たなどの特定の一連の観測事例からコインに仕掛けがあるかないかなどの総論を引き出す。別の例で言うならば、ある頭痛薬があなたに効く可能性を確率（演繹法）を使って示すのも、応用例の1つだ。もし頭痛が治らなければ統計的手法（帰納）を使って、その錠剤が不良品ロットからきたものである可能性を推定する。

帰納と演繹が応用できるのは、確率や統計的手法が用いられる定量的な現象だけではない。演繹的論理学の例を文章で示すとこうなる。これらの文章では、前提（最初の命題）さえ正しければ、結論も正しいはずだ。

> ガブリエル・ガルシア・マルケスは人間である。
> すべての人間は必ず死ぬ。
> ゆえに（これは**演繹的結論**）ガブリエル・ガルシア・マルケスは必ず死ぬ。

1. いくつかの自動車はフォードである。

2. すべてのフォードは自動車である。

3. ハン・ソロ役の男優は自動車である！

マルケスについての文章のような演繹的論証を三段論法という。三段論法は、必ず結論が導き出される形式の議論である。たとえ偽であるとわかっている（あるいは思う）前提で構成された三段論法でも、三段論法として成立する。つまり、全体の論理的整合性は保たれる。

月はグリーンチーズでできている。
グリーンチーズの価格は1ポンドあたり22ドル99セントである。
ゆえに、月の価格は1ポンドあたり22ドル99セントである。

さて、月がグリーンチーズでできていないのは明らかである。しかし、"もし"できていたとすれば、この演繹は論理的には成立するのだ。この三段論法の違和感を取り除きたいなら、次のように書き換えればよい。

> "もし"月がグリーンチーズでできていて
> "さらに"グリーンチーズの価格が１ポンドあたり22ドル99セント
> "だとすれば"月の価格は１ポンドあたり22ドル99セントである。

　演繹的論証には、代表的ないくつかの形式があり、それらは通常、哲学や形式論理学の数学の授業で教えられている。もう１つの一般的形式として、条件付きのものがある。それを*前提肯定／分離規則（モーダスポネンス）*という。この名称が覚えやすくなる例（ポーだからポネンスと覚えればよい）を挙げる。

> もしエドガー・アラン・ポーが、パーティに行くならば、黒マントを着た。
> エドガー・アラン・ポーはパーティに行った。
> ゆえに、彼は黒マントを着ていた。

　論理学を習得するには一定の時間がかかる。なぜなら、多くの推論形式がそうであるように、人びとの直観が邪魔をするからである。論理学では、競走のように、順番が重要だ。次の論証の結論は有効だろうか、無効だろうか？

> もしエドガー・アラン・ポーが、パーティに行くならば、黒マントを着た。
> エドガー・アラン・ポーは、黒マントを着ていた。
> ゆえに、彼はパーティに行った。

ポーがパーティに行ったのは正しいかもしれないが、必ずしも真ではない。寒かったから、ハロウィーンだったから、芝居でマントを着る役を演じていたため役作りに励んでいたためなどの別の理由でマントを着ていた可能性もあるのだ。このように引き出された結論は、推論の誤りであり、*後件肯定の誤謬*あるいは*換位命題*と呼ばれる。

　これが覚えにくいようなら、次の例を頭に入れよう。

チャック・テーラーがコンバースの靴をはいていたら、彼の足は覆われている。
チャック・テーラーの足は覆われている。
ゆえに、彼はコンバースの靴をはいている。

　この推論は明らかに成立しない。なぜなら、コンバースの靴をはくことは足を覆う唯一の手段ではないからである。幾多とある他のブランドの靴をはいている可能性があるし、ゴミ袋で足を覆い、足首で縛っているのかもしれない。
　ただし、チャック・テーラーの足が覆われていなければ、彼はコンバースの靴をはいていない、と断言できる。これを*第一前提文の換質換位*という。
　論理的命題は、方程式のマイナス記号のようには機能しない。一方を否定したら、もう一方も自動的に否定できるわけではない。こうしたルールを覚える必要がある。それは、疑似数学的な表記を用いると、比較的簡単にできる。上の命題は、このように表記

できる。もしAが前提なら、Bである。

　こうした汎用の表記を使うと、*もしA*は「もしAが真なら」の略である。そして「Bである」は「Bも真である」の略、あるいは「Bではない」は「Bも真ではない」の略である。つまりこうなる。

　　もしAならば、Bである。
　　Aである。
　　ゆえに、Bである。

　論理学の本では、以下のように、ならばを矢印（→）で、ではないが、〜の記号で、また、ゆえにが、∴で表記されている場合もある。

　　もしA→Bである。
　　Aである。
　　∴Bである。

　しかし、よくわからないからと悩む必要はない。一部の人が凝っているだけだ。

　このような命題には4つのパターンが考えられる。Aが真の場合もあるし、偽の場合もある。そしてBも真の場合と偽の場合が

---

*　「チャック・テーラーがコンバースの靴をはいていたら」「もし月がグリーンチーズでできていたら」「今年メッツが優勝旗を手にしたら」
**　「チャックの足は覆われている」「月は夜空で緑色に見えるはずだ」「自分の帽子を食べてやる」

ある。4つの各パターンには特別な名前がついている。

1. 肯定式。モーダスポネンス、あるいは、前件肯定とも呼ばれる。前件肯定ではaffirming the antecedentと書く。この「アンティ（ante）」というのは前という意味で、たとえばポーカーで「アンティアップ」といえば、札が配られる前に各プレーヤーが参加料として最初の賭け金をポットに出すことを指す。

もしA→Bである。
Aである。
∴Bである。

例：もしあの女性が私の妹ならば、彼女は私より若い。
　　あの女性は私の妹である。
　　ゆえに、彼女は私より若い。

2. 換質換位

もしA→Bである。
Bでない。
∴Aでない。

例：もしあの女性が私の妹ならば、彼女は私より若い。
　　あの女性は、私より若くない。
　　ゆえに、彼女は私の妹ではない。

3．換位命題

もしA→Bである。
Bである。
∴Aである。

これは、妥当な演繹ではない。

例：もしあの女性が私の妹ならば、彼女は私より若い。
　　その女性は私より若い。
　　ゆえに彼女は私の妹である。

これが妥当でないのは、私の妹ではないが私より若い女性はたくさんいるからである。

4．反転

もしA→Bである。
Aでない。
∴Bでない。

これは、妥当な演繹ではない。

例：もしあの女性が私の妹ならば、彼女は私より若い。
　　あの女性は私の妹ではない。
　　ゆえに、彼女は私より若くない。

これが妥当でないのは、私の妹でなくても私より若い女性はたくさんいるからだ。

帰納的推論は、結論が真だと示す証拠に基づくものだが、必ずしも真であると保証しない。演繹とは違い、不確実だが、適切に行われれば確からしい結論にたどり着く。

帰納の例は次のようなものである。

> **われわれの知るすべての哺乳動物には腎臓がある。**
> **ゆえに（これが帰納的手順）新しい哺乳動物が見つかれば、その動物には腎臓があるはずだ。**

科学は、演繹と帰納の組み合わせによって進歩してきた。帰納がなければ、世の中についての仮説は立てられない。帰納は、生活のなかで日常的に使われている。

> **私が、家の周りの修繕にパトリックを雇うたびに、彼はへまをした。**
> **ゆえに、もし今回の修繕にパトリックを雇ったら、彼は、今回もへまをするだろう。**

> **私がこれまでに出会った旅客機のパイロットは、皆、きちんとしていて、入念で、綿密だ。**
> **リーは、旅客機のパイロットである。彼はこれら3つの特性を備えているうえ、数学が得意だ。**
> **ゆえに、旅客機のパイロットは皆、数学が得意である。**

もちろん、2例目は、必ずしも成り立たない。あくまでも推測にすぎない。だが、世の中について、そして航路の策定、到着時間の風速の推定などのパイロットの仕事に関する知識と考え合わせると、信用できそうな推測である。だが、この例はどうだろう？

> 私がこれまでに出会った旅客機のパイロットは、皆、きちんとしていて、入念で、綿密だ。
> リーは、旅客機のパイロットである。彼はこれらの3つの特性を備えていて、また写真が好きだ。
> ゆえに、すべての旅客機のパイロットは、写真好きである。

この推測は、上の例と比べ確実性が低い。実世界についての知識によると、写真は個人的嗜好なので、パイロットのほうが、パイロットでない人よりも、写真好きとか嫌いという推測はできない。

小説上の偉大な探偵シャーロック・ホームズは、巧みな推論で結論を導いた。彼は、演繹を使っていると言っているが、彼が使っているのは、実は、アブダクション/仮説形成/仮説的推論という別の形式の推論法なのだ。ホームズの出す結論は、ほぼすべてが、事実に基づいてはいるものの、完璧あるいは必然的というほどの推測ではない。アブダクションを使った推論では、一連の観測をもとに、それを説明する見解を構築する。ある事象の原因となりうる理屈は無限に考えられるが、その中から最も可能性の高そうなものを探し求める。

[152]ホームズは、たとえば自殺と思われた事件が、実は他殺であ

ると結論づける。

> ホームズ：傷は、ヴァン・クーンの頭の右のこめかみにあった。だが彼は左利きだ。ずいぶんと体をねじ曲げないと自殺は無理だ。
> ディモック警部補：左利き？
> ホームズ：おや、気づかなかったとは驚きだ。この家を見回せばすぐわかるはずだ。コーヒーテーブルが左手方向に置いてあり、コーヒーカップの取っ手も左側になっている。電気のソケットも左側のほうばかり使っていたようだ。それから、紙とペンが電話の左側に置いてある。それは電話を右手でとって、左手で言伝を書き留めていたからだろう。パン切り台の上にはナイフが置いてあり、刃の右側にバターが置いてあった。これは左手でナイフを使っていたためだろう。左利きの男が自分の右のこめかみを撃って自殺する可能性はきわめて低い。誰かがこの場所に押し入って彼を殺したのだ。
> ディモック：でも銃が……なぜ……
> ホームズ：彼は、犯人が来るのを警戒していた。脅されていたんだ。

シャーロックが、「可能性はきわめて低い」という言葉を使っている点に注目しよう。こういう言い方は、演繹を使っていない証拠だ。だがこれは帰納でもない。なぜなら、特定の事例から一般的な結論を得ているわけではないからだ。この場合、言ってみれば、被害者宅の観察結果という一連の特定事例から、自殺では

なく他殺であるという別の一連の特定事例を引き出している。アブダクションだよ、ワトスン君。

論証

　ある主張を裏付けるために論拠を挙げる際の命題の連鎖は、特別な位置づけがなされ、論理学用語で論証と呼ばれる。この文脈における論証という言葉は、誰かと議論したり反論したりといった意味ではなく、命題の論理学的体系を指す。論証には、根拠と結論の2つのパーツがある。根拠は、1文以上の命題、あるいは前提からなる。その意味で、根拠あるいは結論を欠く命題は論証とは言わない。

　論証は、特定の形式に従う。結論から始める場合が多い。逆なのはわかっているが、話すときもたいていその順番だ。つまり結論を言ってから、根拠を述べる。

　　結論：ジャックはビリヤードでズルをする。
　　論拠（あるいは前提）：あなたが背を向けている隙に、彼が、ボールを打つ前に動かすのを見た。

　演繹的推論は、この逆の過程をたどる。

　　前提：あなたが背を向けている隙に、彼が、ボールを打つ前に動かすのを見た。
　　結論：ジャックはビリヤードでズルをする。

演繹的推論は、科学者が実験結果を述べる方法に深く関係している。実験報告もまた、2つのパーツからなる論証である。

仮説＝H
結論＝I

H：黒鳥は存在しない。
I：もしHが真なら、私も他の誰も黒鳥を見ないはずだ。
　　しかしIは偽である。私の叔父アーニーは黒鳥を見つけ、私にも見せようと連れていった。
　　ゆえにHを認めない。

演繹的論証

[153]病気の細菌説は、演繹の適用によって発見された。ハンガリーの医師、イグナッツ・ゼンメルワイスは、ウィーン総合病院の産科病棟の死亡率が高い原因を突き止めるべく一連の実験を行った。当時は、科学的手法が確立していなかったが、彼の、体系的に行う観察と操作は、問題の原因を突き止めただけでなく、科学的知識の発展に貢献した。彼の実験は、演繹的論理と科学的推論のモデルに相当する。

そのシナリオには、対照条件に当たる状況も存在した。ウィーン総合病院には、隣り合う2つの産科病棟があった。死亡率が高い第1産科と死亡率が低い第2産科だ。なぜ、一方の病棟の乳児と母親の死亡率がそんなに高いのか、誰にもわからなかった。

* パスツールの病原菌・細菌研究の12年前である。

調査委員会は、第1産科病棟のつくりが産婦の精神的苦痛を助長しているのでは、という説を立てた。女性が死にそうな状態になると、司祭が呼ばれ最後の秘跡が施されるが、第1産科では、その際に司祭が、鐘を鳴らす看護師に先導され、産婦たちの病室の前を通っていかなければならなかった。司祭と鐘の音という組み合わせが、出産を控えた女性を恐怖に陥れ、「産褥熱」の犠牲になる可能性を高めているのではないか、と考えたのだ。一方の第2産科は、司祭が瀕死の女性たちの収容される病室に直接行ける構造になっており、他の女性の病室の前を通らずにすんだ。

　ゼンメルワイスは、ある実験を説明する仮説と予測を立てた。

H：鐘の音と司祭の存在が感染の確率を高める。
I：もし鐘の音と司祭が現れなければ、感染確率は上がらない。

　ゼンメルワイスは司祭を説得し、面倒な回り道をして、第1産科の産婦の病室を通らないようにしてもらい、また看護師には、鐘を鳴らさないようにしてもらった。しかし、死亡率は下がらなかった。

Iは偽である。
ゆえにHは偽である。

　注意深い実験の結果、この仮説を認めない。
　ゼンメルワイスは、他の仮説も検討した。しかし、病棟が混みすぎているという説は、有効ではなかった。実際、第2産科のほ

うが混雑していたからである。温度や湿度でもなかった。それらは、2つの病棟で同じだったからである。科学的発見では、まったく思いがけない偶然の出来事が、ある見解に結びつく場合がよくある。ゼンメルワイスの親しい友人が、産褥熱の死体解剖を指導中に、学生の使ったばかりのメスで、誤って指を切ったのだ。友人は、重篤な症状をきたして死んでしまい、後の解剖で、出産中に死亡した女性たちと同じ感染症の兆候が認められた。ゼンメルワイスは、解剖用の死体の断片または物質と、産褥熱の感染に関連性があるのではないかと考えた。2つの病棟には、当初無関係と思われていたが、今になれば関係していると思われる違いが、もう1つあった。第1産科のスタッフは、頻繁に解剖を行っている研修医で、必要になると解剖の合間に赤ん坊を取り上げており、第2産科のスタッフは、出産だけに携わる助産師だったのだ。医師が手を洗うのは一般的ではなかったので、そこでゼンメルワイスは、次のような仮説と結論を立てた。

H：医師の手に付着した死体の汚染物質が感染確率を上げる。
I：もし汚染物質が中和されれば、感染率は上がらない。

もちろん、別のIも可能である。もし2つの病棟のスタッフが入れ替われば、感染率は下がる。つまり、助産師が第1産科の出産を受け持ち、研修医が第2産科の出産を受け持てばよい。これも妥当な予測ではあるが、スタッフの入れ替えは、2つの理由で、医師たちが手を洗うアイデアに劣る。第1に、この仮説が本当だとしても病院全体の死亡率は変わらず、高死亡率を一方の産科病棟からもう一方に移すだけになる。第2に、入れ替えても、出

産を受け持っていないとき、研修医たちは第1病棟の解剖室で仕事をしなければならないので、互いに出産に駆けつける時間が長くかかり、それも死亡率上昇の一因となってしまうかもしれない。研修医たちに手を洗わせるアイデアは、もし成功すれば、病院全体の死亡率を下げるという効果をもたらす。

　ゼンメルワイスは、医師たちに、塩素溶液で手を洗ってもらう実験を行った。すると第1産科の死亡率は18%から2%以下に下落した。

論理的誤謬

錯誤相関

　脳は、大きなパターンを検出する装置で、よくランダム配置と思われるものから、秩序や体制を見つけ出そうとする。夜空にオリオン座を見るのは、星がそのように配置されているからではなく、脳が、無作為性のなかにパターンを投影するからだ。

　ある友人について考えていた矢先にその友人が電話をしてきた場合、そのような偶然はとても驚きなので脳が記録する。しかし、相手について考えていないときに電話があった多くの場面はあまり記録されないのだ。こうした現象は、パート１で説明した４分表を使って考えるとよい。仮に、ある週、ことさら偶然が多く起きた。割れた鏡でいっぱいのゴミ置き場を通った際に黒猫が横切った、ある13階のアパートに行ったら、そこのテレビに映画『13日の金曜日』がついていた、などだ。その週に20本の電話があり、うち２本がずっと連絡をとっておらず普段あまり考えない友人からで、たまたま相手について考えていたら10分もしないうちにかかってきたとする。それを４分表の上のマス目に書き入れる。超能力を使って引き寄せた電話２本と、そうでない18本で、合計20本だ。でも待ってほしい！　まだ下のマス目も埋めなければならない。相手について考えていたが電話がなかった回数、そして私の好きな質問、つまりあなたが相手について考えておらず、相手からも電話がなかった回数だ。

私は電話の直前に相手について考えていたか？

		いた	いなかった	
相手から電話が	あった	2	18	20
	なかった	50	930	980
		52	948	1,000

[154]では一番下を埋めていこう。誰かについて考えていた回数が週に合計52回あり、誰についても考えていないときが930回あった。

脳が認識するのは左上のマス目のみで、あとは無視する。この傾向がロジカルシンキングを大いに邪魔し、そしてマジカルシンキングを促進しているのだ。では、ギャンブルをしにラスベガスへ行く手配をする前に、この例の数字を用いて考えてみよう。誰かについて考えていた矢先にその相手から電話がかかってくる確率はどのくらいか？　それは、たった52分の2、すなわち4％だ。そう、あなたが誰かについて考えた合計回数のうち、相手が電話をしてくるのは4％にすぎないのだ。さほど感心するほどのものではない。

では、この4％の偶然が起きる原因として何が考えられるだろうか？　物理学者なら、4分表の1000回という事象の総合計数を取り上げ、そのうち「妙」だと感じられたのは2回（0.2％）であるから、偶然として普通に期待される確率だと言うかもしれない。

---

* この部分はいい加減な推測だが、1週間168時間を10分単位で割ると、ある事柄を考えることが約980回あるという数字が出る。うち50回は、相手について考えていたが電話がなかった回数なので、その他の思考は930回となる。おそらく実際より少なめだろうが、こうして一応筋の通った数字を使っているのだ。あなたもやってみるとよい。

社会心理学者なら、あなたとあなたの友人に互いについて考えさせ、電話を促すような外的事象が存在しないかを考えるかもしれない。パリで2015年11月13日に起きたテロ襲撃事件の記事を読んで、そういえば、大学時代に友人とパリに行こうといつも話していたのを思い出す。すると彼女から電話がかかってきて、とても驚かされ、パリがきっかけの電話で、彼女もその事件に反応して電話をしたという現実には気づかない。

　ここで、先に取り上げた生き別れの双子の話を思い出した人は正しい。錯誤相関は、たとえば双子の双方ともが中指で頭をかいたり、ペンや鉛筆を持ちやすくするためにテープを巻いたりといった、行動の奇遇な重なり合いに対し、行動遺伝学者が行う標準的説明である。4分表の左上のマス目の内容、すなわち、双子に共通する多くの行動に引きつけられてしまい、双子の一方だけに見られるすべての行動は、無視する傾向にあるのだ。

確率のフレーミング

　大学時代の友人から電話がかかってきた後、次の夏にパリで1週間の休暇を過ごしたとしよう。「モナ・リザ」の前に立っていると、聞きなれた声がするので見回すと、もう何年も会っていない大学時代のルームメートのジャスティンだった。「信じられないよ！」と言うジャスティンに、「まったくだ！」と答える。「パリで、『モナ・リザ』の前に立っていて君にばったり会う確率ってどのくらいだよ！　何百万分の1のはずだ！」

　そのとおり。「モナ・リザ」の前でジャスティンにばったり会う確率は、おそらく何百万分の1だろう。それを正確に算出する

のは難しいが、どう計算しても、非常に低い確率であるのは明確だ。だが、確率をこのようにフレーミングするのは間違っている。少し前に戻ろう。もしジャスティンにばったり会ったのが「モナ・リザ」の前ではなく、「ミロのヴィーナス」の前、あるいはトイレに立っていたとき、またはルーブル美術館の入り口を入ってきたときだったとしたら、どうだっただろう？　あるいは、泊まっているホテル、カフェ、またはエッフェル塔だったら？　やはり同じくらい驚いたはずだ。なんならジャスティンでなくてもよい。パリでの休暇中なら、どこでどんな知り合いに会ったとしても、同様に驚いただろう。そしてまた、パリでの休暇にこだわる必要もない。マドリードへの出張旅行、オハイオ州クリーブランドでの飛行機の乗り換え、ツーソンのスパでも同じだ。確率をこのように記述してみよう。成人期のある時点に、思わぬ場所で知り合いにばったり会う。これならば、その確率はかなり高い。しかし脳は自動的にこのようには考えない。感傷的な思考をしないようにするためには、訓練が必要なのだと、認知科学は示している。

リスクのフレーミング

　確率のフレーミングに関連した問題に、リスクを論理的にフレーミングしないという問題がある。たとえば、飛行機の利用は、たとえアメリカで起きた9.11の攻撃による死亡者数を勘定に入れても、最も安全な交通手段である。そしてあり続ける。2番目は、僅差で鉄道だ。旅客機あるいは鉄道事故で死亡する確率はゼロに近い。にもかかわらず、9.11直後には多くのアメリカ人旅行者が

飛行機の利用を避け、高速道路のほうを選んだ。そして自動車事故による死亡が劇的に増えたのだ。人びとは、論理的に反応するのではなく感情的直観に従い、リスクの上昇に注意を払わなかった。自動車事故の発生率の増加は、基準値を超えるほどではなかったが、[155]安全性の低い交通手段を選ぶ人の増加は、交通関連の事故で死亡する人数を増やした。

たとえばこのような統計がある。

2014年の航空機事故による死亡者数は、1960年よりも多い

これを読むと、[156]空の旅が昔より安全ではなくなったという結論を引き出してしまうかもしれない。統計指標そのものは正しいのだが、関連性のある統計指標ではないのだ。空の旅の安全性を知ろうとするなら、合計死亡者数を見ても答えは出ない。死亡率、すなわち、飛行距離あたりの死亡者数や、フライトごとの死亡者数、あるいは同じ基準値のデータを見る必要がある。[157]1960年には、フライト数が現在とは比較にならないほど少なかったが、危険度は高かった。

同様の論理で、午後5時から午後7時の時間帯のほうが、午前2時から午前4時の時間帯よりも、高速道路での事故による死亡者数が多いので、午後5時から7時にかけて運転しないほうがいい、と言う人がいるかもしれない。しかし、午後5時から7時の時間帯は交通量そのものがはるかに多いという単純な事実があるので、生の数値ではなく、1マイルあたり、あるいは運転回数あたり、あるいは1台あたりの死亡率を見るべきなのだ。そうすると、夕方に運転したほうがより安全となる。午前2時から4時に

運転する人は、高い確率で酔っているか、睡眠不足であるというのが理由の一部だ。

　2015年11月13日のパリ襲撃事件の後、ＣＮＮが、犯人の少なくとも１人は、EUに難民として入国したと報じた。ヨーロッパで反難民感情が高まっていたさなかにである。反難民活動家たちが、国境の取り締まりの強化を叫んでいた。これは社会的・政治的問題なので、私個人の立場を公言するつもりで取り上げているのではないが、数字は意思決定の材料となる。移民・難民に対し、国境を完全に閉鎖していれば、約130人の命を奪ったこの襲撃を阻止することができたかもしれない。一方、シリアやアフガニスタンなど、戦争で荒廃した国を逃れてきた100万人の人びとの入国を一切認めなかったならば、襲撃の犠牲となった130人をはるかに上回る、何千もの人が命を落としたに違いない。どちらの行動方針も、代替案も、伴うリスクはこれだけではない。しかし、「犯人の１人は難民」などという見出しは、数字を論理的に考えない人の反難民感情をあおるだけで、移民政策が救った命の数については触れていない。テロリストたちが信じてほしいのは、緊急かつ重大な危機にさらされているという嘘なのだ。

　フレーミングの誤用は、自分の商品を人に買わせようとするセールスマンによって行われる場合が多い。たとえば、住宅の防犯システムを販売する会社から、こんな売り込み目的のメールが来たとする。「住宅強盗の90％が解決されているのは、家主が提供したビデオのおかげです」。あたかも実証的で科学的に聞こえる。

　では、妥当性チェックから始めよう。文章後半のビデオの件はとりあえず置いておき、前半の「住宅強盗の90％が解決されてい

る……。これは、筋の通った話に聞こえるだろうか？　実際の統計データを見ずに、現実世界の常識だけで考えると、住宅強盗の90％が解決されているというのは疑わしい。これは、どこの警察にとっても、すばらしい数字だ。しかしインターネットで調べてみると、[158]FBIのページには、強盗事件の30％が、「クリア」すなわち解決するとある。

したがって最初の命題は、非現実的であるとして退ける。「住宅強盗の90％が解決されているのは、家主が提供したビデオのためです」という全文もありえない。というのは、ビデオなしで解決するケースもあるだろうから、それも含めると住宅強盗の90％以上が解決してしまう。この会社が意味しているのは、おそらく、解決した強盗事件の90％が家主の提供したビデオのおかげだという意味だろう。

ならば同じなのでは？

それが違うのだ。標本が異なるのだ。前者の場合の標本は、住宅強盗の全件数である。後者の標本は解決した強盗事件なので、ずっと小さな数字だ。視覚化するとこうなる。

¹⁵⁹ある地域で起きた住宅強盗全件数

**解決した住宅強盗件数
（全件数の30％というFBI統計に基づく）**

では、これは、もしビデオカメラを取り付けていれば、強盗に遭っても90％の確率で解決するという意味なのか？

違う！

もし事件が解決した場合、その捜査に防犯ビデオが役立った確率が90％というだけだ。自分が本当に知りたい肝心な疑問に対して十分な情報がそろっていると思ったら間違いである。パート１の４分表をつくってみる必要がある。だが、いざ記入し始める

---

* もし防犯システムを買ったら、買わない場合に比べて、警察が強盗を解決できる確率がどのくらい上がるのか？

と、もっている情報では、1行だけしか埋まらないのだ。解決した住宅強盗事件の何%で防犯ビデオを使っていた住宅の何%が強盗の被害に遭い未解決のままかも知る必要があるのだ。

P（解決した強盗事件｜防犯ビデオ）≠P（防犯ビデオ｜解決した強盗事件）については、確率の項で説明したとおりである。

データのフレーミングの誤用は、人の感情をあおり、本来の目的をまったく果たさない商品を買わせるための行為である。

信念の堅持

人間の認知力にはおかしなところがあり、いったんある信念を形成したり、主張を受け入れたりすると、どんなに確かな反証や科学的反証を突きつけられても、なかなかそれを変更できない。研究で、低脂肪、高糖質の食事がよいとわかるとそれに従う。その後の新たな研究で以前の結果が覆され、それが説得力に富んでいても、なかなか食習慣を変えようとしない。なぜなのか？　新しい情報を得るたびに、それを吸収すべく自分の中でさまざまな話をつくるからだ。「脂肪を摂ったら自分に脂肪がつく」「だから低脂肪ダイエットはもっともだ」というように、時間をかけて自分で自分を説得するので、簡単には変えられないのだ。陰惨な殺人事件で有罪となった犯人の記事を読み、新聞で写真を見ると、そういえば、冷酷な殺人鬼らしい、ギラついた目と、情け容赦のなさそうな口元をしていると感じる。「殺人鬼らしい」顔つきだと、自分で自分を説得するのである。眉は吊り上がり、口元は締まりがなく、まったく反省していない様子だと。そして後で、無罪を証明する証拠が出てきて彼が放免されても、彼のイメージを

払しょくできず、この殺人はやっていなくても、きっと別の殺人を犯しているに違いない、そうでなければあんな人相になりはしないなどと思ったりする。

被験者に、性的興奮の度合いを調べる心理モニター装置に接続していると告げたうえで複数の異性の写真を見せるという、[160]ある有名な心理実験がある。実際は、被験者はそのような装置にはつながれておらず、実験者が装置を操作している。実験者は、被験者が、数ある写真のなかでも、ある人物に特に惹かれているようだという、嘘のフィードバックを与える。そして、実験が終わった後に、被験者に、自らの体の「反応」とされた測定結果が、実はあらかじめ作成された録画であったと告げる。意外だったのは、その後に被験者に、写真を1枚だけ持ち帰ってよいと言った結果である。実験中に自分がある写真に惹かれたという証拠は完全に嘘だったのだから、論理的には、実験後の時点で自分が本当に最も魅力的だと思った写真を選べばよいのだ。しかし、被験者たちには、自分が最初に気に入ったとされる写真を選ぶ傾向があった。この実験は、先ほど説明した自己説得による効果を示しているのである。

自閉症とワクチン：推論の4つの罠

自閉症とワクチンの話には、批判的思考の4つの異なる推論の罠が関係している。錯誤相関、信念の堅持、関連づけによる説得、そして先に説明した論理的誤謬、*前後即因果の誤謬*である。

---

* Post hoc, ergo propter hoc（事象Yが事象Xの後に起きたということは、Xが原因でYが起きたのだというような意味）

[161]1990年から2010年のあいだに、ASD（自閉症スペクトラム障害）の診断を受ける子供の数が6倍になった。これは、CDC（疾病対策センター）の有病率統計における、過去10年間の上昇率の2倍以上である。自閉症の有病率は、1970年から現在に至るまで爆発的に上昇している。

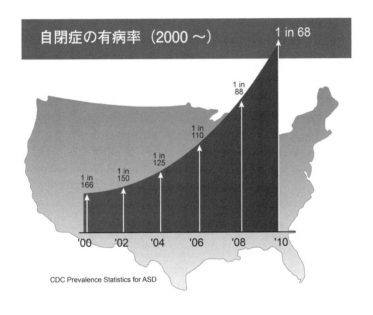

CDC Prevalence Statistics for ASD

[162]増加の大部分は、3つの要因によって説明される。まず、自閉症に対する認識が高まった。より多くの親が自閉症に注意して、わが子を鑑別診断に連れていくようになり、より多くの専門家が診断に積極的になった。また、自閉症の定義が広くなり、より多くの事例が含まれるようになった。そして、出産年齢が高くなっ

[163]なぜ自閉症が増えたのかという問題についてネットで検索してみると、遺伝子組み換え食品、白砂糖、小児ワクチン、グリホサート、Wi-Fi、高速道路からの距離など、実によく考えられたたくさんの原因に行き着くのだ。この問題に関心をもつ市民として何ができるだろう？ 誰か専門家が介入してくれれば助かるのに……と思っていたところへ、あるMITの科学者が救世主として現れた！ 2015年、ステファニー・セネフ博士は、ラウンドアップという除草剤の有効成分、グリホサートの使用の増加と、自閉症の増加の関連性を発表して話題を呼んだ。そのとおり。2つの事柄が海賊と地球温暖化のごとく同時に上昇したのだから、因果関係があってしかるべきではないだろうか？

あるいは*前後即因果の誤謬*に気づいた人は？

セネフ博士は、農学も、遺伝学も、疫学も専門としない、コンピュータ科学者だ。しかし彼女が栄えあるＭＩＴの科学者であるという理由から、実際の専門分野を超えた領域でもエキスパートの地位にあると多くの人が勘違いするのである。[164]また彼女は、自らの論証を科学的語彙を使って、次のように表現するので、ニセ科学、カウンターナレッジが、いかにも本当らしく聞こえるのだ。

1．**グリホサートは、植物のシキミ酸経路を阻害する。**
2．**シキミ酸経路は、植物のアミノ酸生成に必要な経路である。**
3．**この経路が遮断されると、植物は枯死する。**

---

* 高齢出産は、生まれてくる子が自閉症その他の障害をもっている確率に相関する。

セネフ博士は、人間の細胞にはシキミ酸経路がないのだと認めながらもこう続けている。

4．ヒトの腸には無数の細菌（「腸内フローラ」）がいる。
5．これらの微生物にはシキミ酸の触媒反応がある。
6．グリホサートが人体に入ると、消化と免疫機能の障害となる。
7．人体に入ったグリホサートは、肝臓機能をも阻害する。

これらすべてがASDとどう関係するのか不思議に思う人は正しい。セネフ博士は、消化器の問題と免疫系の機能不全が多発するという主張を（証拠を挙げることもなく）展開しているが、これらはASDとは関係ない。

自閉症の発生率が増加した理由を求める者のなかには、MMR（はしか、おたふく風邪、風疹の３種混合）ワクチンや、それに殺菌剤・抗真菌薬として含まれるチメロサール（チオマーサル）を原因だと指摘した者もいる。水銀化合物であるチメロサールが、ワクチンに含まれる量は、世界保健機関（WHO）が１日あたりの耐容摂取量に定める量の40分の１でしかない。世界保健機関の基準値は１日あたりの量であり、ワクチンの接種はたった１回であるという事実に注意しよう。

[165]チメロサールが自閉症に関連するという証拠はないにもかかわらず、デンマークとスウェーデンでは1992年に、ワクチンに添加されなくなり、アメリカでは1999年に「予防措置として」添加が中止された。自閉症の発生率は、チメロサールが添加されなくなった後も、依然増加し続けている。また、この件の（海賊と地

球温暖化のような）錯誤相関は、MMRワクチンが一般的に生後12〜15カ月で投与される事実と、自閉症の子供は、早いケースでは一般的に18〜24カ月で診断を受ける事実を結びつける説である。親たちが、4分表の左上のマス目、すなわちワクチンを受けた後に自閉症と診断された子供の数に注目しがちで、ワクチンを受けなかったが自閉症を発症した子の数や、ワクチンを受けたが自閉症を発症しなかった何百万人については検討していない傾向にあった。

　これに輪をかけて、今となっては信用を失った医師、アンドリュー・ウェイクフィールドが、1998年、自閉症とMMRワクチンの関連性を主張する科学論文を発表した。『ブリティッシュ・メディカル・ジャーナル』誌が、その論文に不正があったという声明を発表し、その6年後に、当初論文を記載した医学雑誌『ランセット』が、同論文を撤回した。また彼の医師免許もはく奪された。ウェイクフィールドは外科医であり、疫学、毒物学、遺伝学、神経学、あるいは自閉症のエキスパートと見なされるような専門家ではないのだ。

　*前後即因果の誤謬*によって、人びとは、相関関係が因果関係を示すと信じた。また、錯誤相関によって、たまたま自閉症を発症しワクチン接種も受けていた人びとのみに注目した。そして、あるコンピュータ科学者とある医師が、人びとに対し、関連づけによる説得を行った。当初、関連性を信じた人びとは、信念の堅持によって、証拠が撤回された後も信念に固執している。

　親たちは、今なお、ワクチンが自閉症の原因だと考え、その多くがわが子に予防接種を受けさせなくなった。そのせいで、世界中で数回にわたって、はしかが大流行した。すべてが虚偽の関

連性のせいであり、また、相関関係と因果関係の違いがわからず、現在の確かな科学的証拠に基づいた信念を形成できない、非常に多くの人びとのせいである。

知らないものが何であるかを知る

> [166]知ってのとおり、世の中には、知られているものだと知られている、つまり、知っているとわかっているものがある。そして、これも知ってのとおり、知られていないものがあると知られている、つまり、何か知らない事実があるのだと知っている場合もある。しかしまた、知られていないものがあると知られていない、つまり、知らないと知らないものがある。
>
> ——ドナルド・ラムズフェルド米国防長官

明らかに悩ましい言葉づかいであるため、それによって文章の意味が損なわれてしまっている。同じ言葉をこんなに何度も使う必要はないのだ。長官が代わりに次のように言ってくれれば、もっと意味が明確に伝わったのではないだろうか。それは「私たちが知っている、私たちが知らないとわかっている、そして知らないとわかってさえいないものがある」。これにはもちろん、4番目の可能性がある。つまり、知っているが、それに気づかずにいるものである。誰かに質問されて答えたものの、「自分はなぜこれについて知っているのだろう？」とつぶやいてしまった経験はないだろうか？

どちらにしても、彼の言動の基本的な趣旨は、しっかりと筋が通っている。

最も手痛い結果、大きな損害と不都合を招くのは、知っている

と思うが知られてはいないものだ。本書冒頭のマーク・トウェイン／ジョシュ・ビリングの銘句だ。そして将来の意思決定に深く関係しているのに、認識されていないものである。この場合知られていないものが何であるかを知らされていないのだ。適切に科学的な疑問について系統立てて説明するには、何を知り、何を知らないかをしっかり考慮する必要がある。きちんと定式化された科学的な仮説は反証可能なのだ。少なくとも理論上は、世界の真の状態についての私たちの仮説が正しいかどうかを判断できる仮説検定の方法は幾つもある。実際にこれは、実験を行う前にあらかじめ相反する他の説明を考えておき、その代替案が排除されるような実験計画を立てるという意味だ。

2つの集団を使って新薬を試す場合、どちらの薬がより優れているのだろうかという結論を導き出すためには、実験の条件をそろえる必要がある。もし薬Aをとる集団のすべての人びとが、景色のよい窓のついた部屋で薬をのみ、薬Bをとる集団の人びとは、匂いのある地下室で薬をのむとしたら、本来とは別の影響を与える因子がそこにあるので、2つの集団の結果の差が（あったとしたら）、薬の影響だけによるのだと結論できなくなる。地下室の匂いの問題は、知られているものが知られている状態だ。薬Aが薬Bよりも効くかどうかは、知られていないものがあると知られている状態だ（だからこそ実験を行うのだ）。ここでの、知られていないものがあると知られていないとは、結果に影響を与える他の潜在的な因子の存在だ。もしかしたらすべての場合において、高血圧の人たちのほうが薬Aに反応しやすく、低血圧の人たちのほうが薬Bに反応しやすいのかもしれない。また、家族の既往歴

も関係するだろう。薬をのむ時間によって違いが出る可能性もある。潜在的な交絡因子について、幸いにしていったん特定できれば、知られていないものがあると知られていない状態から知られていないものがあると知られている状態にうまく変えられるのだ。そして、それが特定できるように実験方法を改良し、また追加できるのだ。

優れた実験、あるいはすでに行われた実験を評価する実験を計画する秘訣は、結局、代わりとなる説明を生み出す力にほかならない。知られていないものがあると知られていないものの解明こそが、科学者の使命なのだ。実験で意外な結果が出ると、われわれは心を躍らせる。なぜなら、人びとが知らなかったものを学ぶチャンスがあるからだ。B級映画に出てくるような、死ぬ瞬間まで自説にこだわる科学者は、私の定義する科学者には当てはまらない。本物の科学者は、現実が自分の考えたとおりにならなかったときにこそ初めて学ぶのだ。

要約するとこうなる。

1. 世の中には、私たちが知っているものがある。それは地球と太陽の距離などだ。それは、調べなければ答えが出ないかもしれないが、その答えは知られているのだとわかっている。それがラミー長官の言う*知られているものだと知られている*、という場合である。

2. 世の中には、私たちが知らないものがある。たとえば、ニューロンの発火現象と私たちの喜びとの関係についての疑問だ。私たちは、この答えを知らないとわかってい

る。ラミーの言う*知られていないものがあると知られている*、という状況である。

3. 世の中には、私たちが知っているのだが、自らそれに気づかなかったり、忘れていたりするものがある。自分のおばあさんの旧姓？ 小学3年生のときに隣に座っていた同級生？ それは、最初はわからないと思っても、適切なヒントがあれば思い出せ、知っていたのだと気づく。しかし、それをする前には決して思い出せないのだ。ラムズフェルドはこのパターンに言及しなかったが、これは*知られているものだと知られていない*状態だ。

4. 世の中には、私たちが知らないものがあり、自らが知らないと気づいてさえいないものがある。家を購入する際に、屋根や基礎の状態、シロアリなどの木を食い荒らす害虫の存在を調べるために、さまざまな専門家を雇うだろう。もしラドンの問題について知らされていないのであれば、そして不動産屋が、あなたの家族の健康より、早く契約にこぎつけたいと思っているのなら、ラドン濃度について調べようなどとは思いもよらないだろう。しかし実際に、発がん物質として知られているラドン濃度の高い家は多いのだ。これは*知られていないものがあると知られていない*に属する。ただこの小節を読んだ時点でそうではなくなってしまうのだが。知られていないものを自覚しているか否かは、自身の専門分野や経験に影響されてしまうものだと注意してほしい。たとえば、害

> 虫駆除の専門家は、見えているものだけが報告できるのだと主張するだろう。彼は、家の侵入不可能な部分にある隠れた被害の可能性についてわかっているからだ。被害があったとしても、その性質と大きさは、彼にとって知るすべがないのだ。だが彼は、被害がある可能性を認識している。つまり*知られていないものがあると知られている*状態にあるのだ。もし、あなたが彼の報告をうのみにして調査が完璧だと思い込んだら、被害がもっと広がる可能性について、あなたは気づけない。つまり*知られていないものがあると知られていない*状態になるのだ。

[167]ラムズフェルド国防長官の4つの可能性を4分表で整理するとこうなる。

知っているとわかっているもの：完璧――大事にしよう。	知らないとわかっているもの：悪くない――学ぶことができる。
知っているがそれに気づいていないもの：ボーナス	知らないと気づいていないもの：危険――隠れた落とし穴

知られていないものがあると知られていない状態が最も危険だ。人間が引き起こした最大の惨事のいくつかは、これに起因している。橋の崩壊、国の敗戦、ローンの返済不能による差し押さえというような事態は、往々にして、すべてについては分からないのだという可能性を認めずに、あらゆる不測の事態について考慮したつもりになって盲目的に突き進んだ結果として引き起こされる。

博士号や、司法、医学、経営学の修士号、あるいは軍の指導者の養成は、未知なものの存在が未知である状態から未知なものの存在が既知である状態に変えるために、何を知らないのかを認識し、それについて体系的に考える方法を習得することこそが、1つの目的なのだ。

　ラムズフェルド国防長官が触れなかったもう1つのカテゴリーは、間違って知られているものの存在、すなわち、そうだと思っているものが実はそうではない場合である。虚偽の主張への確信はこれに属する。ともすれば命取りとなるような悪い結果を招く最大の原因の1つが、虚偽への信奉である。

科学と法廷におけるベイズ的思考

パート1で説明したベイズ確率を思い出してほしい。入手した新しい情報、あるいは、真である仮説の事前確率に基づいて、それについての信念を変更、または更新できるのだ。特定の症状があるという条件のもとでその人が肺炎にかかっている確率や、住んでいる場所から誰かが特定の政党に投票する確率が導き出せる。

ベイズアプローチでは、仮説に主観確率（事前確率）を割り当て、その確率を、収集されたデータに基づいて更新していく。試行を行って得られたこの確率を事後確率という。試行を行わなくてもその仮説が真であると考えられるならば、確認するのにたいした証拠は要らない。一方、試行を行う前に、仮説が疑わしいと考えられる場合は、もっと証拠が必要になる。

ベイズ的観点によると、疑わしい主張は、現実味のある主張よりも、より強力な証拠を必要とする。友人が窓の外に何かが飛んでいるのを見たと言ったとしたら、その窓に関する自分の経験に基づいて、それはコマドリである、スズメである、ブタである、という3つの仮説を検討し、それぞれに確率を割り当てるだろう。ところが、友人が、窓の外にブタが飛んでいる写真を見せてきた。事前の信念では、ブタが空を飛ぶ確率は非常に低いので、この証拠を見せられても、事後確率はとても低いままだ。これで、この写真に手が加えられているなど、なんらかの虚偽行為がある、という新しい仮説も検討するだろう。ここで、検査結果が陽性だった場合に乳がんにかかっている確率を計算した4分表を思い出し

た人は正しい。あの4分表は、まさにベイズ計算を行うための手法なのだ。

科学では、標準理論やモデルを反証しようとする場合の証拠には、知られた知識に沿った証拠より、高い基準を設ける必要がある。何千回もの動物実験で効果が確認された新しい抗レトロウイルス薬が、人間にも効くとわかっても、驚かない。標準的、慣例的な証明過程を経た証拠は、問題なく受け入れられるのだ。場合によっては、参加者がたった数百人しかいない単一の調査で納得してしまう場合もある。しかし、もし誰かがピラミッドのふもとに3日間座っていると、チャクラを通る気の流れがよくなってAIDSが治ると主張した場合、それを証明するには、単一の実験では足らず、もっと強力な証拠が必要となる。なぜならこれまで一度も立証されていない信じ難い話だからだ。さまざまな条件下で、数多くの反復実験を行い、最後にはメタアナリシスも行いたい。

ベイズアプローチは、科学者が疑わしい事象を扱うための唯一の手法ではない。ヒッグス粒子の探索においては、物理学者たちが、通常の5万倍も厳しいしきい値を設定した。それは、ヒッグスが疑わしいものだったからではなく、間違っていた場合の代償が非常に大きいからである。

ベイズの法則の応用は、科学捜査の例で説明するのが最適だと思われる。「すべての接触には痕跡が残る」という[168]科学捜査の基本原則の1つを生み出したのは、フランスの医師で弁護士のエドモン・ロカールだ。ロカールは、犯人は証拠を犯罪現場に残す

---

* ベイズではなく従来的な統計的検定
** その存在は、何十年も前から仮定されていた。
*** 実験を行うのに巨額の費用がかかった。

か、所持品、あるいは自らの体や衣服などに付着した状態で持ち帰っているかのどちらかであり、それが犯人のいた場所や行動を示すと言った。

大きな競馬レースの前夜、[169]何者かが馬に薬を盛るために馬小屋に侵入したと仮定する。犯人は、足跡、皮膚、毛髪、衣服の繊維など、現場に自分がいた事実を示すなんらかの痕跡を残しているはずだ。証拠が犯人から犯行現場に移動するのだ。同様に犯人にも、馬小屋の土、馬の毛、毛布の繊維などが付着し、証拠が犯行現場から犯人に移動しているはずである。

さて翌日、容疑者が逮捕されたとする。彼の衣服、手、爪などから標本が採取され、犯行現場から採取された標本との共通点が見つかった。地方検事は、これらの証拠を吟味しようとする。共通点は、容疑者が有罪であるゆえに存在するのかもしれない。もしくは容疑者は無罪だが犯人と接触したために、痕跡が移った可能性もある。また、容疑者は無罪でも、別の馬小屋に行って別の馬と接触したせいで共通点をもってしまったとも考えられる。

ベイズの法則は、容疑者のDNAが犯行現場に残されたDNAと一致するといった客観的確率と、証人の信頼性、DNAの標本を管理した科学捜査班の誠実さや実績といった、個人的・主観的意見の組み合わせを可能にする。容疑者は以前にもこのような行動をとっていたのか、それとも競馬について何も知らない人間なのか？　競馬の関係者とつながりがあるのか？　強力なアリバイはないか？　これらの事実がわかれば、容疑者が有罪である事前確率や主観確率を決める手がかりとなる。

「疑わしきは罰せず」という、[170]アメリカの司法制度の前提を文字どおりに受け取るなら、容疑者が有罪である事前確率はゼロ

である。そして、いかにのっぴきならない証拠が出てきても、事後確率はゼロを超えない。なぜなら、事後確率は、事前確率のゼロを掛け合わせて算出されるからだ。もっと筋の通った方法で、容疑者が無実である事前確率を設定するには、無実である確率が彼と同等の人が人口全体にどのくらいいるかを検討すればよい。容疑者が人口10万人の都市で逮捕され、また、捜査当局が犯人がその都市の住人だと疑っているなら、容疑者が有罪である事前確率は10万分の1である。もちろん、証拠によって母集団が絞られる可能性はある。たとえば、無理に侵入した形跡がなければ、容疑者は、施設に侵入可能な50人の中の1人となる。

　容疑者は出入可能な50人中の1人なので0.02の確率で有罪である、というのが事前仮説（ラテン語でア・プリオリという）である。では、馬が暴れて犯人がケガをし、人間の血液が現場から見つかったとしよう。科学捜査班によれば、容疑者の血液が現場の血液と一致する確率は0.85だという。前にやったように4分表をつくってみよう。まず、表の下の余白欄を埋める。容疑者が有罪の確率は50分の1で、これを事実の有罪の列に加える。そして無罪の確率は50分の49である。科学捜査室から、血液が一致する確率は0.85だと聞いているので、それを表の左上、すなわち、容疑者が有罪で血液が一致する場合のマス目に記入する。つまり、左下は、必然的に確率の和は1にならなければならないので0.15となる。そして血液が一致する確率が0.85であれば、もう1つの可能性もある。それは、容疑者以外の血液である確率が0.15あるという事実だ。もしそうなら、容疑者は無罪放免となる。0.15の確率は施設に出入りできる他の49人の誰かの血液と一致する可能性を示すので、表の右上のマス目には、49×0.15で算出した7.35を

入れる。右下のマス目に入れる数値は、49から7.35を引けば得られる。

事実

		有罪	無罪	
血液	一致	0.85	7.35	8.2
	不一致	0.15	41.65	41.8
		1	49	50

これで、判事と陪審員が判断する情報が算出された。

P(有罪 | 血液一致)= .85/8.2 = .10
P(無罪 | 血液一致) = 7.35/8.2 = .90

この証拠に基づくと、容疑者が無罪である確率は、有罪である確率の約9倍だ。最初は、有罪である確率が0.02として出発し、新しい情報によって、容疑者の有罪確率は5倍に増えた。だがそれでも、彼が無罪である確率のほうが高いのだ。

ただし、もし容疑者のコートに馬の毛が付着していたという新しい証拠が出てきて、その毛が薬を盛られた馬のものである確率が0.95だったら……と仮定してみよう。その場合、新しい表をつくって、そのベイズ確率を先ほどの表にまとめればよい。まず、表下の余白に、先ほど算出した数値、0.10と0.90を入れる。統計

---
* その毛が他の馬のものである確率は100分の5

専門家は「昨日の事後確率は今日の事前確率」と言ったりする。もしこれらを「10に1つ」「10に9つ」というように考えたほうがやりやすければ、整数で記入してもよい。

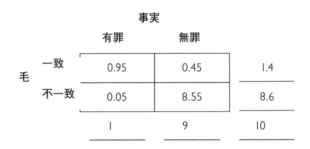

毛が一致する確率は0.95と科学捜査班から聞いている。それに1をかけて、表の左上のマス目に書き入れる。そして1からその数字を引いた数字を左下のマス目に入れる。容疑者に付着していた毛が、被害にあった馬の毛と一致する確率が0.95という意味は、それが別の動物の毛である、つまり容疑者が無罪になる確率は0.05だ。したがって、右上のマス目は、周辺合計9に0.05をかけた、0.45が入る。これで計算するとこのような確率が出る。

P(有罪 | 証拠) = 0.68　　P(証拠 | 有罪) = 0.95
P(無罪 | 証拠) = 0.32　　P(証拠 | 無罪) = 0.05

新たな証拠が出てきたために、証拠があって容疑者が有罪になる確率が、証拠があって無罪となる確率の倍となった。多くの弁護士や判事は、証拠をこのように整理する方法を知らない。しか

し、この方法がいかに有用かは、ご覧のとおりである。

P（有罪｜証拠）＝P（証拠｜有罪）であるという誤解は、あまりにも一般的なため、[171]*検察官の誤謬*とも呼ばれているのだ。

　ベイズの法則は、数式での表記も可能だ。4分表よりも数式を好む人のために、付録に記載している。

4つのケーススタディ

　科学は、確実性ではなく、確率だけを与えてくれる。明日に日が昇る、手にした磁石が鉄を引きつける、モノは光速より速く動けないというように、100％の確率で確かなものなど私たちは知らない。どれも起きる可能性は非常に高いが、科学は、今、人々に知られている既知の知識を前提に、得られる最高のベイズ的な結論のみを与えてくれるのだ。

　ベイズ推論では、すでに知られている世の中の状況を踏まえて確率を考えなければならない。それに欠かせないのが、本書で説明されている批判的思考の実践だ。批判的思考は、技術として教え、鍛え、磨けるのだ。特定の事例を厳密に検証する方法が基本だが、それは学んだ成果を新たな文脈に当てはめる応用練習になるからだ。これを学習理論家は*遠い学習転移*と呼ぶ。遠い学習転移は、知識をより強固にするための最も効果的な方法なのだ。

　誤った推論や虚偽情報は、実にさまざまなかたちで忍び寄ってくる。しかし人間の脳はそれを見破るようにはできていない。一歩身を引いて、慎重で体系的な推論の実行を、科学はいつでも求めている。ここで紹介するケーススタディは、実際に起きた複数の出来事、あるいはそれらの出来事を混ぜ合わせ、そしていくつかの話に仕立てたものだ。繰り返しになるが、人間は話が大好きなのである。エピソードや、それらが基本的概念に結びつく興味深さは記憶にとどまる。では、一緒に取り組む問題集として、これから語る物語について考えよう。

Part 3　世の中を評価する

スーパードッグのシャドウ、がんになる（本当にがんなのか？）

　わが家のポメラニアンとシェルティのミックス、シャドウは、2歳のときに保護施設から引き取ってきた。名前の由来は、家じゅうわれわれの後をついて回り、離れないからである。ペットを飼っている人にはよくある話だが、シャドウとわれわれは、生活リズムが同期していた。つまり、同じ時間に寝起きし、空腹になり、運動したくなるのだ。出張にもよく連れていったので、飛行機、列車、車にも慣れていた。

　それは、シャドウが13歳のときだった。排尿が困難になり、ある朝、尿に血が混じっていたのだ。獣医が超音波検査をすると、膀胱に腫瘍ができていた。それが悪性かどうかを調べるには、がん専門医の強く勧める2つの外科的方法があった。1つは、尿道から内視鏡を膀胱に挿入する膀胱鏡検査、もう1つは、病変部位の組織を採取して顕微鏡で調べる針生検だ。かかりつけ獣医は、シャドウの年齢では全身麻酔にはリスクが伴うので、これには気をつけるべきだと注意をうながした。がん専門医は、もし腫瘍が悪性のがんであるとわかった時点で、手術と化学療法を勧めるだろう。このまま何の検査もしなくても、おそらくTCC（移行上皮がん）という種類の膀胱がんであると、両方の医師がほぼ確信していた。この診断を受けた犬の余命は、平均6カ月である。

　シャドウの目を見ると、妻と私は、やるせなくたまらない気持ちになった。シャドウが痛みを感じているのかどうかはわからなかったが、感じているとしたら、治療と病気そのものからくる苦痛は、あとどのくらいひどくなるのだろう？　シャドウの治療に

関する選択は、完全にわれわれに委ねられていた。その意味で、この決断はとても感情的につらいものとなった。だが、合理性を完全に捨てたわけではなかった。たとえ意思決定のプロセスがつらくても、批判的にじっくりと考えるのだ。たとえあなたの犬がそうなっても。

　こうした状況、つまり、2人の医師、2つの異なる意見、たくさんの疑問のはざまで揺れ動くというのは、人間でもペットでも、医療経験としてかなり典型的なシナリオである。手術はどれほどのリスクを伴うのか？　生検のリスクは？　もし手術を受けさせた場合、そして受けさせなかった場合、シャドウはあとどのくらい長く生きられるのだろうか？

　針生検では、細い針を使って組織の標本が採取され、それが病理医に送られ、悪性か否かの可能性が報告される。病理学では、大半の科学分野と同じく、確実性ではなく、標本にがん細胞が含まれている可能性と確率のみを扱う。その確率を、その臓器の標本以外の部位にがん細胞が含まれている確率として当てはめるのだ。病理学で確実性を求めるのは無理なのである。針生検のリスクについて質問する患者やペットの飼い主はほとんどいない。人間の針生検ならば、リスクについての統計指標がよく知られているが、獣医学では、そうした統計はきちんと取られていない。針生検によって、命にかかわる感染症にかかる確率が5％、そしてもし腫瘍が悪性だった場合には生検の針を抜く際にがん細胞が腹部にこぼれ落ちがんが広がる確率が10％あるというのが、かかりつけの獣医による推定だった。また、針生検でその傷跡として瘢痕(はんこん)組織が形成されるので、後で手術をする場合、手術がより困難になるリスクもあるという。そして、この検査に必要な麻酔で

Part 3　世の中を評価する

シャドウが死んでしまう可能性もある。つまり、診断のための検査によって病状が悪化するかもしれないのだ。かかりつけ医は、6つの選択肢を提示した。

1. より確実な診断を得るために、腹壁から針生検を行う。
2. 診断的カテーテル検査、つまりカテーテルを使って、腫瘍の一部を傷つけ、細胞を採取し調べる。
3. 膀胱鏡検査の内視鏡を使って、腫瘍の良質な画像を撮りながら行う生検(尿道から)。
4. 今すぐ大手術をして、腫瘍を直接確認し、可能であれば切除する。問題は、膀胱がんの大半のケースにおいて、すべてのがん細胞が取りきれず、残ったがん細胞が急激に増殖し、12カ月以内に再発するという事実である。
5. 何もしない。
6. 膀胱がんである確率はかなり高いので、どのみち長くは生きられないという事実を認め、今すぐシャドウを安楽死させる。

もしがんだったら、どのような治療選択肢があるのか、もし違ったら、どんな治療になるのかを聞いた。その先のステップを考えずに、目前の検査や処置ばかりに注目する患者が多すぎる。

腫瘍が悪性だった場合、最も心配なのは、腎臓から膀胱に尿を送る管か、膀胱から芝生やお気に入りの消火栓に尿を送り出す管が、大きくなった腫瘍でふさがれてしまう事態だ。そうなったら、シャドウはひどい痛みに苦しみ、1日以内に死ぬかもしれない。そこまでいかなくとも、腫れのせいで一時的な閉塞が起こる

可能性もある。体の中の膀胱の位置やエコーの角度のせいで、それらの管（尿管と尿道）と腫瘍がどのくらい近いのかがはっきりわからないのだ。

では、先ほど挙げた6つの選択肢のどれかを選ぶとしたら、どれにすべきなのか？　まず2つを除外した。シャドウの安楽死と、放置だ。がん専門医が手術を勧めていたのを思い出してほしい。それは、このようなケースでは、手術が彼らのゴールドスタンダード、すなわち慣例だからだ。いくつかの統計指標が知りたいとたずねたら、彼女は、調べて後で返事をすると答え、その後で、手術が失敗してシャドウがすぐに死んでしまう確率が20％と回答してきた。そのため、われわれは大手術も除外した。なぜなら、腫瘍ががんかどうかもわからないからだ。

残った各シナリオの余命に関する統計指標も欲しいと言った。だが残念ながら、獣医界では、そうした統計は取られていないのが現状で、あったとしても余命は短めに出ている。なぜなら、多くの飼い主が安楽死を選んでいるからだ。ペットの生活の質、または飼い主の生活の質を心配し、病状が進む前に安楽死を選ぶ飼い主が多いからである。TCCの犬は、よく失禁をする。シャドウは以前から、家のあちこちで自らの意思ではどうにもならないアクシデントを起こしていた。まだ確定的な診断は得ていなかったが、存在するわずかな統計指標に基づくと、シャドウの余命は、*治療をしてもしなくても*、あと3カ月ほどらしい。何もしなくても3カ月、化学療法を施しても3カ月、手術をしても3カ月。なぜそうなるのだろう？　調べてみると、10年前なら、獣医が、TCCの診断と同時に安楽死を勧めていたそうだ。慢性的な失禁の兆候と同時に、飼い主たちは愛犬を安楽死させていたのだ。

犬ががんに殺される前に安楽死させるのが一般的で、それが統計指標の信頼性を下げていたのである。

そこで、われわれは、「移行上皮がん」と「犬」あるいは「イヌ科」というキーワードで、自ら調査してみた。それで、ピロキシカムという非ステロイド系抗炎症剤を投与するだけでシャドウが治る確率が、30％あるとわかったのだ。ピロキシカム自体にも、胃炎、嘔吐、食欲不振、腎臓・肝臓障害という副作用はある。獣医に相談すると、彼女も、どの選択肢を選ぶにせよ、ピロキシカムの投与を始めるべきだと同意した。

また、国内屈指の動物病院をもっているパデュー大学のウェブサイトでこのような生存統計が見つかった

1. 大手術後の生存期間中央値＝109日
2. 化学療法後の生存期間中央値＝130日
3. ピロキシカム投与後の生存期間中央値＝195日

ただしどの結果も、個体による生存期間のばらつきが非常に大きいのだ。数日後に死んでしまった犬もいれば、2年以上にわたり生きた犬もいる。

最も合理的な選択肢と決めたのは、シャドウに、他の選択肢に比べて副作用が小さいピロキシカムの投与と、医師に腫瘍をもっとよく診てもらうための膀胱鏡検査、そしてさらなる情報を得るための生検を行うことだった。そのためには軽い麻酔が必要だったが、短時間だから大丈夫だろうと、医師たちは確信していた。

2週間後の膀胱鏡検査で、腫瘍が、実は、尿管と尿道の入り口に非常に近い場所にあるのだとわかった。距離が近すぎて、もし

腫瘍が悪性だったとしても、手術で取りきれないような場所だった。生検では、結局採取した標本が足りなくて、腫瘍の組織が悪性か否かを病理医が判断できなかった。これだけ大騒ぎをした挙句、結局診断がつかなかったのだ。それでも先に挙げた統計によれば、もしシャドウが、ピロキシカムが効く30％の犬に入っていれば、この薬が最長の余命をもたらしてくれるだろう。そして、手術や化学療法の苦痛を味あわせずに済み、家で最期の時間を共に過ごせるのだ。

ペットの場合でも人間の場合でも、ある療法を受けても、統計によると余命が延びないケースは多い。高リスク集団に属していないのにスタチンを服用、進行が速いタイプの前立腺がんではないのに手術で前立腺を切除、といった療法を行っても、余命はほとんど延びない。ピンとこないかもしれないが、事実である。すべての療法が実際に効くとはかぎらないのだ。シャドウは手術を受けないほうがよいのは明確だったし、化学療法が統計的な余命を延ばす可能性はなかっただろう。失敗して死んでしまう20％の確率を避けたほうがよいのだ。

シャドウはピロキシカムに非常によく反応し、3日足らずで、元気でご機嫌で幸せな元の犬に戻った。1週間が経った頃には、排尿障害もなくなった。たまに少量の血が尿に混じっていたが、針生検の後にはよく見られるそうだ。TCCかどうかは結局確認できなかったが、最初にその疑いがもたれた161日後、シャドウは腎不全を発症した。がん専門のクリニックに入院させたが、医師たちは、腎不全がTCCに関連しているのか、なぜそのタイミングで起きたのかわからないと言う。一般的な腎臓障害の薬を処

方され、何十もの検査をされたが、何が起きているのかわからないままだった。シャドウはどんどん苦しそうになり、食べられなくなった。痛み止めの点滴をし、2日後に、試しに数分間外してみると、明らかに痛がっている様子だった。われわれは、以前かかっていた医師たちとそのクリニックの医師たちに、今の状況とこれまでの進行、症状を注意深く説明すると、全員が、安楽死させるときだという意見で一致した。シャドウとわれわれは、化学療法を受けた平均的な患者より1カ月も長く一緒にいられたのだ。またそれは、病院も、カテーテルも、点滴も、メスも回避しての1カ月間だった。

　検査の合間に毎日シャドウに会いに行っていたので、がんクリニックのスタッフたちとはすっかり顔なじみになっていた。そのがんクリニックに行き、安楽死の手配をした。痛がっていたので、もう1日、2日早くしてやればよかったかとも思った。大きな存在が急に消えてなくなるのを目の当たりにするのはとてもつらかった。せめてもの救いは、シャドウの治療について、自分たちがすべての可能性を考慮したという事実、そしてシャドウに、できるかぎりのよい、長い生涯を送らせてやれたという自覚だった。誰かを病気で亡くしたとき、遺された人びとにとって最もつらいのは、自分たちの選択への後悔の念ではないかと思う。われわれは、自らの判断を悔いる必要もなく、シャドウに別れを告げられた。批判的思考、ベイズ推論に従ったおかげである。

ニール・アームストロングとバズ・オルドリンは役者だったのか？

　月面着陸否定説を信じる者たちは、多くの矛盾点と疑問点を指摘する。「地球と月の間の通信なら、その距離からして２秒以上の遅れがあるはずだ」「写真の画質がありえないくらい高い」「どの写真も空に星が１つもない」「月には空気がないのに、写真の米国旗は、空中にはためいているかのように、波打っている？」。極めつけに、航空宇宙業界に勤めていたビル・ケイシングという人物が、月面着率が成功する可能性は0.0017％と書いた本を出した。こうした主張はもっとたくさんある。カウンターナレッジが流布し続ける原因は、まるでモグラたたきのように、次々に浮上する疑問の数の多さだ。真実でない話を人びとに信じさせようと思ったら、次から次へと疑問を投じ、人びとがその内容に、いちいち説明などを求めないくらい感じ入り、魅入られてしまうよう願うだけで、非常に高い効果があるようだ。だが、たとえ解明されていない疑問が1000点あったとしても、ある事柄が起こらなかったとは断言できない。それは、捜査や調査に携わる人なら誰でも知っているはずだ。月面着陸否定説のためにつくられたウェブサイトには、証拠が挙げられているわけでもないし、月面着陸に対する反証論文が掲載されているわけでもない。

　月面着陸の場合、先に挙げた疑問、そして他の主張は容易に反証可能だ。オリジナル映像では、地球と月での通信は、たしかに２秒ほどの時間差がある。しかし、ドキュメンタリー映画やニュース報道では、視聴者を引きつけるために、時間差が編集され

＊　この精度に注目！

ているのだ。[172]写真が高画質なのは、宇宙飛行士たちが高解像度のハッセルブラッド・カメラと高解像度の70ミリフィルムを使用したからである。月の空に星がないのは、画像の大半が月の昼間の時間に撮られたからである。そうでなければ、宇宙飛行士の姿が写らない。国旗は、はためいてはいない。NASAは、空気のない月では旗が垂れ下がってしまうのがわかっていたので、上辺をTバーで支えた旗を用意していた。「波打っている」ように見えるのは、保管しているあいだについた生地の折り目である。風が吹かず、旗がたなびかないからこそ、折り目がついたままなのだ。旗が波打っているという主張は、静止画に基づいたものだが、動画のほうを見ると、旗はたなびいておらず静止している。

　では、航空宇宙業界の人物による、月面着陸はほぼ不可能という説明はどうだろうか？　まず、その「航空宇宙業界の人物」とは、工学も科学も専門ではない。英語の学士号を取得し、たまたまロケットダイン社に勤めていた。彼の推定の情報源は、どうやらロケットダインの1950年代の報告書らしい。当時はまだ宇宙技術の黎明期である。アポロ計画に関する不明点、たとえばなぜテレメトリーによって送信されたデータの原本の一部が行方不明になっているのか？　などがまだ残るが、証拠の重みが圧倒的に月面着陸が事実だと示している。確実ではないが、可能性はかぎりなく高い。いい加減な方法で推定された確率を使って、過去の出来事がなかったと主張するつもりなら、同様に、[173]地球上に生命が誕生する確率は何十億分の1だったという確率を使って、人間は本当には存在しないのだと結論づけられてしまう。よくあるカウンターナレッジと同じで、ここでも、確率という科学用語が、言葉の品位を損なうようなかたちで使われている。

ステージの上(そして箱の中の)統計

デビッド・ブレインは、有名なマジシャン兼イリュージョニストである。彼はまた、いくつかの記録的な耐久技を達成したと主張し、少なくとも1つはギネスブックの認定を受けている。批判的思考をする人にとって気になるのは、彼が実際に耐久技をやったのか、それとも巧妙なイリュージョンを使ったのか? という点だ。もちろん、腕利きのマジシャンである彼にとって、耐久技を実践したかのように見せかけるのは簡単だろう。

彼は、[174]1000万人に視聴されたTEDトークで、水中で17分間にわたり息を止めたと主張し、そのためにどのようなトレーニングを積んだかを語った。その他にも、1週間にわたり氷のブロックの部屋にこもる、ガラスの箱の中での44日間の絶食、棺に入っての1週間の生き埋め、といったものがある。こうした主張は本当なのか? そもそも妥当だろうか? 別の説明、すなわち代替説明は存在するのだろうか?

動画の中のブレインは、いたって地に足の着いた態度だ。早口でしゃべってもいないし、とくに言葉巧みという感じでもない。話し方がぎこちないので、何をどう話すか計算しているとはとうてい思えないだけに、信ぴょう性がある。だが忘れてならないのは、プロのマジシャンのしゃべりは、通常、すべて計算、計画されているのだ。一挙手一投足、たとえ自然に頭を掻くようなしぐさでも、実は入念に練習を重ねている。彼らの見せるイリュージョン、マジックの技が成り立つのは、観客の注意を別のものにそらし、自然な動作と不自然な動作の分別をつけられなくする技に、マジシャンが長けているからなのだ。

では、彼の耐久技に、批判的思考をどう適用すればよいのだろうか？　情報源の階層を質で考えるなら、彼がTEDトークを行ったという事実と、TEDトークは事実確認と企画が綿密になされているという事実に注目すべきだ。だが本当にそうだろうか？　それが実は、[175]TEDのブランドを冠したイベントが5000以上も存在する。そのうち、チェックが厳しいのはTEDとTEDGlobalの２つだけなのだ。ブレインの動画は、彼がTEDMEDで行った講演である。TEDMEDは、TEDファンとボランティアによって運営される4998以上のカンファレンスの１つで、TEDの組織による審査はない。だから内容が嘘だ、とは言えないが、内容の真偽を判断するのに、TEDの評判と権威に頼るべきではないのだ。TMZドットコムが報じたマイケル・ジャクソンの死を思い出してほしい。信頼性が低めの情報源でも、正しい報道をする場合もある。いや、たくさんあるかもしれない。しかし確信はできない。

　水中での息止めの耐久技を吟味する前に、ブレインの他の２〜３件の主張について詳しく検討してみよう。まず、[176]FOXテレビが、彼の氷の部屋ごもりがインチキであると報じている。氷の部屋には落とし戸があり、そこから下の温かく心地よい部屋に抜けられるようになっていて、身代わりが氷の中にいたとFOXは報じている。このようなトリックが見破られないのはどういうわけだろう？　マジシャンの修練の多くを占めるのは、観客に、少々おやっと思うような出来事も受け入れさせる技である。なんらかの仕掛けを示唆するヒントがいくつかある。まず、彼がマスクをしているのはなぜだろう？　ショーの演出だとか、あるいは強く見せるため、などと思うかもしれない。だが本当は、身代わりとの見分けがつかないようにするためではないだろうか。な

ぜ彼らは、定期的に氷に水を吹きかける必要があったのだろう？ブレインは、氷が溶けるのを防ぐためと言っているが、氷の中がはっきり見えない短い隙に、身代わりと交代したのではないだろうか。彼が身に着けていた、心拍数や、体温などを表示する生理学的モニタリング装置は、本物なのか？　装置が実際に彼の体につながっていると誰が言っただろう？　本当はつながっておらず、表示された情報はコンピュータから送られたものかもしれない。

　もしブレインが氷の部屋ごもりについて、本当は奇術のトリックなのに耐久技だと嘘をついているのであれば、他の耐久技についてだって、嘘をつかない手はない。大勢の観客を動員するパフォーマーとして、耐久技を毎回成功させたいはずだ。耐久の限界にチャレンジするより、イリュージョンやトリックを使ったほうが確実だし、安全だ。だが、仮にこの技にトリックが使われていたとしても、これを嘘と呼ぶのは少々手厳しいかもしれない。所詮ショーではないか。マジシャンが見えざる力に頼っていると信じる者などいない。死ぬほど練習し、観客の目を欺いているのは、皆わかっている。だから、別によいのではないだろうか？　たしかにそうかもしれないが、有名なマジシャンの大半は、問いただされれば白状し、パフォーマンスが黒魔術ではなく、周到に準備されたイリュージョンだと認めるのだ。たとえばグレン・ファルケンシュタインは、史上屈指のマインドリーディングのパフォーマンスをしていた。しかし毎回ショーの最後に、本当にマインドリーディングを行っていたわけではないとひと言告げていた。なぜだろうか？　[177]倫理的な観点からである。この世は真実でない事柄を信じてしまう人、多くの荒唐無稽な事柄を信じてしまう人であふれているからだと彼は言った。因果関係を理解できていな

い何百万もの人が、霊能者や、占星術師、ギャンブル、有効性の実証されていない「代替」療法にお金と労力を浪費している。ファルケンシュタインは、人びとが不正確な情報にだまされなくなるためにも、このようなエンタテイメントのからくりを正直に話すのが重要だと言った。

　ブレインのもう1つの技は、手に針を通貫させるというものだ。これはイリュージョンか、本当にやったのか？　動画では、たしかに本当にやっているように見える。しかし、もちろんそれがマジックというものではないだろうか。You Tube（ユーチューブ）で検索すれば、特別な道具を使ったタネ明かしの動画が見られる。では、ガラスの箱で44日間は？　実は、[178]これについて書かれた査読論文が『ニューイングランド・ジャーナル・オブ・メディシン』に掲載されている。情報源の質という意味においては、これ以上のものはないだろう。しかし、詳しく検証すると、論文を執筆した医師たちは、絶食後のブレインを診察しただけで、絶食前と最中にはしていない。したがって、彼らは、ブレインが実際に絶食をしたかどうかを第3者的に検証する立場ではない。査読の際に、この疑問は浮上しなかったのだろうか？　[179]同ジャーナルの現在の編集長は、事務所にあるアーカイブを検索してくれたが、この論文が掲載されたのは、私の問い合わせの10年前だったので、すでに記録は抹消されていた。[180]論文の筆頭著者は、私の問い合わせに対し、Eメールで回答してくれた。事後測定したホルモンに基づけば、ブレインは実際に絶食していたと思う。しかし、こっそり食べものを食べていた可能性もあり、それについてはコメントできないと言う。彼女は、ブレインの[181]絶食中も測定を行った同僚によって書かれた論文が、別の査読誌に掲載され

ていると教えてくれた。その論文には、デビッド・ブレインという名前が載っていないため、PubMedやグーグル・スカラーなどの検索には引っかからなかったのだ。以下は、『ニュートリション』という専門誌に掲載されていたその論文の一部である。

絶食開始直前のDB（デビッド・ブレイン）の外見は筋肉質で、それは、以下に示す体格指数、身体組成値、上腕筋囲と一致するものだった。2003年９月６日土曜日の晩、ロンドンのタワーブリッジ近くで、DBは、寸法2.1×2.1×0.9メートルの、透明のパースペックス製の箱に入った。この箱はその後44日間にわたり空中に吊るされていた。中の様子は、１人の調査者（監察医、オフィスまたは自宅で）によって、継続的に映像を監視でき、DBの臨床状態と身体活動の評価が可能だった。30歳のDBは、事前の食事で体重を推定６〜７キロ（未確認）増やしていた。また、箱に入るまでの数日間、総合ビタミンも摂っていた。彼は日がたつにつれ、活力を失い、不活発になっていった。約２週間がたった頃から、急に立つとめまいと立ちくらみを感じるようになり、「目の前が真っ暗になる」ような一時的な視覚障害も生じた。また、四肢と上半身の一過性の刺すような痛み、腹部の違和感、吐き気、不整脈なども生じ……箱に入って５日目に少量の鼻血を出し、それは後にも何度か起きた。それ以外に出血の兆候や症状は見られなかった。また、絶食の前にも後にも、浮腫は見られなかった。さらに、ビタミンＢ１欠乏症の兆候も見られなかった。DBは、最初は筋肉質に見えたが、箱から出てきたときは、目に見えて痩せていた。絶食開始直前の臥位血

圧は140/90 mmHg、立位血圧は130/80 mmHg。絶食後は、臥位血圧109/74 mmHg（脈拍数89／分）、立位血圧109/65 mmHg（脈拍数119／分）であった。

この報告を見ると、彼が実際に絶食をしたように思える。懐疑的な人は、痛みや吐き気などを訴えたのはパフォーマンスだとして、信じないかもしれないが、不整脈や減量を装うのは無理だ。

しかし、ブレインがTEDMEDで行った講演は、『オプラ・ウィンフリー・ショー』のテレビカメラの前で見せた息止めについてだ。講演は講演で、科学・医学用語を多用し、これは、単なるトリックではなく、医学に基づいた耐久デモンストレーションなのだという印象をつくり出していた。ブレインは、調査についてこんなふうに説明している。

「ぼくは一流の神経科医に聞いて回ったのです。どれだけ長く……まず6分を超えたら低酸素性脳障害の深刻なリスク……パーフルブロン」。ブレインはさらに、液体呼吸、赤血球数を増やすための低酸素テント、純酸素といった言葉を出し、そこまでで15分ほどを費やしている。彼はまた、息止めの時間を17分に徐々に伸ばすためのトレーニングメニューについて詳しく説明している。そこでも「血液シャント」「虚血」などという用語をやたらと使っている。ブレインは、本当に息を止めていたのだろうか？　医学用語は真剣に多用しているのか、それとも、われわれを圧倒し、よくわかっていると思わせるために科学用語をまくし立てているだけなのか？

ではいつものように、妥当性チェックから始めよう。これまでに息を長く止めようとした経験がある人は、おそらく30秒か、う

まくいっても1分程度しか続かなかったのではないだろうか？ 少し調べてみると、真珠を採るプロの潜水士は日常的に7分ほど息を止める能力があるとわかっている。ブレインの*前*の世界記録は、17分をわずかに切っている。だが、このトピックをさらに調べていくと、息止めの競技には2種類あるのだとわかる。昔市民プールで兄弟で競ったように、昔から皆がやっている普通の息止め競争と、*補助*つきの息止めだ。補助とは、競技の前に30分間、100％の純酸素の吸引が参加者に認められている方法だ。それなら現実味がある。ただ、補助があったとしても、一般的にはどれだけ息を止めていられるのだろう？　純酸素とは、数分と17分のギャップを埋めるような代物なのだろうか？　このへんで、エキスパートの意見が聞いてみたくなる。肺活量や呼吸反射についての知識をもつ呼吸器科医と脳に酸素が送り込まれない状態で脳がどのくらいもつのかの知識をもつ神経科医に聞いた。

　質問した2人の呼吸器科医は、双方とも、ブレインが動画で説明しているようなトレーニングメニューに言及し、こうした「手段」を使えば、17分間の閉息は可能だと考えた。実際、[182]ブレインの記録は、2012年に、もちろん純酸素吸入の後に20分10秒の間息を止めたスティグ・セヴェリンセンによって破られている。彼はその1カ月後、自己記録を更新する22分を達成した。呼吸器の専門医でマギル医科大学の学部長、デビッド・エイデルマン医師はこう答えてくれた。「たしかに信じ難いです。しかし、事前に酸素吸入や絶食をし、水中ではヨガのようなテクニックを使って代謝率を下げれば、可能かと思われます。疑念をもっていないわけではありませんが、私には不可能だと証明できそうもありません」

カリフォルニア大学デービス校の呼吸器専門家、チャールズ・フラー医師は、こうつけ加える。「この技は、生理学的に可能であり、ブレインの主張の真実性を示す十分な根拠があります。ブレインがマジシャンであるという但し書きが存在するので、17分の閉息には別の成功要因があるかもしれません。しかし、この技が達成可能だという生理学的証拠もまた十分にあるのです。息止めの世界には、『酸素供給スタティック・アプネア（静止閉息）』という正式競技名の記録を競い合っている人びとがいます。この競技は、ギネスワールドレコーズが直接スポンサーをしているイベントなので、スポーツダイバーたちからは公平でないと思われています。30分間100％の純酸素を吸いながら、体内の二酸化炭素を吐き出すハイパーベンチレーションをしてから、閉息時間を計ります。さらにこの競技は通常、代謝に必要な酸素量が少なくてすむ温かいプールで、水面に顔をつけるかたちで行われ、これによって潜水反射が起こります。これで代謝の必要酸素量がさらに低下します。つまり、彼が使っている"手段"はすべて、人間の意識的な息止め能力を増大させるものなのです。何より重要なのは、ブレインの前の、マジシャンでなくアスリートの記録保持者のタイムが、17分間をわずかに切るものであり、ブレインの記録もその後破られ、現在の最高記録は20分以上だという点です。以上が、この技が主張どおり、実際に行われたという根拠です」

　ここまでは、ブレインの話は妥当なようであり、発言内容もすべて適切である。では、脳障害はどうなのだろう？　脳障害は、ブレイン自身が挙げている問題だ。たとえ3分でも脳が酸欠状態になれば、取り返しのつかない損傷が及び、脳死も起こりかねな

いという話を聞いた経験があると思う。17分間も息をしないで、どのように脳死を防ぐのだろう？ それは神経科医にうってつけの質問である。

スコット・グラフトン医師はこう説明する。「酸素は、ずっと血液中にとどまるわけではありません。油と水を想像してください。酸素は、すぐさま血液の液体部分を離れて拡散し、別の物質に結合する必要があるのです。血液は、赤血球を運びます。各赤血球には、ヘモグロビン（Hgb）という物質が多く含まれています。ヘモグロビン1分子は、酸素4分子との結合が可能です。赤血球が肺を通るたびに、Hgb分子に結合した酸素分子が増えます。吸った空気の酸素濃度が高いほど、Hgb分子に結合する酸素分子が増えるのです。ならば酸素濃度を上げて、100％濃度の酸素を30分間吸引し、酸素飽和度をできるだけ100％に近づけよう！というわけです」

「赤血球が脳を通過するたびに、酸素分子がヘモグロビン分子から離れ、細胞膜を通って脳組織に拡散され、別の分子と結合して酸素代謝で使われます。酸素分子がヘモグロビン分子から離れて拡散する確率は、細胞膜の向こう側の酸素濃度の相対的差異の関数なのです」

つまり、脳が酸素を必要としているほど、ヘモグロビンから酸素が離れやすくなるのだ。息止めの競技者は、30分間にわたる純酸素吸入により、脳と血中の酸素量を最大化しているのだ。いったん息を止めたら、脳の酸素濃度は時間とともに低下するが、息止めの競技者は、ヘモグロビンに残った酸素を効率的に引き離して、脳に酸素を送り込めるのだ。

* 訳注：酸素と結合しているヘモグロビンの割合

グラフトン医師は続ける。「肺を通過するすべてのヘモグロビン分子に酸素が結合するわけではなく、運搬先の各組織を通過するすべてのヘモグロビン分子が酸素を解離するわけでもありません。すべての酸素が離れるまで、かなりの段階を要するのです。酸素欠乏になるとすぐに脳死が起こるといわれますが、それは通常、心臓発作で脳に血液が流れ込まなくなった状態を指します。ポンプが止まり、赤血球が酸素を供給できなくなれば、まもなく脳組織が壊死します。潜水している人の場合、脳損傷と心不全のどちらが先に起こるかというような状態です」。

　「重要なのは、筋肉を休息させる必要性です。筋肉にはミオグロビンが多く含まれています。ミオグロビンは、酸素との結合力がヘモグロビンの4倍も強いのです。つまり筋肉を使っていると、全体的な酸素の減り方が加速するので、筋肉の酸素必要量を低く保たなければなりません」。先ほどフラー医師が言った、スタティック・アプネアのアプネア（*静止*）とはこのことである。

　というわけで、医学的観点からは、デビッド・ブレインの主張は妥当だと思われる。この話はこれで終わりと言いたいところだが、1つ気になる点がある。テキサス州の地方紙[183]『ダラス・オブザーバー』のある記事が、ブレインの息止めはトリックであり、イリュージョンの達人である彼は、巧妙に仕込まれた呼吸チューブを使っていると主張しているのだ。このような内容を取り上げた主要メディアは他にはない。だからといって『ダラス・オブザーバー』紙は間違っているとは、もちろん断言できない。しかしなぜ、この新聞だけが、そんなふうに報じているのだろう？　あるマジシャンがトリックを披露し、それをトリックではないと主張しているなどというのは、大きなニュースにはならないからだ

ろうか。

　『ダラス・オブザーバー』の記事を受け、著名ジャーナリストのジョン・ティアニーが、ブレインの[184]息止めの準備について『ニューヨーク・タイムズ』紙に寄稿するためにグランドケイマン島に行った。また[185]「オプラ・ウィンフリー・ショー」での本番の様子について、自らのブログに書いた。ティアニーは、テレビで水槽の横にあった心拍数モニターをつぶさに観察しているが、氷の部屋のデモンストレーションのときと同様、このモニターが本当にブレインにつながっているのか証明するものはなく、見ている者に、厳しい状況であったと思わせるためのただの演出である可能性もある。それはマジシャンならごく普通に行う習慣である。見学者のティアニーも、トレーニングにかかわっていた医師も、グランドケイマンでのリハーサル中、ブレインをどの程度よ

く見ていたのかについては、言及していない。仕掛けなどないというブレインの言葉を単に信用した可能性もある。もしかすると、そのトレーニングの本当の目的は、この2人をだませれば、テレビの視聴者もだませるだろうというブレインの意図かもしれない。[186]ティアニーはこう書いている。「私とともにプールサイドで見学していたのは、スタティック・アプネア（静止閉息）のエキスパートであるフリーダイバー数人だ。息止めを研究し、フリーダイビングのアメリカ代表チームの顧問医師を務める呼吸器科医のラルフ・ポットキン医師が、ブレインの体に電極を貼り付ける。16分間にわたり潜水しているあいだの、心臓、血液、呼吸を測定するためだ。ブレインは、16分間にわたって頭を水中に沈めていた」。

「私はこれまでずっと、インチキに対して懐疑的だった。かつて、ジェームズ・ランディについての長い記事を書いているし、彼がデトロイトで、ピーター・ポポフという伝道師のイカサマを暴いたときも同行した。そんな私でも、ブレインの技には、疑いをはさむ余地はない。彼が私の目の前で見せた息止めは、われわれが滞在していたホテルの、ごく普通のプールの浅い部分で、息止めのエキスパートたちが1〜2メートルの距離で終始見守るなかで行われた。ブレインの鼻と口は、数センチの深さとはいえ、きちんと水の中に入っており、終始はっきりと見えていた。この状況で、どうやって誰にも気づかれず、泡も出さずに呼吸チューブを使えるのか、教えてほしい。マジシャンは、動作やしゃべりで人の注意をそらし、目をごまかす。しかし、スタティック・アプネアで状況が異なり、体内の酸素を保全するために、少しも動いてはならないのだ。デビッドは、まさにそれをやってのけた。その

技は驚くほどの違いをもたらすのだ。私とフォトグラファーは、デビッドのトレーナーたちからミニレッスンを受けたのだが、自らの上達ぶりに驚いてしまった。私は３分41秒、フォトグラファーはなんとそれより長く続いたのだ」

つまるところ『ダラス・オブザーバー』はインチキだと言い、『ニューヨーク・タイムズ』の記者はそうではないと言っているのだ。では、プロのマジシャンはどう思うのか？　４人に聞いてみた。１人はこう言った。「トリックに間違いありません。彼の多くのデモンストレーションで、撮影トリックと（ある）凝った仕掛けが使われているのは、少なくともマジックの業界では知られています。水中で、泡を出さずに酸素を吸って二酸化炭素を吐き出せる呼吸チューブを仕込むくらい、彼にとっては朝飯前でしょう。練習をすれば、ずっとではなく、１〜２分息を止めては、チューブで呼吸するという技術も身につくはずです。また、別の撮影トリックも考えられます。彼は水になんて入っていないのかもしれません！　投影、すなわちプロジェクター合成なら、水に入っているように見せられます」

２人目のマジシャンは、10年前にブレインと仕事をしていて、こう述べている。「彼のヒーローは、スタントで有名なフーディーニです。フーディーニは、1920年代によく行われていたポールシッティングなどをやって名を馳せました。それらにはたしかに耐久力も必要でしたが、多少のインチキも行われていました。見た目ほど難しくないのだが、実際にやる人などめったにいない、というたぐいのものです。ただ、ブレインの氷部屋ごもりのトリックは、インチキもなにも単なるイグルー効果、つまり、あの中はそんなに寒くはないのです。すごいことをやっているように見

えるだけです。もし、冷凍室の中に居続けたのなら話は別ですが」

「17分間の息止めについては、血液を超酸素化できれば、できるのではないでしょうか。彼が実際に肉体トレーニングを積み、驚異的な技を見せるのは知っています。しかし、息止めには、きっと、なんらかのトリックも使っているはずです。たしかに息も止めているでしょうが、ずっとではないと思います。やっているように見せかけるのは簡単です。おそらく、呼吸チューブなどの小道具を使っているでしょう」

「彼がテレビでやっているマジックは、重要なところで編集されている点に注目してください。視聴者は、それが事実情報で、すべてを見ているような気になっています。そもそも私たちの脳は、そうやって現実を構成しているのです。でもマジシャンである私は、編集された箇所に気づき、カットされた部分で何が起きていたのだろうと考えるわけです」

3人目のマジシャンはこうつけ加える。「イリュージョニストとして小道具を使ってできるなら、なぜわざわざトレーニングなどするのでしょうか？　小道具を使ったほうが、より確実で、何度も再現可能なパフォーマンスができます。そして痛みだとか、めまいだとか、混乱が生じた演技をして、肉体の限界に挑戦したふりをすればいいのです。エンタテイナーなら、成功のために賭けをするのは避けたいはずです。失うものが大きすぎます」

デビッド・ブレインが呼吸チューブを使っているのを誰も見ていないという事実は、実際に使わなかった証拠とはならない。なぜなら、人の目を欺いて、事実でないものを見ているつもりにさせることこそが、イリュージョニストの*仕事*だからだ。個人的に、

一対一でかけられるイリュージョンは、なお一層不思議だ。私は、部屋の向こうで目隠しをしていたマジシャンのグレン・ファルケンシュタインに、財布の中の1ドル札のシリアルナンバーを読み上げられた経験がある。またマジシャンのトム・ニクソンは、私の手にダイヤのトランプ7枚をもたせ、私にもカードにも一切触れなかったが、数分後にそれらすべてがまったく違うカードに変わっていた。どこかの時点でカードを取り替えているのだろうが、5回繰り返してもらっても、他の人にやるのを見ていても、いまだにいつ替えたのかわからないのだ。これこそがマジシャンの才能であり、エンタテイメントだ。私は、ファルケンシュタインやニクソンが超能力をもっているなどとは、寸分も考えてはいない。エンタテイメントだとわかっているし、向こうもそうだと言ってやっている。

　私が意見を聞いた4人目のマジシャンは、先ほど私が言及した、またジョン・ティアニーも言及した、プロの懐疑主義者ジェームズ・ランディである。彼は、自らが、イリュージョンとマジックのトリックを巧みに使いこなせる能力を利用し、世で有名な超常現象を再現して見せている。そんな彼が、Eメールでこのように回答してくれた。

> 私は、デビッド・ブレインが最初にテレビに出てきて行ったスタントを覚えています。そして、私のほうからわざわざ連絡をとって、友好的な警告をしました。私の奇術師としての意見だが、君は、体を壊す危険を冒していると言ったのです。そして彼とは、その件について友好的な文通を交わしていたのですが、ある日突然、彼が新しくマネジメント業務を

任すようになった事務所から、私との文通をやめるよう指示され、メールアドレスも変更されてしまったと告げられました。私は、もちろんその決定を受け入れ、ブレイン氏が私の善意のアドバイスを聞き入れるよう願うばかりでした。その後、デビッド・ブレインとは連絡を取り合っていません。彼のTEDでの賢明ではない発言には危惧を抱いています。しかし、彼の主張に（私の意見では）まずい方向性を与えたのは彼の事務所の方針だというのは理解しているつもりですし、彼の秘密は守らなければなりません。彼は、私との関係を断つという事務所の方針にも従っています。その方針は、おそらく私から彼への、正直であれというアドバイスを危惧してのことでしょう。でも正直な姿勢は、もちろん、かぎりなく重要な素養なのです。

　事実確認の重みからすると、17分間の息止めは非常に妥当であるようだ。しかしそれだけでは、ブレインが呼吸チューブを使わなかったという保証にはならない。ブレインが、まともにあの技をやってのけたと信じるかどうかはあなた次第だ。自分自身で決めるしかない。どのマジシャンに関してもそうだが、真偽を確かめるのは無理だ。それこそが、マジシャンたちが職業人生を賭けてつくり上げようとしている、謎めいた世界なのだから。批判的思考とは、最も現実的な説明を求めるものだが、この例のように、可能性のある説明のうち、どちらがより現実的か判定するのが困難あるいは不可能な場合もあるのだ。この真偽はそんなに重要なのか？　と思うかもしれないが、重要である。ファルケンシュタインが言っているように、因果関係というものをよく理解してい

ない人や、偶然や無作為性について十分に理解していない人びとは、こうした主張に簡単にだまされ、他人の言動をうのみにしやすい。そこには、「絶対に真似しないでください」というよくある警告にもかかわらず自分でもやってみようとする多くの人びとも、もちろん含まれる。無教養な人はだまされやすい。トレーニングをして本当に息を止めるのと、イリュージョンでそう見せるのとでは、だまされるのとだまされないほどの違いがある。

宇宙における確率

　水素、酸素、ホウ素、スズ、金と聞いたら、あなたは何を思い浮かべるだろう？　これらは、たいてい中学か高校で習う元素周期表の化学元素だ。なぜ元素と呼ばれるかというと、物質の元である最小単位だと考えられていたからである。ロシアの化学者ドミトリ・メンデレーエフが、元素の性質の規則性に気づき、その性質にしたがって、視覚的に見やすく並べたのが元素周期表である。この表を作成している最中、メンデレーエフは、表にするとできる空白部分が、未発見元素であるという発見をした。[187]その後、1から118までのすべての元素が、自然界、あるいは研究室での合成で発見され、彼の表の配置を決める説が正しいのだと証明された。

　その後、科学者たちは、化学元素が最小単位ではないのだという事実を発見した。各元素は、原子と呼ばれる構成単位でできていたのである。原子（atom）は、「分割不可能」を意味する

---

* 元素を表す英語elementは、ラテン語のelementumに由来し、最も基本的な形態を意味する。

ギリシャ語 *atomos* に由来する。しかし、それが最小単位だという説は、またもや覆される。後で、原子は、陽子、中性子、電子ニュートロン、エレクトロンなどの、さらに小さな粒子からできているのだとわかったのだ。これらもまた、当初は最小単位であると考えられたが、お察しのとおり再び間違っていた。いわゆる「素粒子物理学の標準モデル」は1950年代から1960年代にかけて考案され、電子は最小単位だが、陽子と中性子は、さらに小さな粒子からなるという説が立った。1970年にクォークが発見され、このモデルが証明される。さらに用語がややこしくなるが、陽子、中性子、そして電子はフェルミ粒子、光はボース粒子（光子もボース粒子）というように分類できる。この2種類の粒子は異なる法則に従って振る舞うため、こう分類する必要があるのだ。フェルミ粒子とボース粒子には、素粒子という呼称が与えられている。なぜなら、今度こそ本当に最小単位であると考えられているからだ。そしてその真偽は時がたてばわかるだろう。

　標準モデルによると、素粒子には17種類あり、うち12種類がフェルミ粒子で、5種類がボース粒子である。2012年から2013年にかけてメディアの大きな注目を浴びたヒッグス粒子は、この標準モデルのなかで存在が証明されていない最後の素粒子だった。他の16種類は、すでに発見されていた。ヒッグス粒子の存在が証明されれば、物質に質量が与えられる方法の説明につながり、50年以上にわたって謎だった、宇宙の性質を説明する説の穴が埋まると期待されていた。

　さて、ヒッグス粒子が発見されたといっても、どうやってその存在がわかったのだろう？　物質同士が高速で衝突すると……いや、やめておこう。説明は物理学者に任せるとして、次のグラ

フの矢印が指す、横軸の125ギガ電子ボルト（GeV）での小さな「一時的急上昇」が何かを、[188]ハリソン・プロスパー教授に説明してもらおう。

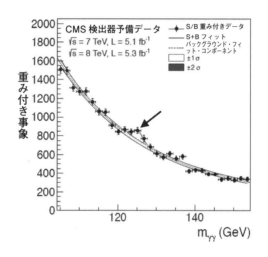

このグラフは「光子2個のペアを生成した結果として起きた陽子と陽子の衝突のスペクトル（高エネルギーガンマ線）」だと、プロスパーは言う。「標準モデルでは、ヒッグス粒子は2光子のペアに崩壊するはずだと予測している。グラフの線が125GeVのあたりで盛り上がっている。それが2光子に崩壊する。たしかに質量をもつ粒子の存在を裏付けている。そのなんらかの粒子が、確認できるかぎりでは、ヒッグス粒子であると思われる」

すべての物理学者がこの実験結果に納得しているわけではない。

---

*　壊れるという意味
**　ヒッグス粒子は、Z粒子のペアなど、他のパターンでも崩壊すると予測されている。

[189]ルイ・ライオンズはこう説明している。「ヒッグス粒子は……いくつかの特定粒子の組に崩壊し、その生成率は、標準モデルで定められている。実験でその率を測定し、不確実性が大きいのだが、それを現在のデータと比較してみる。今回の結果は、標準モデルによる予測と一致している。しかし、より多くのデータがあれば、もっと説得力が高かっただろう。したがって、標準モデルのヒッグス粒子を発見したと言うには慎重であるべきだ」

要するに、こうした実験は、巨額の費用がかかりかつ難しいので、物理学者たちは、間違った結果を出さないように慎重なのだ。それには過去の経験も影響している。[190]CERNのトップは、2012年にヒッグス粒子を発見したと発表したが、標本のサイズが小さすぎると感じる物理学者は大勢いる。素粒子物理学では、間違いがあった場合に失うものがあまりにも大きいので、物理学者たちは、他分野では通常20分の1であるところ、350万分の1という、非常に厳しい有意水準、すなわち統計的しきい値を自らに課している。なぜそこまで極端な有意性が求められるのだろうか？[191]プロスパーはこう説明する。「ヒッグス粒子の探索には、45年以上の歳月がかかり、数千人の科学者やエンジニアが携わり、何十億ドルもの費用が費やされてきました。またその裏では、幾多の人が、離婚や睡眠不足、まずい機内食などに苦しんだはずなので、だからこそ、可能なかぎり確信度を高めたいのです」

[192]物理学者のマッズ・トゥダル・フランデセンはこうつけ加える。「CERNのデータは、一般的に、ヒッグス粒子の存在を証明するとされています。たしかに、その実験データがヒッグス粒子によるものであるという説明は成り立つのですが、他の説明も成り立つのです。つまり、他の粒子によってこのデータが得られた

可能性もあるのです。今のデータは、その粒子が何であったかを正確に特定するには十分ではありません。既知の別の粒子であった可能性は複数あるのです」

本書で先に説明した、代替説明について覚えているだろうか？ 物理学者たちは、それを危惧しているのだ。

仮にこのグラフが、ヒッグスではない別の粒子の存在を証明するものであったら、それは、宇宙創成に関する見方を大きく変えてしまう。そしてそのような粒子が存在するのなら、われわれの知る宇宙の終わりである、とスティーヴン・ホーキングをはじめとする一部の物理学者は憂慮する。その恐れとは、量子ゆらぎによって真空の泡ができ、それが高速で膨張していき、やがて宇宙が崩壊してしまうというシナリオだ。また、物理学者はユーモアのセンスをもたないと思っているかもしれないが、物理学者で、イリノイ州の[193]フェルミ国立加速器研究所所長のジョセフ・リッケンが、こんな発言をしている。そんな事態になるのはかなり先であり、おそらく10の100乗年後（グーゴル：世界で一番大きな数）だろう。「だから、早まって家を売ったり、税金を踏み倒そうとしたりすべきではない」

ヒッグス粒子の発見で誰もが万々歳というわけではない。理由は、それがこの世の終わりを告げるからではなく、科学の世界では、標準理論で予測される事象が発見された場合、新たな問いが投げかけられなくなってしまうからである。科学者にとって最も興味深いのは、変則的で説明のつかない結果だ。なぜなら、そのような結果が出たら、自分たちのモデルと理解が、よくても不完全、悪ければ大間違いという意味になり、それは新しい知見を得るための絶好の機会となるからだ。芸術と科学の多くの接点の1

つに立つ指揮者ベンジャミン・ザンダーは、音楽家は間違いを犯したとき、ののしったり、申し訳ないと言ったりするのではなく、「それは面白い！」と言うべきであると述べている。学びの機会が提供されるから「面白い、興味深い」というわけだ。ヒッグス粒子の発見は、われわれの疑問のすべてに答えてくれるものかもしれないし、もしかすると[194]『ワイアード』誌のライター、シグニー・ブリュースターの発言が正しいのかもしれない。彼は「これまで物理学者たちが見逃してきた、ある基本原理に導いてくれるのかもしれない。最終目標は、いつもと同じで、それを引っ張ると鐘が鳴り響き、物理学者を新しい何かに向かわせるようなヒモの発見だ」と述べている。アインシュタインが言ったとされるように、初めから結果がわかっているのであれば、それは科学ではなく、工学である。

　科学者は、好奇心に満ち、生涯にわたり学び続け、次なる挑戦を探し求めている。そのなかには、ヒッグス粒子の発見によって多くの事柄が説明できるようになり、探求の旅が終わってしまうと恐れる者もいれば、生命と宇宙の複雑さに驚異の念を抱き、すべてが解明される可能性はけっしてないと確信している者もいる。私は後者のほうである。

　本書の執筆中、CERNから非常に興味深いデータが出た。グラビトン（重力子）あるいは、重いタイプのヒッグス粒子の可能性がある新粒子の発見を示すデータだ。だが、データフローに現れた、この意外な曲線の盛り上がりの説明として最も有力なのは、これは偶然であるという説だ。この結果が偶然である確率は、93分の1で、ヒッグスに使われた350万分の1という確率よりも、はるかに高い。しかし、定性的考察もある。「うれしいのは、こ

の結果が、かなり明確なチャンネルなのに、それほど特異な信号ではない点です」と[195]物理学者のニマ・アルカニハメドが『ニューヨーク・タイムズ』紙に語っている。「シャンパンを冷蔵庫に移すのはまだ早いですが、気になるデータではあります」。この正体はまだ誰にもわかっていないのだが、リッケンをはじめとする、追跡のスリルを愛する多くの者にとっては、それでよいのだ。

　科学、歴史、ニュースは、すでに知られているもの、あるいは知られていると思われているもので埋め尽くされている。しかし、それは間違いだったとわかるまでのこと。批判的思考を構成する最も重要な要素は、実はまだ知られていないものがあるのだという認識だ。知られているものが知られているのは、あくまでもそれが実は知られていないのだとわかるまで、という指針をもちたい。本書の目的は、ものごとを深く考えたいときの助けとなることである。そして、知られている、知られていない、すなわち既知と未知を、もっと自信をもって自覚し、両者の違いを認識できるようになってほしいのだ。

結論

自分自身で知る

　ジョージ・オーウェル著『1984年』（早川書房）に出てくる真理省は、その国家のプロパガンダ機関で、政権の政策を反映するために歴史の記録などを改ざんする役割を担っていた。真理省はまた、必要とあらば、たとえば、2 + 2 = 5といったカウンターナレッジを流布した。

　『1984年』が出版されたのは1949年である。インターネットが実質的な情報源となる半世紀前である。『1984年』に描かれているように、今日では、普通の人にはわからないようにウェブサイトに変更が加えられてしまう。過去の情報を、跡形もなく書き換えたり、ポール・マッカートニーとディック・クラークがやったようにアクセス不可能にしたりできる。あるサイトの掲載内容が真の情報なのか、カウンターナレッジなのか、平均的なネット閲覧者には判別が非常に難しい場合がある。残念ながら、真実を書いているとうたうサイトにかぎって、そうではない場合が多い。カウンターナレッジや、従来の真実に反する非主流派の意見を広める者たちによって、「真実」という言葉が勝手な使い方をされているケースが目立つ。サイトの名前さえも見せかけであったりする。

　エキスパートは信頼できるのか？　それは場合による。専門知識というのは、往々にして狭いものだ。政府トップレベルのポス

トに就く経済学者でも、犯罪抑制にどんな社会的プログラムが効果的かという点について特別な洞察はもっていないはずだ。また、エキスパートの中には、特定利益集団に取り込まれるという過ちを犯す者も、もちろんいる。

　一般世論もウェブも、非科学的バイアスに影響される。たとえば発電所をどこに建設し、どのくらいの費用をかけるべきかといった、[196]科学的あるいは技術的問題が、政治問題に転化する。それが起きると、意思決定プロセスが覆され、本来検討されるべき事実と異なる事実が重要視される場合が多い。あるいは、ある難病の治療法を見つけたいという世論があっても、初期段階でアブラムシの研究に何千万ドルが費やされると、世間はそれをあざ笑う。しかし科学は、基本的な細胞生理学の理解を得ながら進展していくものなのだ。誤ったフレームにはめると、その研究は取るに足らないものに見える。正しいフレームにはめれば、社会を変えるほどの影響力をもつ可能性が見える。ある一定の費用をかけた人間での臨床試験のおかげで、数十万人の症状を治療できるかもしれない。また同額を基礎科学研究にかけた場合、多くの異なる細菌やウイルスに共通するメカニズムを扱うので、*何十もの病気*と*何百万人*をカバーする治療法が見つかる可能性が開けるのだ。科学的手法は、最良の批判的思考が生まれる土壌である。

　インターネットにおいては、非科学的バイアスの他に、非懐疑的バイアスがある。「オンラインで見つけたのだから真実のはずだ」と考える人が多いのだ。ウェブサイトやその他のオンライン資料を監視したり規制したりする中央機関が存在しないため、主張の検証は自らの責任である。幸いにも、それを助けるウェブサイトも登場している。Snopes.comをはじめとするいくつかのウ

ェブサイトは、都市伝説や虚偽の主張を暴露するためにある。また、コンシューマー・リポートなどの企業はさまざまな商品を、メーカーの主張に関係なく、公正に評価するための独立検査機関を運営している。『コンシューマー・リポート』誌は何十年にわたって存続している。しかし、批判的思考をする企業体が他にも登場し、21世紀で活躍してほしいものである。ただ、いくら役に立つメディアが存在しても、やはりわれわれひとりひとりが自らの判断を行う必要がある。

インターネットのよいところは、偉大な民主的勢力である点だ。そのおかげで、皆が意見を表明し、皆が世界のあらゆる情報に即座にアクセスできるのだ。以上の長短を組み合わせると、インターネットやソーシャルメディアのように、真の情報と偽の情報が共存する仮想世界が出来上がる。まるで一方はあなたを援助し、もう一方は害を及ぼす一卵性双生児が、隣り合わせであなたを見据えているような状態なのだ。どちらを選ぶかを決めるのは、自らの責任であり、それには注意深く考える必要がある。しかし、そのために皆が足りないと感じているものが1つある。時間である。批判的思考は、1つの問題に対して1回だけ行えば済むようなものではない。積極的にかつ継続的に続けなければならないプロセスなのだ。皆がベイズ主義者のように考え、新しい情報を入手するたびに知識を更新する必要がある。

時間をかけて主張を吟味する方法は、有効な時間の使い方だが、それだけではなく、すべてが暗黙のうちに合意した交換条件の一部と考えるべきだ。かつては何時間、あるいは何週間とかかった情報収集と調査が、今ではものの数秒でできるようになった。疑問に答える一節を探すために、図書館に足を運んだり、膨大なア

ーカイブを閲覧したり、分厚い本をめくったりしなくてすむようになり、そのために節約できる時間は計り知れない。そのような交換条件にそれぞれが暗黙的に合意しているわけだが、1つ明示的にすべきなのは、情報収集で節約できた時間のいくらかを、情報の適切な真偽検証に使うという方針だ。一度嘘をつかれたら相手が信用できなくなるのと同じで、自分の知識も、その半分がカウンターナレッジだとしたら、自分が信用できなくなる。今の世の中では、カウンターナレッジが、フェイスブックやツイッター、ブログなどの、統制が緩いプラットフォームで猛威をふるっているのだ。

　多くの不確かな情報を知っているより、少数の確かな情報を知っているほうが、はるかにましである。カウンターナレッジや虚偽情報は、生活や幸福に損害をもたらす危険性があり、そのせいで思ったとおりにいかないと、そのやり直しに時間が奪われてしまう。そういう意味でも、被害は大きい。真の知識は、生活を簡略化し、幸福度を上げるための選択を助け、時間を節約してくれる。本書の手法にしたがって、見聞きするあらゆる主張を吟味すれば、ウェブ上の無数の嘘、嘘をつく者、悪気はなく単に無能なために不正確情報を流す者にだまされなくなるだろう。

付録

ベイズの法則の適用

ベイズの法則は次のように記述できる。

$$P(A \mid B) = \frac{P(B \mid A) \times P(A)}{P(B)}$$

この問題においては、容疑者が有罪である事前確率（鑑識結果を知る前）をGと表記し、血液が一致するという証拠をEと表記する。そしてP(G | E)を推定する。上式のAをGに、BをEに置き換えるとこうなる。

$$P(G \mid E) = \frac{P(E \mid G) \times P(G)}{P(E)}$$

[197]ベイズの法則を使ってP(G | E)の解を求めるには、表を使うのがよいだろう。ここで使う数値は、263ページの4分表と同じものだ。

ベイズの法則の計算

仮説 (H) (1)	事前確率 P(G) (2)	証拠確率 P(E | G) (3)	積 (4) = (2)(3)	事後確率 P(G | E) (6) = (4)/ 和
有罪	.02	.85	.017	.104
無罪	.98	.15	.147	.896
			和 =0.164= P(D)	

P(有罪 | 証拠)を四捨五入 = 0.10
P(無罪 | 証拠)を四捨五入 = 0.90

用語集

この定義のリストは完全なものではなく、私が本書の執筆に際し個人的に選んだものだ。もちろん、あなた自身の独立した思考を用れば、この定義は違うのではと感じるものもあるのではないかと思う。

アブダクション（Abduction） シャーロック・ホームズで有名になった推論法の一種。巧妙な推測によって、観測された事実を説明する論理を導く。

正確さ（Accuracy） ある数字が、測定値の真の値にどれだけ近いか。精度とは異なる。

前件肯定（Affirming the antecedent） モーダスポネンスと同義（その項を参照）。

階級の統合（Amalgamating） 異なる2つ以上の集団の観測値やスコアをまとめて1つの集団としてグラフに表すこと。それらの集団が重要な側面において類似している。つまりそれらが同質ならば正しい行為だが、そうでない場合は、データの歪曲にあたる。

平均（Average） これは1組の観測値を特徴づけるための代表値の1つ。「平均」は厳密な専門用語ではなく、通常、算術平均を意味する場合が多いが、中央値や、最頻値を指す場合もある。

2峰性分布（Bimodal distribution） 他の観測値よりも頻繁に出現する値が2つ見られる、1組の観測値。頻度分布図に、2つのピーク、すなわち山が見られる。

条件付き確率（Conditional probability） 別の事象が起こる、

あるいは起こったという条件のもとで、ある事象が起こる確率。たとえば、昨日雨が降ったという条件のもとで今日雨が降る確率。「条件のもとで」という言葉は、｜という縦線で表される。

換質換位（Contrapositive）　次の形をとる、妥当な演繹的論証法。

　　もしAならば、Bである。
　　Bでない。
　　ゆえに、Aではない。

換位命題（Converse error）　次の形をとる、非妥当な演繹的論証法。

　　もしAならば、Bである。
　　Bである。
　　ゆえに、Aである。

相関係数（Correlation）　2つの変数の関係の強さを示す統計的尺度で、−1から1の値をとる。一方の変数が増える（または減る）と、もう一方の変数も必ず増える（または減る）関係を正の完全相関（相関係数＝1）という。一方が増えるともう一方が必ず減るというように、逆方向に変わる関係を、負の完全相関（相関係数＝−1）という。変数と変数がまったく無関係である場合は、ゼロ相関（無相関）という。

　相関関係とは、2つ（またはそれ以上）の変数に関連性がある場合のみを指し、一方がもう一方の原因だという意味ではない。相関関係は因果関係を含意しない。

　相関係数は、観測値のばらつきのどの程度が2つの観測変数の影響なのかを推定するときにも役に立つ。たとえば、身長と体重の相関係数が0.78ということは、個々の体重の違いの78％が、身

長の違いに関連しているという事実を示す。体重差の要因の残りの22%が何によるものなのかは、相関係数ではわからない。それを知るには追加の試行を行う必要がある。ただ、22%は、食事や、遺伝、運動などのせいであろうということは想像がつく。

虚偽の原因の誤謬（「それとともに」ということは、「それゆえに」ということ）

(*Cum hoc, ergo propter hoc*) 2つのことが同時に起きたから、一方がもう一方の原因であるに違いないと考える論理的誤謬。相関関係は因果関係を含意しない。

累積グラフ（Cumulative graph） たとえば、売上高や、政党の党員数といった測定量が、一定期間ごとの観測値ではなく、今日までの累積で表されているグラフ。本文（73ページ）では、iPhoneの累積売り上げグラフの例で説明している。

演繹（Deduction） 一般的な前提をもとに、特定の結論を得る推論法。

2軸グラフ（Double y-axis） 2組の異なる観測値を同じグラフにプロットするグラフ作成テクニック。それぞれの観測値が、2つの異なる軸（通常、目盛も異なる）によって表される。この手法が適切なのは、65ページのグラフのように、2組の測定値がまったく異なる量である場合のみである。2軸グラフは、グラフ作成者が、特定の主張をするために縦軸の目盛を自由に調整できるので、誤解を与えやすい。本文で例示しているのは、米国家族計画連盟が行うサービスや処置を表したまぎらわしいグラフだ。

生態学的誤謬（Ecological fallacy） 集計データ（集団の算術平均など）に基づいて個別のケースについての推測をしてしまう推論の誤謬。

例外的誤謬（Exception fallacy）　少数の例外的な個別のケースに基づいて、集団全体についての推測をしてしまう推論の誤謬。

外挿（Extrapolation）　1組の観測値の範囲外の値を予測・推定すること。

後件肯定の誤謬（Fallacy of affirming the consequent）
換位命題の項を参照。

フレーミング（Framing）　統計の提示の仕方。たとえば、特定の話を提供したり、比較対象を与えたり、階級の統合をしたりすることによって、受け手の統計の解釈を特定の方向に誘導できる。2016年の旅客機事故の総数と1936年のそれを比べただけでは、誤解が生じやすい。なぜなら、2016年は、フライトの数が1936年とは比較にならないほど多いからだ。たとえば、10万フライトごとの事故件数や、飛行距離10万マイルごとの事故件数というようにデータを補正すれば、より正確な話が伝わる。提示者は、ある統計を伝えるために最も適切で役立つ枠組み（フレーム）を見つけるべきである。実測値をそのまま提示するよりも、比率や割合を計算したほうが、真の枠組みが伝わりやすい。

GIGO（garbage in, garbage out）　ゴミを入れればゴミしか出てこない。

罹患率（Incidence）　一定期間に（病気などが）新たに発生した件数の割合。

帰納（Inductive）　特定の事例から一般的な結論を得る推論法。

内挿（Interpolation）　2つの観測値のあいだの値を推定すること。

反転（Inverse error）　次の形をとる、非妥当な演繹的論証法。

もしAならば、Bである。

Aでない。

ゆえに、Bではない。

算術平均（Mean）　3種類の平均（一組の観測値の中心的傾向）の1つ。すべての観測値の合計を観測値の個数で割ることによって求められる。人が会話で「平均」と言う場合は、たいていにおいて算術平均を指す。あとの2種類は、中央値（メジアン）と最頻値（モード）である。たとえば、観測値が ｛1、1、2、4、5、5｝なら、算術平均は（1＋1＋2＋4＋5＋5）÷6＝3である。最頻値と違って、算術平均は、もとの観測値にあった数値とはかぎらないことに注目。

中央値（メジアン）（Median）　3種類の平均（1組の観測値の中心的傾向）の1つ。観測値を順番に並べたときに中央に位置する値で、観測値の半数は中央値より上になり、半数は下になる。観測値の個数が偶数の場合、中央に位置する2つの観測値の算術平均を使う場合もある。たとえば、観測値が ｛10、12、16、20、28、32｝の場合、中央値は、18（中央に位置する16と20の算術平均）となる。

最頻値（モード）（Mode）　3種類の平均（1組の観測値の中心的傾向）の1つ。観測値の分布において、最も頻繁に出現する値。たとえば、観測値が ｛100、112、112、112、119、131、142、156、199｝なら、最頻値は112である。なかには、2つ以上の値が同じ頻度で最頻値として現れる場合もあり、これを2峰性分布あるいは多峰性分布という。

肯定式（モーダスポネンス）（Modus ponens）　次の形をとる、妥当な演繹的論証法。

もしAならば、Bである。

Aである。

ゆえに、Bである。

前後即因果の誤謬（「その後」ということは、「それゆえに」ということ）（Post hoc, ergo propter hoc）　あること（Y）が別のこと（X）の後に起きたから、Xが原因となってYが起きたと考える論理的誤謬。XとYは、相関しているかもしれないが、だからといって、因果関係があるとはいえない。

精度（Precision）　数値を表現する細かさの度合い。909という数値の精度は小数点以下0桁であり、その最小間隔は、最も近い整数である。909.35という数値の精度は小数点以下2桁であり、最小間隔は100分の1の単位である。精度と正確さ）は異なる。909.35のほうが、909より精度が高い。しかし、仮に真の値が909.00であるなら、909のほうが正確さが高い。

有病率（Prevalence）　ある時点の、（病気などの）件数の割合。

散布図（Scatter plot）　すべてのそれぞれの観測値を表示したグラフ。たとえば、以下のグラフは64ページのグラフにあるデータを散布図にしたものである。

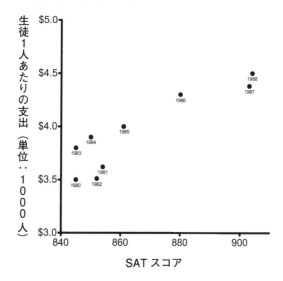

階級の細分化（Subdividing） 1組の観測値をより小さな集団に分割すること。階級の細分化は、データに不均一性があり、大きな集団だと、重要な側面でばらつきが大きくなるような場合には行ってもよい。しかし、本当は他とたいした差異のない、ある小集団の値を大きく見せたいために、虚偽的に細分化が行われるケースもある。

三段論法（Syllogism）
前提から、必ず結論が導き出されなければならない形式の論理的命題。

切断された軸（Truncated axis） x軸あるいはy軸を、できるだけ最低値から始めないこと。これによって、グラフの観測値

の部分が見やすくなる場合もある。しかし、印象を操作する目的で使われると、現実を歪曲する。本用語集の「散布図」の項に挙げたグラフでは、2本の切断された軸が効果的に使われ、これならデータの誤解を招かない。一方、本文52ページのFOXニュースによるグラフは、データの誤った印象を与える。そのグラフを正しく描き直すと53ページのようになる。

注記

はじめに:批判的思考

1　総勢4万5790人の記者や特派員がいる
https://www.bls.gov/oes/current/oes_nat.htm.

2　虚偽情報……人間の生活に定着しており
旧約聖書のアブラハムも、自らの保身のために、アビメレク王に対し、妻サラの正体を偽っている。贈り物に見せかけ、実は中に兵を潜ませていたトロイの木馬も一種の虚偽情報である。

3　多くを学んだつもりが実際はそうでないというような状況を避け
Huff, D.(1954/1993)*How to Lie with Statistics*.New York: W.W. Norton, p. 19.ダレル・ハフ著『統計でウソをつく法—数式を使わない統計学入門』（講談社）。この本を読み進むと、彼が、マーク・トウェイン、あるいはジョシュ・ビリングス、あるいはウィル・ロジャース（結局は不明だが）と同じ考えを引用していることがわかる。

Part1:数字を吟味する

4　発表する側は……を取捨選択している
この一文は、この論文より、ほぼそのまま引用。Best, J.(2005). Lies, calculations and constructions: beyond *How to Lie with Statistics*. *Statistical Science, 20*(3), 210-214.

5　携帯電話をもっている人のほうが、トイレをもっている人よりも多い
Wang, Y. (2013, March 25).More people have cell phones than toilets, U.N. study shows. http://newsfeed.time.com/2013/03/25/more-people-have-cell-phones-than-toilets-u-n-study-shows/.

6　毎年15万人の少女および若い女性が拒食症で死亡している
Steinem, G. (1992). *Revolution from Within*. New York: Little, Brown. Wolf, N. (1991).*The Beauty Myth*. New York: William Morrow.

7　25〜44歳の女性を加えても5万5000人にしかならない
例の引用元：Best, J. (2005). Lies, calculations and constructions: beyond *How to Lie with Statistics. Statistical Science, 20*(3), 210-214 統計は、このウェブページで閲覧可能。www.cdc.gov.

8　拒食症による死亡件数が総死亡件数の3倍になるわけがない

仮に、大企業の経理部に勤めていて、ある社員が、4月分の経費として、ビジネスで使った自家用車のガソリン代5000ドルを請求してきたとする。まず、世の中の常識を使った検証から始めよう。最近のたいていの車は、1ガロンあたり20マイル以上（車によってはその2〜3倍）の燃費性能をもつ。また、違反をしないで走行するなら最速でもせいぜい時速70マイル程度だ。それで1日10時間、高速道路を走り続けたとしたら、1日700マイルだ。それに、月平均の勤務日数21.5日をかけると、1万5050マイルになる。こうした概算をする際は、簡略化のために数字を丸めるのが普通なので、1万5000マイルとしよう。この距離を、1ガロンあたり20マイルの燃費で走行したとすると、その社員は、月にガソリンが750ガロン必要だという概算になる。4月の全米平均のガソリン代を調べると2ドル89セントとある。まあ、3ドルとしよう（ここでも数字を繰り上げる。毎回最安値のガソリンを探すことはできなかったとして、社員を大目に見ることにする）。1ガロン3ドルのガソリンを750ガロン購入すると、2250ドルだ。経費報告書の5,000ドルは、まったくあり得ないものだとわかる。その社員がたとえ1日20時間運転したとしても、ガソリン代はそこまでにならない。2015年8月1日 https://www.fueleconomy.gov/feg/best/bestworstNF.shtml、http://www.fuelgaugereport.com/.より。

9 　電話の通話料金が1万2000％安くなった
Pollack, L., & Weiss, H. (1984). Communication satellites: countdown for Intelsat VI. *Science, 223*(4636),553.

10 　1万2000％などありえない
これを可能にする話をつくるとしたらこうなる。販売価格1ドルの商品があったとして、販売会社が、それを無料進呈するだけでなく、もらってくれたら1万1999ドルを進呈する（これなら1万2000％割引になる）というオファーを大々的なプロモーションとして企画する。こういう取引は、不動産や大規模ビジネスで行われる。たとえば、新しい建物を建てる前に、今建っている老朽住宅を取り壊さなければならないとする。所有者は、高額の固定資産税を支払っているし、取り壊しにかかる費用も大きい。だから、お金を払ってでもこの物件を誰かに引き取ってほしいと希望している。1990年の終わり頃、多額の負債を抱えたレコード会社数社が、買い手が負債を引き継ぐという条件で、0ドルで「売りに出され」ていたことがある。

11 　顧客のクレームが200％低減
Bailey, c., & Clarke, M. (2008).Aligning business leadership development

with business needs: the value of discrimination. *Journal of Management Development, 27*(9), 912-934.

200%低減の他の例：Rajashekar, B. S., & Kalappa, V. P. (2006). Effects of planting seasons on seed yield & quality of tomato varieties resistant to leaf curl virus. *Seed Research, 34*(2), 223-225. http://www.bostoncio.com/AboutRichardCohen.asp.

12 **50%減給のイラスト**
© 2016 by Dan Piraro. ダレル・ハフの前掲書をもとに描かれた。

13 **パーセンテージポイントとパーセンテージの違い**
米国統計協会に関する私の問い合わせに答えてくれ、この誤用について教えてくれた、ワシントンDCの弁護士、ジェームズ・P・スキャンランに感謝する。

14 **コネチカット州のある織物工場が……バージニア州に移転**
この例の引用元：Spirer, L., Spirer, H. F., & Jaffe, A. J. (1987). *Misused Statistics*, New York: Marcel Dekker, p. 194.

Miller, J. (1996, Dec. 29). High costs are blamed for the loss of a mill. *New York Times*, Connecticut Section.

誤報の訂正 (1997, Jan. 12)。*New York Times*, Connecticut Section.

15 **追加の給付金を出さないという法案**
McLarin, K. J. (1993, Dec. 5). New Jersey welfare's give and take; mothers get college aid, but no extra cash for newborns. *New York Times*.

And also: Henneberger, M. (1995, April 11). Rethinking welfare: deterring new births-a special report; state aid is capped, but to what effect? *New York Times*

16 **生活保護を受ける母親の出産率が16%低下した**
同上

17 **届け出る必要もない**
同上

18 **数値が同じ値であっても**
Koehler, J. J. (2001). The psychology of numbers in the courtroom: how to make DNA-match statistics seem impressive or insufficient. *Southern California Law Review, 74*,1275-1305.

Koehler, J. J. (2001). When are people persuaded by DNA match statistics? *Law and Human Behavior, 25(5)*, 493-513.

19 　人間は、平均1つの睾丸をもっている
アイルランド、コークのユニバーシティ・カレッジの数学教授、デズモンド・マクヘールによる。

20 　華氏15度（摂氏マイナス9.5度）から華氏134度（摂氏約56.5度）
http://en.wikipedia.0rg/wiki/Death_Valley.

21 　人びとが一週間にランチに費やした金額
たとえば、6人の大人がランチに費やした金額が |12ドル、10ドル、10ドル、12ドル、11ドル、11ドル| で、6人の子供が費やした金額が |4ドル、3.85ドル、4.15ドル、3.50ドル、4.50ドル、4ドル| だったとする。12人分の中央値（観測値の個数が偶数の場合は、中央に位置する2つの観測値の算術平均を中央値とする場合もある。このケースでは、4.5と10の算術平均）は、7.25ドルになる。算術平均と中央値は、実際は誰も費やしていない金額となる。

22 　2004年のアメリカ大統領選挙で
Gelman, A. (2008). *Red State, Blue State, Rich State, Poor State*. Princeton, NJ: Princeton University Press.

23 　人びとの平均寿命
これらの寿命は、白人男女のもの。1850年の白人以外の数字は入手困難である。http://www.infoplease.com/ipa/A0005140.html.

もう1つの問題は、統計局によると、1850年の全米統計が、実はマサチューセッツ州だけのものであること。

24 　平均的な家庭
この項のタイトルと内容は、ジェンキンズとトゥーテンの以下の論文に倣ったもの。Jenkins, J, & Tuten, J. (1992). Why isn't the average child from the average family? And similar puzzles. *American Journal of Psychology, 105*(4), 517- 526.

25 　兄弟の平均数 で使った子供の棒線画イラスト
Etsyより。https://www.etsy.com/listing/221530596/stick-figure -family-car-van-bike-funny; 小さい家と大きい家は著者による描画。中サイズの家は、http://www.clipartbest.com/clipart-9TRgq8pac.より。

26 　平均的な投資家は平均的なリターンを得ているわけではない
シミュレーションは以下を参照。Tabarrok, A. (2014, July 11). Average stock market returns aren't average.http://marginalrevolution.com/marginalrevolution/2014/07/average-stock-market-returns-arent-average.html. Accessed October 14, 2014.

27　ある会議で学生研究員が作成したポスター

Tully, L. M., Lincoln, S. H., Wright, T., & Hooker, C. I. (2013). Neural mechanisms supporting the cognitive control of emotional information in schizophrenia. このポスターは、精神病理学研究協会第25回年次総会で提示された。https://www.researchgate.net/publication/266159520_Neural_mechanisms_supporting_the_cognitive_control_of_emotional_information_in_schizophrenia.

私がこの例を見つけたのは www.betterposters.blogspot.com.

28　ある出版社の……総売上高

http://pelgranepress.com/index.php/tag/biz/.

29　FOXニュースが……放送でこんなグラフを表示した

わかりやすくするために、私が描き直した。元のグラフは、http://cloudfront.mediamatters.org/static/images/item/fbn-cavuto-20120731-bushexpire.jpg.

30　中抜きされた縦軸・横軸

Spirer, Spirer, & Jaffe, op. cit.,pp. 82-84.

31　適切な目盛と軸を選ぶ

例の引用元：Spirer, Spirer, & Jaffe, op. cit., p. 78.

32　一定の割合で変動するものは……たくさんある

Spirer, Spirer, & Jaffe, op. cit., p. 78.

33　25歳時の喫煙者・非喫煙者の余命

データの引用元：Jha, P., et al. (2013). 21st-century hazards of smoking and benefits of cessation in the United States. *New England Journal of Medicine, 368*(4), 341-350, Figure 2A for women. 生残率は、『国民健康聞き取り調査』から引用した数字と、アメリカの2004年全死因死亡率を組み合わせ、年齢、学歴、飲酒、肥満度指数別に補正した。上記データの解釈について回答してくれた、著者プラバット・ジャに感謝する。

　グラフのこのような提示方法は、この書籍に倣った。Wainer, H. (1997). *Visual Revelations: Graphical Tales of Fate and Deception from Napoleon Bonaparte to Ross Perot*. New York: Copernicus/Springer-Verlag.

34　公立校の生徒1人あたりの支出と、その生徒たちのSATスコアの関係

例の引用元：Wainer, H. (1997). *Visual Revelations: Graphical Tales of Fate and Deception from Napoleon Bonaparte to Ross Perot*. New York:

Copernicus/Springer-Verlag, p. 93. オリジナルのバージョンは『フォーブス』誌に掲載された。(May 14, 1990).

このグラフには、もちろん、さまざまな可変要因がある。支出額は、名目値なのかインフレ調整後の数字か？ 1980〜1988年の期間が選ばれたのは、その主張を裏付けやすいためか？ 別の期間をグラフにしたら、別の主張になるのか？

35 相関係数は、……予測する手立てにもなる

r値を使うべきか、あるいはr^2乗値を使うべきかについては賛否両論がある。r派の主張：D'Andrade, R., & Dart, J. (1990). The interpretation of r versus r^2 or why percent of variance accounted for is a poor measure of size of effect. *Journal of Quantitative Anthropology*, 2, 47-59.

Ozer, D. J. (1985). Correlation and the coefficient of determination. *Psychological Bulletin, 97*(2), 307-315.

36 米国家族計画連盟という非営利団体……の提供する2つのサービス

Roth, Z. (2015, Sept. 29). Congressman uses misleading graph to smear Planned Parenthood. msnbc.com.

Politifactがこの問題を詳しく調べるために、途切れている部分のデータを検証し、それを説明する文脈情報を提供しているが、結果は、グラフの批判者らに同調するかたちとなっている。https://perma.cc/P8NY-YP49.

37 iPhoneの売り上げ発表

http://qz.com/122921/the-chart-tim-cook-doesnt-want-you-to-see/; http://www.tekrevue.com/tim-cook-trying-prove-meaningless-chart/.

38 同時生起に関する誤謬

http://www.tylervigen.com/spurious-correlations.

39 ランダル・マンローが自らの運営するウェブコミックxkcdで

https://xkcd.com/552/.

40 人の論理システムと視覚システムとが対立する

この例の引用元：ダレル・ハフの前掲書。

41 ウェブサイトに出ている消費者行動のモデル

この書籍より、ほぼそのまま引用。De Veaux, R. D., & Hand, D. J. (2005). How to lie with bad data. *Statistical Science, 20*(3), 231-238, p. 232.

42 コルゲートの最大のライバルブランドも、コルゲートと同程度の……

この例を見つけてくれた私の生徒、ヴィヴィアン・グーに感謝する。

Derbyshire, D. (2007, Jan. 17). Colgate gets the brush off for "misleading" ads. *The Telegraph*. http://www.telegraph.co.uk/news/uknews/1539715/Colgate-gets-the-brush-off-for-misleading-ads.html.

43 C-SPANは……「利用可能」だとうたっている
http://www.c-span.org/about/history/.

44 1人が見ている証明にすらならない
ニールセンの調査によると、アメリカ人は平均189チャンネルが視聴可能だが、実際に観るのはそのうち17チャンネルのみである。http://www.nielsen.com/us/en/insights/news/2014/changing-channels-americans-view-just-17-channels-despite-record-number-to-choose-from.html.

45 ランチョ・サンタフェの水道使用量
Boxall, B. (2014, Dec. 2). Rancho Santa Fe ranked as state's largest residential water hog. *Los Angeles Times* http://www.latimes.com/local/california/la-me-water-rancho-20141202-story.html.

Lovett, I. (2014, Nov. 29). "Where grass is greener, a push to share drought's burden." *New York Times*. http://www.nytimes.com/2014/11/30/us/where-grass-is-greener-a-push-to-share-droughts-burden.html.

46 飛行機の利用は……安全になっている
http://www.flightsafety.org; Grant, K. B. (2014, Dec. 30). Deadly year for flying-but safer than ever. http://www.cnbc.com/lid/102301598.

47 ニュートンの冷却の法則
最初の温度が華氏155度だとすると、次のような式になる。

$f(t) = 80e^{-0.08t} + 75$.

48 C-SPANは、1億世帯で利用可能
Bedard, P. (2010, June 22). "Brian Lamb: C-SPAN now reaches 100 million homes." U.S. News & World Report. www.usnews.com/news/blogs/washington-whispers/2010/06/22/brian-lamb-c-span-now-reaches-l00-million-homes. 2010年11月22日閲覧。

49 25マイル圏内に人口の90%が住んでいる
引用元：ダレル・ハフの前掲書 p. 48.

50 2010年に服務中に死亡した3482人のアメリカ軍人
https://www.cbo.gov/sites/default/Files/113th-congress-2013-2014/workingpaper/49837-Casualties_ WorkingPaper-2014-08.pdf.

51 **米軍の総兵力143万1000人**
http://www.census.gov/compendia/statab/2012/tables/12s0511.pdf.

52 **2010年のアメリカ全土における死亡率**
http://www.cdc.gov/nchs/fastats/deaths.htm.

53 **アメリカ全体の人口には……が含まれる**
例の引用元：ダレル・ハフの前掲書p. 83.

54 **医師の数が増え**
この例を見つけてくれた私の生徒、アレキサンドラ・ゲラターに感謝する。
Barnett, A. (1994). How numbers are tricking you. http://www.sandiego.edu/statpage/barnett.htm.

55 **微妙な違いそれ自体が、データ全体の傾向を物語っている場合も多い**
前掲ジョエル・ベスト氏の言葉。

56 **6種類の指標……がある**
Davidson, A. (2015, July 1). The economy's missing metrics. *New York Times Magazine*.

57 **2015年7月に、失業率が5.3%に落ち**
Shell, A. (2015, July 2). Wall Street weighs Fed's next move after jobs data. *USA Today Money*. http://americasmarkets.usatoday.com/2015/07/02/wall-street-gets-what-it-wants-in-june-jobs-count/.

58 **より総合的なソースによると、低下したように見える原因は**
Schwartz, N. D. (2015, July 3).Jobless rate fell in June, with wages staying flat. *New York Times*, B1.

59 **2015年度の打率**
http://mlb.mlb.com/stats/sortable.jsp#elem=[object+Object]&tab_level=child&click_text=Sortable+Player+hitting&game_type=%27R%27&season=2015&season_type=ANY&league_code=%27MLB%27&sectionType=sp&statType=hitting&page=l&ts=1457286793822&playerType=QUALIFIER&timeframe=.

60 **2013年の上位3位を占めた死因**
http://www.cdc.gov/nchs/fastats/leading-causes-of-death.htm.

61 **人種の違いが人びとの意識に影響する可能性はなさそう**
これは、あくまでも仮定である。

62 **もう1つハードルがある。幅広い年齢層を集めたい**

引用元:ダレル・ハフの前掲書 p. 22.
63 どういうイギリス人の71%だろう?
同上
64 嘘の答えで調査員を驚かせたり
昔、マイク・ロイコというシカゴのコラムニストが、投票日の出口調査で嘘をつくよう、読者に勧めたことがあった。すべての票が集計される前に投票結果を報じるテレビのコメンテーターに対し、不正確なデータを出して恥をかかせてやれば、そのようなことをしなくなるだろうという考えからだった。いったい何人がロイコのコラムによって出口投票で嘘をついたか、それに関するデータはない。しかし、出口調査が今でも行われているという事実が、彼の呼びかけが功を奏するには至らなかったことを示唆している。
65 全員に聞かずに済み……の代償
引用元:http://www.aapor.org/AAPORKentico/Education-Resources/For-Researchers/Poll-Survey-FAQ/What-is-the-Margin-of-Sampling-Error.aspx.
66 両者の真の値の範囲が重複することに注目
これは、優れた経験則だが、あくまでも大ざっぱな目安なので、正確には当てはまらない場合もある。この文献を参照のこと。Schenker, N., & Gentleman, J. F. (2001). On judging the significance of differences by examining the overlap between confidence intervals. *American Statistician, 55*(3), 182-186.
67 100回行ったとしたら……5回においては
頻度主義とベイズ推定の違いは、パート2で解説しているので、ここでは、あえて言及していない。
68 許容誤差 (図)
引用元:Wikipedia
69 許容誤差 (と信頼区間) の計算式
母集団が大きい場合に95%信頼区間を推定するには: $\pm 1.96 \times$ sqrt [p(1-p)/n] 99%の信頼区間を求めるには、1.96ではなく、2.58をかける。信頼度が高いほど、信頼区間は広い(それは直観的にも理解しやすいはずだ。推定した信頼区間に真の値が含まれる確率を上げたければ、範囲を広くする必要がある)。母集団が小さい場合は、まず標準誤差を求める。

  sqrt[{(観測比率) x [1 - (観測比率)}/標本のサイズ]

95%信頼区間の幅は、$\pm 2 \times$ 標準誤差となる。

たとえば、ある大都市の高架交差路50カ所を調べた結果、20%が修理を必

要としていることがわかったとする。あなたは、このように標準誤差を算出できる。

sqrt [(0.2 x 0.8)/50] = sqrt (0.16/50) = 0.057

したがって、95％信頼区間の幅は、±2×0.057= ±0.11あるいは±11％だ。つまり、95％信頼区間の幅は、この街の高架交差路の20％±11％が要修理なのだ。ニュースでは「調査の結果、修理が必要な高架は20％で、許容誤差は11％であることがわかりました」と報じられるだろう。推定値の正確さを上げるには、もっと標本数を増やす必要がある。200カ所の高架交差路を調べれば（要修理が20％で変わらないと仮定して）許容誤差は約6％に減る。

70　この従来的説明が間違っていた
Lusinchi, D. (2012). "President" Landon and the 1936 *Literary Digest* poll: were automobile and telephone owners to blame? *Social Science History*, *36*(1),23-54.

71　後の調査で……深刻な不備が見つかった
Clement, S. (2013, June 4). Gallup explains what went wrong in 2012. *Washington Post*. https:llwww.washingtonpost.com/news/the-fix/wp/2013/06/04/gallup-explains-what-went-wrong-in-2012/.

http://www.gallup.com/poll/162887/gallup-2012-presidential-election-polling-review.aspx.

72　ゼリービーンズのなかで……占める割合を突き止めようとした場合
引用元：Taken from http://www.ropercenter.uconn.edu/support/polling-fundamentals-total-survey-error/.

73　どのような雑誌が読まれているのか
ダレル・ハフの前掲書p.16の事例を具体化した。

74　グリーソンスコア
ここより逐語的に引用：http://www.cancer.gov/publications/dictionaries/cancer-terms?cdrid=45696. 2016年3月20日閲覧。

75　測定ミスがあった
Jordans, F. (2012, Feb. 23). CERN researchers find flaw in faster-than-light measurement. *Christian Science Monitor*. http://www.csmonitor.com/Science/2012/0223/CERN-researchers-find-flaw-in-faster-than-light-measurement.

76　アメリカでの1960年国勢調査の記録

引用元:De Veaux, R. D., & Hand, D.J. (2005). How to lie with bad data. *Statistical Science*, *20*(3), 231-238, p.232; Kruskal, W. (1981). Statistics in society: problems unsolved and unformulated. *Journal of the American Statistical Association*, *76*(375), 505-515; Coale, A. J., & Stephan, F. F. (1962). The case of the Indians and the teen-age widows. *Journal of the American Statistical Association*, *57*, 338-347.

77 弁明として、空気圧の測定ミスを訴えた
Kryk, J. Patriots strike back with compelling explanations to refute deflate-gate chargers. *Ottowa Sun*, May 15, 2015. http://www.ottawasun.com/2015/05/14/patriots-strike-back-with-compelling-explanations-to-refute-deflate-gate-chargers.

78 統計で使われているホームレスの定義が……一致しているとはかぎらない
引用元:Spirer, H., Spirer, L., & Jaffe, A. J. (1998). *Misused Statistics*, 2nd ed.,revised and expanded. New York: Marcel Dekker, p. 16.

79 ある政治家候補に雇われ……
引用元:ダレル・ハフの前掲書p. 80.

80 自殺者全体に占める……割合を新聞が報じたとする
引用元:ベストの前掲書(2005年)

81 ぼくはシートベルトをしない
例の引用元:Best, J. (2012)。そして私の幼馴染み、ケヴィン。

82 すべての事象が同様に確からしく、等確率で起こるという考え
同様な確からしさの原理には、どの結果が含まれることも同程度に期待できないケースも含まれると解釈される場合が多い。たとえば、表が出る確率が3分の2になるようにおもりが仕込まれているコインや、一部の枠が幅広くなっているルーレットの円盤などだ。

83 多くの人で試すほど……
少ない人数で実験回数を多くして試すこともできる。この場合は、異なる数値が期待される。この場合、真の確率は、すべての実験値の平均(算術平均)に近づくが、標本のサイズが大きいほどより正確な結果が出るというのが、確率の公理である。

84 古典的確率も頻度確率も……扱う
古典的確率論には、2つの考え方がある。経験的(統計的)確率と理論的確率である。コインを投げたり、トランプをシャッフルした束から引いたりす

る場合、毎回の試行を、延々と繰り返される実験の1試行と見なすことができる。理論上、数年間にわたって数千人にコイン投げやカード引きをさせて、たとえば「表が出る」とか「3回連続で表が出る」といったさまざまな結果の割合を集計したものが、*経験的に導かれた確率*である。しかし、コインが公平（一方がもう一方より出やすい不良品だったりしない）と信じるなら、実際に試行を行う必要はない。なぜなら、ずっと続ければ、2分の1（確率＝0.5）の割合で、表が出るはずだからである。これは、同程度に期待できる2つの結果があることを理解してたどり着いた、*理論的確率*である。トランプで同様の試行を行い、古典的確率でも頻度確率でも、ハートを引く確率は4分の1（確率＝0.25）、クラブの4を引く確率は52分の1（確率≅0.2）であると導き出すことができる。

85 証人が……確率について証言するとき
Aitken, C. G. G., & Taroni, F. (2004). *Statistics and the Evaluation of Evidence for Forensic Scientists*, 2nd ed. Chicester, UK: John Wiley & Sons.

86 トベルスキーとカーネマンの実験
Tversky, A., & Kahneman, D. (1974). Judgment under uncertainty: heuristics and biases. *Science, 185*(4157), 1124-1131.

87 それが主観的確率であるというまぎれもない証拠
さらなる論考：Iversen, G. R. (1984). *Bayesian Statistical Inference*. Thousand Oaks, CA: Sage, and references cited therein.

88 その一例が……サリー・クラーク
この例を見つけてくれた私の生徒、アレキサンドラ・ゲラーターに感謝する。
Nobles, R., & Schiff, D. (2007). Misleading statistics within criminal trials. *Medicine, Science and the Law, 47*(1),7-10.

89 肺炎の年間の相対的な疾病の発症頻度
http://www.nytimes.com/health/guides/disease/pneumonia/prognosis.html.

90 ベイズの法則を適用して、条件付き確率を計算する
ベイズの法則は以下のとおり。

$$P(A \mid B) = \frac{P(B \mid A) \times P(A)}{(P(B))}$$

91 女性全体の乳がん発症の確率
このパラグラフおよびそこでの議論考は、この論文にあるものをほぼその

ままよりほぼ逐語的に引用： Krämer, W., & Gigerenzer, G. (2005). How to confuse with statistics or: the use and misuse of conditional probabilities. *Statistical Science*, 20(3),223-230.

92 **計算の便宜上**

どんな数を選んだらよいのだろうか？ 試行錯誤が必要な場合もあるが、それを得る方法もある。確率が0.8％あるいは1000人に8人ということは、表をつくり、1000人の女性がいるとしたら、どこかに8が入るはずだ。それはよい。しかし、後で8に90％（0.9）をかけるので、小数点のついた数字になる。それがいけないわけではないが、大半の人は、小数点がつくと不便を感じる。そこで、母集団を100倍にすればすべてが整数になる。だがそれでは、すべての数字が不必要に大きくなる。どのみち、結果を導くには、ある数字をもう1つの数字で割って、確率を求めるのだから、あまり関係ないのだが。

93 **午後7時のほうが自動車事故が多い、と書いてあれば**

これもややこしいだろうか？ 午後7時の交通量が、午前7時の8倍ならば、午後7時のほうが交通事故の件数自体は多いかもしれないが、車の台数あたりの事故発生率は高いとはかぎらない。この事故発生率こそ、検討されるべき統計量である。午後7時に事故が何件発生したかではなく、1000台あたり何台が事故に遭ったかが重要なのだ。後者が、定量化されたリスクである。これは、ダレル・ハフの前掲書p. 78の例、そしてKramer & Gigerenzer (2005)の論考をアレンジしたもの。

94 **90％の医師が、この異なる可能性を同一に扱っている**

引用元：Spirer, Spirer, & Jaffe p. 197: Thompson, W. c., & Schumann, E. L. (1987). Interpretation of statistical evidence in criminal trials, *Law and Human Behavior*, *11*(167).

95 **ある外科医は、90人の女性を……説得した**

引用元：Spirer, Spirer, & Jaffe。最初に掲載した書籍： reported in Hastie, R., & Dawes, R. M. (1988). *Rational Choice in an Uncertain World*. New York: Harcourt Brace Jovanovich.

この外科医の当初の論文：McGee, G. (1979, Feb. 6). Breast surgery before cancer. *Ann Arbor News*, p. B1 （*Bay City News*より転載）

96 **社会学者のジョエル・ベストが言うように**

ベストのp. 184。

Part 2：言葉を吟味する

97 スティーブ・ジョブズの膵臓がんの治療が遅れたのは……
Swaine, J. (2011, Oct. 21). Steve Jobs "regretted trying to beat cancer with alternative medicine for so long." http://www.telegraph.co.uk/technology/apple/8841347/Steve-Jobs-regretted-trying-to-beat-cancer-with-alternative-medicine-for-so-long.html.

98 ……だと主張する『フォーブス』誌の記事
Rees, N. (2009, Aug. 13). Policing word abuse. *Forbes*. http://www.forbes.com/2009/08/12/nigel-rees-misquotes-opinions-rees.html.

99 引用句辞典『リスペクトフリー・クォーテッド（Respectfully Quoted）』
Platt, S., ed. (1989). *Respectfully Quoted*. Washington, D.C.: Library of Congress. For sale by the Supt. of Docs., USGPO.

100 ……という本に、この引用句のさまざまな説明が出てくる
Billings, J. (1874). *Everybody's Friend, or Josh Billing's Encyclopedia and Proverbial Philosophy of Wit and Humor*. Hartford, CT: American Publishing Company.

101 ヒトの染色体は23対ではなく24対
Gartler, S. M. (2006). The chromosome number in humans: a brief history. *Nature Reviews Genetics, 7*, 655-660. http://www.nature.com/scitable/content/The-chromosome-number-in-humans-a-brief-15575. Glass, B. (1990). *Theophilus Shickel Painter*. Washington, D.C.: National Academy of Sciences. http://www.nasonline.org/publications/biographical-memoirs/memoir-pdfs/painter-theophilus-shickel.pdf. 2015年11月6日閲覧。

102 芸術や人文科学の分野で……受賞歴がある人なら
ポール・サイモン、スティービー・ワンダー、ジョニー・ミッチェルは、作詞作曲のエキスパートといえる。彼らは、大学教職員の地位に就いていたりしないが、そうした学者たちが彼らについての本や記事を書いている。そしてサイモン氏とワンダー氏は、アメリカ大統領から、芸能の世界に貢献した者に贈られるケネディ・センター名誉賞を授与されている。ミッチェル氏は、音楽の名誉博士号を授与され、ポラリス音楽賞を勝ち取っている。

103 ノーム・チョムスキーをはじめとする一部の人間に……評されている
Chomsky, N. (2015, May 25). *The New York Times* is pure propaganda.

Salon. http://www.salon.com/2015/05/25/noam_chomsky_the_new_york_times_is_pure_proganda_partner/.

Achbar, M., Symansky, A., & Wintonick, P. (Producers), and Achbar, M., & Wintonick, P. (Directors). (1992). *Manufacturing Consent: Noam Chomsky and the Media* (Motion picture). USA: Buylndies.com Inc. and Zeitgeist Films. https://www.youtube.com/watch?v=BsiBl2CaDFg.

104 **2011年には、偽ツイートが原因で**
Melendez, E. D. (2013, Feb. 1). Twitter stock market hoax draws attention of regulators. http://www.huffingtonpost.com/2013/02/01/Itwitter-stock-market-hoax_n_2601753.html; http://www.forbes.com/forbes/welcome/.

105 **デマや誤報を流す手口は……」。**
Farrell, M. (2015, July 14). Twitter shares hit by takeover hoax. *Wall Street Journal*. http://www.wsj.com/articles/twitter-shares-hit-by-takeover-hoax-1436918683.

106 **ジョナサン・ケープハートは……記事を書き**
(2010, Sept. 7). *Washington Post* writer falls for fake congressman Twitter account. *Huffington Post*. 2010年9月7日の訂正： http://www.huffingtonpost.com/2010/09/07/washington-post-writer-fa_n_707132.html; http://voices.washingtonpost.com/postpartisan/2010/09/Obama_deficits_and_the_ditch.html.

107 **背後に誰がいるのか？**
この書籍より転載：*The Organized Mind*. Levitin, D. J. (2014). The Organized Mind. New York: Dutton.

108 **2014年、フロリダ州第13区選出の連邦下院議員補欠選挙**
Leary, A. (2014, Feb. 4). Misleading GOP website took donation meant for Alex Sink. *Tampa Bay Times*. http://www.tampabay.com/news/politics/stateroundup/misleading-gop-website-took-donation-meant-for-alex-sink/2164138.

109 **裁判では、デジルが……**
Pink, D. (2013). Deceiving domain names not allowed. Wickwire Holm. http://www.wickwireholm.com/Portals/0/newsletter/BLU%20Newsletter%20-%20January%202013%20-%20Deceiving%20Domain%20Names%20Not%20Allowed.pdf; Bonni, S. (2014, June 24).The tort of domain name passing off. *Charity Law Bulletin* 342, Carters Professional

Corporation. *http://www.carters.ca/pub/bulletin/*charity/2014/chylb342.htm.

110 　小売業者が、GetCanadaDrugs.comというウェブサイトを運営
https://www.canada drugs .com/; https://www.getcanadadrugs.com/（現在は閲覧不可能）; Naud, M. (n.d.). Registered trade-mark canadadrugs.com found deceptively misdescriptive. ROBIC. http://www.robic.ca/admin/pdf/682/293.045E-MNA2007.pdf.

111 　MartinLutherKing.orgの内容は……とんでもない寄せ集めだった
ウェブサイトの敵対的な言葉は、Taylor Branch, *Pillar of Fire* より引用されたものだが、書籍の著者は、自分でテープを聞いたのではなく、FBIの捜査官3人から口頭で伝えられたことと注記している。

112 　ストームフロントという白人至上主義のネオナチヘイトグループ
ストームフロントがネット上の「最初のヘイトサイト」であることを伝える情報源：Levin, B. (2003). "Cyberhate: A legal and historical analysis of extremists' use of computer networks in America," in Perry, B., ed., *Hate and Bias Crime: A Reader*. New York: Routledge, p. 363.

Ryan, N. (2004). *Into a World of Hate: A Journey Among the Extreme Right*. New York: Routledge, p. 80.

Samuels, S. (1997). "Is the Holocaust unique?," in Rosenbaum, Alan S., ed., *Is the Holocaust Unique?: Perspectives on Comparative Genocide*. Boulder, CO: Westview Press, p. 218.

Bolaffi, G.; et ai., eds (2002). *Dictionary of Race, Ethnicity and Culture*. Thousand Oaks, CA: Sage Publications, p. 254.

113 　エナジードリンクのメーカー、レッドブルは……支払った。
O'Reilly, L. (2014, Oct. 8). Red Bull will pay $10 to customers disappointed the drink didn't actually give them "wings." http://www.businessinsider.com/red-bull-settles-false-advertising-lawsuit-for-l3-million -2014-10.

114 　ターゲットが……支払いに応じた
(2015, Feb. 11). Target agrees to pay $3.9 million in false-advertising lawsuit. http://journalrecord.com/2015/02/11/target-agrees-to-pay-3-9-million-in-false-advertising-lawsuit-/aw/.

115 　ケロッグは……400万ドルを支払った
(2009,April 20). Kellogg settles FTC charges that ads for Frosted Mini-Wheats were false[Press relese]. https://www.ftc .gov/news-events/press-

releases/2009/04/kellogg-settles-ftc-charges-ads-frosted-mini-wheats-were-false.

116 『ワシントン・ポスト』紙が運営する事実確認サイト
https://www.washingtonpost.com/news/fact-checker/.

117 ポリティファクトは……とまとめた
Carroll, L. (2015, Nov. 22). Factchecking Trump's claim that thousands in New Jersey cheered when World Trade Center tumbled. http://www.politifact.com/truth-o-meter/statements/2015/nov/22/donald-trump/fact-checking-trumps-claim-thousands-new-jersey-ch/.

118 祖父母のうち外国で生まれたのは1人だけ
Sanders, K. (2015, April 16). In Iowa, Hillary Clinton claims "all my grandparents" came to the U.S. from foreign countries. http://www.politifact.com/truth-o-meter/statements/2015/apr/16/hillary-clinton/hillary-clinton-flubs-familys-immigration-history-/.

119 3億2200万
本書執筆時のアメリカの人口。http://www.census.gov/popclock/.

120 冠動脈性心疾患の場合
American Heart Association (2015). AHA Statistical Update. *Circulation*, 131, p. 434-441. この統計を見つけてくれた、マギル大学の図書館員、ロビン・カニュエルとジェネヴィーヴ・ゴアに感謝する。

121 1968年に、ウィル・デュラントとアリエル・デュラントが……書いていた
Durant, W., & Durant, A. (1968). *The Lessons of History*. New York: Simon & Schuster.「歴史の大局を見渡す」（パンローリング）

122 FBIは、2015年に……発表した
Federal Bureau of Investigation (2015, April 20). FBI testimony on microscopic hair analysis contained errors in at least 90 percent of cases in ongoing review[Press relese]. https://www.fbi.gov/news/pressrel/press-releases/fbi-testimony-on-microscopic-hair-analysis-contained-errors-in-at-least-90-percent-of-cases-in-ongoing-review.

123 ……といった情報がなかったら
Aitken, C. G. G., & Taroni, F. (2004). *Statistics and the Evaluation of Evidence for Forensic Scientists*, 2nd ed. Chicester, UK: John Wiley & Sons, p. 95, citing Friedman, R. D. (1996). Assessing Evidence. *Michigan*

Law Review, 94(6), 1810-1838.

124　あるイギリスの裁判事件では
R v. Dennis John Adams, (1996) 2 Cr App R, 467;

And Aitken, C. (2003). Statistical techniques and their role in evidence interpretation. In Payne-James, J., Busuttil, A., & Smock, W., eds., *Forensic Medicine: Clinical and Pathological Aspects*. Cambridge, UK: Cambridge University Press.

125　『ニューヨーク・タイムズ』紙……謎めいた地上絵にがある。
Blumenthal, R. (2015, Nov. 3). Built by the ancients, seen from space. *New York Times*, p. D2.

126　彼女の生産性と創造性はあとどのくらい上がっていたか？
このバージョンの例を共有してくれたスティーブン・コスリンに感謝する。

127　ある双子が、生まれてすぐに離れ離れになり
Grimes, W. (2015, Nov. 13). Jack Yufe, a Jew whose twin was a nazi, dies at 82. *New York Times*, p. B8.

128　21年後に再会した２人
Grimesの前掲書（2015）よりほぼ逐語的に引用。

129　統計専門家か行動遺伝学者なら、こう考えるだろう
Dr. Jeffrey Mogil, personal communication.

130　ある部屋にいる100人の人に……させたら
式：　$1-(1-1/2^5)^{100}$

131　ポール・マッカートニーとディック・クラーク
この所見を提供してくれたロン・マンに感謝する。

132　*大標本のほうが……より正確に反映する*
標本が小さいときよりも、大きいときのほうが、異常値（外れ値）が検出される可能性が高いが、算術平均で見ると、大標本の算術平均のほうが、世の中の真の状況を反映する可能性が高い（観測値の数が多いため、異常値の影響は薄まる）ことに注目。

133　この調査が、早産の発生率を調べるものなら
Krämer, W., & Gigerenzer, G. (2005). How to confuse with statistics or: the use and misuse of conditional probabilities. *Statistical Science, 20*(3), 223-230. Centers for Disease Control and Prevention. Preterm birth. http://www.cdc.gov/reproductivehealth/maternalinfanthealth/pretermbirth.htm.

134　道端で詐欺師からこんなゲームに

Krämer, W., & Gigerenzer, G. (2005). この例は厳密には、残りの可能性から成る部分母集団でラプラスの実験を行った場合の、単一事象の不正確な列挙であると、注記している。

135　同様の間違いを、数学者兼哲学者のゴットフリート・ヴィルヘルム・ライプニッツ……

同上

136　カウンターナレッジは……ダミアン・トンプソンによってつくられた用語

Thompson, D. (2008). Counterknowledge: *How We Surrendered to Conspiracy Theories, Quack Medicine, Bogus Science, and Fake History*. New York: W. W. Norton, p. 1.

137　ダミアン・トンプソンは……説明している

Thompson, D. (2008) 前掲書。

138　一般消費者向けビデオカメラで撮影された

Trask, R. B. (1996). *Photographic Memory: The Kennedy Assassination, November 22, 1963*. Dallas: Sixth Floor Museum, p. 5.

139　*一握りの説明のつかない変則的事柄*

これについてはマイケル・シャーマンに感謝する。

140　間違った理論と正しい理論の違い

Thompson, D. (2008) 前掲書より、そのまま引用。

141　ダミアン・トンプソンはこう述べている

Thompson, D. (2008)前掲書p. 17。この前の2文は、p. 16-17。

142　毎年、胃がんで死亡する人

National Cancer Institute. SEER stat fact sheets: stomach cancer. http://seer.cancer.gov/statfacts/html/stomach.html.

143　事故で溺れ死ぬ人の……

Centers for Disease Control and Prevention.Unintentional drowning: get the facts. http://www.cdc.gov/HomeandRecreationalSafety/Water-Safety/waterinjuries-factsheet.html.

144　英『タイムズ』紙の一面に……

Smyth, C. (2015, Feb. 4). "Half of all Britons will get cancer during their lifetime." *Times*. www.thetimes.co.uk/tto/health/news/article4343681.ece.

145　英国がん研究所（CRUK）は……報告している

Boseley, S. (2015, Feb. 3). Half of people in Britain born after 1960 will get cancer, study shows. *Guardian*.

146 心疾患は、これまでになく抑制されるようになり
Griffiths, c., & Brock, A. (2003). Twentieth century mortality trends in England and Wales. *Health Statistics Quarterly*, *18*(2), 5-17.

147 さまざまな情報源が報告している
http://www.nrdc.org/water/drinking/qbw.asp; http://www.mayoclinic.org/healthy-lifestyle/nutrition-and-healthy-eating/expert-answers/tap-vs-bottled-water/faq-20058017; http://www.consumerreports.org/cro/news/2009/07/is-tap-water-safer-than-bottled/index.htm; http://news.nationalgeographic.com/news/2010/03/100310/why-tap-water-is-better/; http://abcnews.go.com/Business/study-bottled-water-safer-tap-waterlstory?id=87558; http://www.telegraph.co.uk/news/health/news/9775158/Bottled-water-not-as-safe-as-tap-variety.html.

148 ニューヨーク市、モントリオール、ミシガン州フリントをはじめとする多くの古い都市では
Stockton, N. (2016, Jan. 29). Here's how hard it will be to unpoison Flint's water. *Wired*. http://www.wired.com/2016/01/heres-how-hard-it-will-be-to-unpoison-flints-water/.

Part 3：言葉を吟味する

149 自然はわれわれに確率を計算することしか許してくれない
Feynman, R. P. (1985). *QED: The Strange Theory of Light and Matter*. Princeton, NJ: Princeton University Press.

150 **2015年に報じられた不正事件**
Reardon, S. (2015, July 1). US vaccine researcher sentenced to prison for fraud. *Nature, 523*, p. 138.

151 MMRワクチン（はしか、おたふく風邪、風疹の3種混合ワクチン）は自閉症の原因か否かという大きな議論
Wakefield, A. J., et al. (1998, Feb. 28). 論文撤回：Ileal-lymphoid-nodular hyperplasia, non-specific colitis, and pervasive developmental disorder in children. *Lancet, 351*(9103), 637-641. http://www.thelancet.com/journals/lancet/article/PIIS0140-6736(97)11096-0/abstract.

Burns, J. F. (2010, May 25). British medical council bars doctor who linked vaccine with autism. *New York Times*, p. A4. http://www.nytimes.

com/2010/05/25/health/policy/25autism.html.

Associated Press (2011, Jan. 6). Study linking vaccine to autism is called fraud. *New York Times*. http://query.nytimes.com/gst/fullpage.html?res=9C02E7DC1E3BF935A35752C0A9679D8B63.

Rao, T. S., & Andrade, C. (2011). The MMR vaccine and autism: sensation, refutation, retraction, and fraud. *Indian Journal of Psychiatry*, *53*(2), 95-96.

152 ホームズは、たとえば……と結論づける
Thompson, S. (2010) . The blind banker. *Sherlock*（2010年10月31日放送開始のテレビシリーズ）。

153 病気の細菌説
私がこのストーリーを初めて知ったのは、この書籍より：Hempel, C. (1966). *Philosophy of Natural Science*. Englewood Cliffs, NJ: Prentice-Hall.

154 では一番下を埋めていこう
ここでは、就寝中に夢を見ながらその人について考え、電話の音で起こされるというシナリオも考慮するために、週168時間（1日24時間×7日）で計算した。もちろん、睡眠時間を一晩8時間（何時間でもよいが）差し引き、起きている時間112時間で計算して、異なる確率を出してもよい。ただし、それでも結論は変わらない。

155 安全性の低い交通手段
今振り返れば、このような切り替えは愚かだが、その時点では、合理的と言えば合理的かもしれない。旅客機4機が一度にハイジャックされ故意に墜落させられたことなど、航空史上、未曾有の事件だったからだ。世の中で、大きな転換が起きたとき、往々にして、最も役に立つのはベイズ的思考である。すなわち、自分の理解を更新し、従来の統計に依存することをやめ、代替案を考えることである。

156 空の旅が……という結論を引き出し
引用元：ダレル・ハフの前掲書p. 79.

157 1960年には、フライト数が現在とは比較にならないほど少なかった
Iolan, c., Patterson, T., & Johnson, A. (2014, July 2S). Is 2014 the deadliest year for flights? Not even close. CNN. http://www.cnn.com/interactive/2014/07/travel/aviation-data/; and Evershed, N. (2015, March 24). Aircraft accident rates at historic low despite high-profile plane crashes. *Guardian*. http://www.theguardian.com/world/datablog/2014/dec/29/aircraft-accident-rates-

at-historic-low-despite-high-profile-plane-crashes.

158 **FBIのページには……とある** http://www.fbi.gov/about-us/cjis/ucr/crime-in-the.u.s/2011/crime-in-the.u.s.-2011/clearances.

159 **住宅強盗全件数** 図

http://contactglenda.com/wp-contentiuploads/20ll/0S/robbers-decamp.png.

160 **ある有名な心理実験で**

Nisbett, R. E., & Valins, S. (1972). Perceiving the causes of one's own behavior. In Kanouse, D. E., et aI., eds. *Attribution: perceiving the causes of behavior*. Morristown, NJ: General Learning Press, pp. 63-78.

And, Valins, S. (2007). Persistent effects of information about internal reactions: ineffectiveness of debriefing. In London, H., & Nisbett, R. E., eds. *Thought and Feeling: the cognitive alteration of feeling states*. Chicago, IL: Aldine Transaction.

161 *1990年から2010年のあいだに……数が6倍になった*

What is causing the increase in autism prevalence. *Autism Speaks Official Blog*, Oct. 22, 2010. http://blog.autismspeaks.org/2010/10/22/got-questions-answers-to-your-questions-from-the-autism-speaks%E2%80%99-science-staff-2/.

162 **増加の大部分は**

同上

163 **なぜ自閉症が増えたのかという問題についてネットで検索してみると**

Suresh, A. (2015, Oct. 13). Autism increase mystery solved: no, it's not vaccines, GMOs, glyphosate—or organic foods. Genetic Literacy Project. http://www.geneticliteracyproject.org/2015/10/13/autism-increase-mystery-solved-no-its-not-vaccines-gmos-glyphosate-or-organic-foods/.

164 **また彼女は、自らの論証を**

Kase, A. (2015, May ll). MIT scientist uncovers link between glyphosate, GMOs and the autism epidemic. *Reset.me*. http://reset.me/story/mit-scientist-uncovers-link-between-glyphosate-gmos-and-the-autism-epidemic/.

165 **チメロサールが自閉症に関連するという証拠はない**

Honda, H., Shimizu, Y., & Rutter, M. (2005). No effect of MMR withdrawal on the incidence of autism: a total population study. *Journal of Child Psychology and Psychiatry, 46*(6), 572-579. http://1796kotok.com/pdfs/

MMR_withdrawal.pdf, and many other sources.

Reardon, S. (2015). US vaccine researcher sentenced to prison for fraud. *Nature*, *523*(7559), p. 138.

166 知ってのとおり、世の中には、……わかっているものがある
Defense.gov News Transcript: DoD News Briefing-Secretary Rumsfeld and Gen. Myers, United States Department of Defense (defense.gov).

167 ラムズフェルド国防長官の４つの可能性を４分表で整理
これについては、モリス・オリツキーに感謝する。

168 科学捜査の基本原則の１つ
Inman, K., & Rudin, N. (2002). The origin of evidence. *Forensic Science International*, *126*(1), 11-16.

Inman, K., & Rudin, N. (2000). *Principles and Practice of Criminalistics:the Profession of Forensic Science*. Boca Raton, FL: CRC Press.

169 何者かが……馬小屋に侵入したと仮定
この部分は、この書籍の論考を参考にした： Aitken, C. G. G., & Taroni, F. (2004). *Statistics and the Evaluation of Evidence for Forensic Scientists*, 2nd ed. Chicester, UK: John Wiley & Sons, pp. 1-2.

170 アメリカの司法制度の前提を文字どおりに受け取るなら
Aitken, C. G. G., & Taroni, F. (2004) 前掲書。

171 *検察官の誤謬*
Thompson, W.C.; Shumann, E. L. (1987). Interpretation of statistical evidence in criminal trials: the prosecutor's fallacy and the defense attorney's fallacy. *Law and Human Behavior* *2*(3),167-187.

172 写真が高画質
Hasselblad.com. https://www.hq.nasa.gov/alsj/all/all-hass.html; http://www.wired.com/2013/07/apollo-hasselblad/.

173 地球上に生命が誕生する確率は……と言われている
1×10^{390}という推定値もある。http://evolutionfaq.com/articles/probability-life; Dreamer, D. (2009, April 30). Calculating the odds that life could begin by chance. *Science 2.0*. http://www.science20.com/stars_planets_life/Icalculating_odds_life_could_begin_chance.

174 1000万人に視聴されたTEDトークで
https://www.ted.com/talks/david_blaine_how_i_held_my_breath_for_17_min?language=en.

175 **TEDのブランドを冠したイベントが5000以上も存在する**
Bruno Guissani, Curator of TED Global Conference, personal communication, September 28, 2015.

176 **FOXテレビが、彼の氷の部屋ごもりが……報じている**
https://www.youtube.com/watch?v=U6Em2OhvEJY.

177 **倫理的な観点からである。**
Glenn Falkenstein, personal communication, October 25, 2007.

178 **これについて書かれた査読論文**
Korbonits, M., Blaine, D., Elia, M., & Powell-Tuck, J. (2005). Refeeding David Blaine-studies after a 44-day fast. *New England Journal of Medicine, 353*(21), 2306-2307.

179 **同ジャーナルの現在の編集長は……検索してくれた**
J. Drazen, MD, email communication, December 20, 2015.

180 **論文の筆頭著者は……Eメールでこう答えてくれた**
M. Korbonits. MD. email communication, December 25, 2015.

181 **絶食中も測定を行った同僚**
Jackson, J. M., et al. (2006). Macro-and micronutrient losses and nutritional status resulting from 44 days of total fasting in a non-obese man. *Nutrition, 22*(9),889-897.

182 **ブレインの記録は、2012年に……破られている**
http://www.guinnessworldrecords.com/world-records/24135-longest-time-breath-held-voluntarily-male; Grenoble, R. (2012, Nov. 16). Breath-holding world record: Stig Severinsen stays under water for 22 minutes (Video), *Huffington Post*. http://www.huffingtonpost.com/2012/11/16/breath-world-record-stig-severinsen_n_2144734.html.

183 **『ダラス・オブザーバー』のある記事が**
Liner, E. (2012, Jan. 13). Want to know how David Blaine does that stuff? (Don't hold your breath). http://www.dallasobserver.com/arts/want-to-know-how-david-blaine-does-that-stuff-dont-hold-your-breath-7083351.

184 **息止めの準備について『ニューヨーク・タイムズ』紙に**
Tierney, J. (2008, April 22). This time, he'll be left breathless. *New York Times*, p. F1.

185 **「オプラ・ウィンフリー・ショー」での本番の様子について、自らのブログに**

Tierney, J. (2008). David Blaine sets breath-holding record. http://tierneylab.blogs.nytimes.com/2008/04/30/david-blaine-sets-breath-holding-record.

186 **ティアニーはこう書いている。「私とともに……見学していた**
John Tierney, email correspondence, January 13 and 18, 2016.

187 **その後、1から118までのすべて元素が**
Netburn, D. (2016, Jan.4). It's official: four super-heavy elements to be added to the periodic table.http://www.latimes.com/science/sciencenow/la-sci-sn-new-elements-20160104-story.html.

188 **ハリソン・プロスパー教授に説明してもらおう**
Prosper, H. B. (2012, July 10). International Society for Bayesian Analysis. http://bayesian.org/forums/news/3648.

189 **ルイ・ライオンズはこう説明している。「ヒッグス粒子は……」。**
Lyons, L. (2012, July 11). http://bayesian.org/forums/news/3648.

190 **CERNのトップは、2012年に……発表したが**
ヒッグス粒子に関する記事で、5シグマの有意水準についての言及を目にしたことがあると思う。5シグマとは、科学者らが実験前に決めた確からしさのレベルであり、実験の解釈が間違っている確率は、標準偏差（5シグマ）に収まる信頼区間、すなわち、0.0000005でなければならない（95％信頼区間と99％信頼区間についての解説を覚えているだろうか？　これは、99.99995％の信頼区間ということなのだ）。ここを参照：http://blogs.scientificamerican.com/observations/five-sigmawhats-that/.

191 **プロスパーはこう説明する。「ヒッグス粒子の探索には……」。**
Prosper, H. B. (2012, July 10). http://bayesian.org/forums/news/3648.

192 **物理学者のマッズ・トゥダル・フランデセンはこうつけ加える**
(2014, Nov. 7). Maybe it wasn't the Higgs particle after all. Phys.org. http://phys.org/news/2014-11-wasnt-higgs-particle.html.

193 **フェルミ国立加速器研究所所長のジョセフ・リッケンが**
http://phys.org/news/2014-11-wasnt-higgs-particle.html.

194 **『ワイアード』誌のライター、シグニー・ブリュースターの発言**
http://www.wired.com/2015/11/physicists-are-desperate-to-be-wrong-about-the-higgs-boson/.

195 **物理学者のニマ・アルカニハメドが『ニューヨーク・タイムズ』紙に語っている**
Overbye, D. (2015, Dec. 16). Physicists in Europe find tantaliZing hints of a

mysterious new particle. *New York Times*, p. A16.

> 結論：自分自身で知る

196 **科学的あるいは技術的問題が**

Frum, D. (2015). Talk delivered at the Colleges Ontario Higher Education Summit, November 16, 2015, Toronto, ON.

> 付録：ベイズの法則の適用

197 **ベイズの法則を使って**

Iversen, G. R. (1984). *Bayesian Statistical Inference*. Quantitative Applications in the Social Sciences, vol. 43. Thousand Oaks, CA: Sage.

謝辞

　本書の着想は、ダレル・ハフ著『統計でウソをつく法─数式を使わない統計学入門』（講談社）から得た。同書は、数回読み返しているが、読むごとにすばらしさが身に染みる。私はまた、ジョエル・ベスト著『統計はこうしてウソをつく─だまされないための統計学入門』（白揚社）、そしてチャールズ・ウィーラン著『統計学をまる裸にする　データはもう怖くない』（日本経済新聞出版社）の大ファンでもある。私に知恵とユーモアと洞察を与えてくれたこの３冊の著者には大きな恩義を感じている。また、批判的思考の理解を向上させたい人にとって、本書が、その３冊と肩を並べる存在となってくれることを願う。

　私のエージェントである、ワイリー・エージェントのサラ・チャルファントは夢のような人物だ。温厚で、面倒見がよく、私の支えとなってくれ、疲れ知らずである。TWAの彼女と、同僚のレベッカ・ネイガル、ステファニー・ダービーシャイア、アルバ・ジーグラーベイリー、そしてセリア・ココリスと仕事をさせてもらったことを光栄に思っている。

　ダットン／ペンギン・ランダムハウスの皆さんに感謝する。私の著書４冊の編集を担当してくれたスティーブン・モロウは、その一冊一冊を、計算不可能なほど良くしてくれた（$P < .01$）。彼の導きと支援はかけがえのないものだ。アダム・オブライエン、リーアン・ペンバートン、スーザン・シュワルツに感謝する。読みたい読者に本を届けるために、多くの手伝いをしてくれた、ベ

ン・セヴィアー、アマンダ・ウォーカー、クリスティーン・ボールにもお礼を述べたい。コピーエディター以上の仕事をしてくれたベッキー・メインズの知識の広さと深さ、そして、補足はすばらしいものだった。

　本書の草稿に、考察やコメントを授けてくれた次の皆さんには、たいへん感謝している——ジョー・ゴールドバーグ、ヘザー・ボートフェルド、ルー・ゴールドバーグ、ジェフリー・モーギル。また、特定の箇所について、次の方々にたいへんお世話になった——デビッド・エイデルマン、チャールズ・フラー、チャールズ・ゲール、スコット・グラフトン、プラバット・ジャ、ジェフリー・キンバル、ハウィー・クレイン、ジョセフ・ローレンス、グレチェン・リーブ、マイク・マクガイア、レジーナ・ヌゾ、ジム・オドネル、ジェームズ・ランディ、ジャスパー・ライン、ジョン・ディアニー。そして、本書の公正と事例の確認を手伝ってくれた、米国統計協会の多くの仲間たち、特にティモシー・アーミステッド、エドワード・K・チェン、グレッグ・ギャスコン、エドワード・グレースリー、クリスタル・S・ラングレイス、スタン・ラジッチ、ドミニク・ルジンチ、ウェンディ・マイヤーヴァルディス、デビッド・P・ニコルズ、モリス・オリツキー、カーラ・ジジルメイカーに感謝する。本書に挙げた例の一部は、マギル大学のオナーズおよび独立研究ゼミの私の生徒たちが提供し、私の考えを明確化してくれた。カール・フィリップは、私の著書4冊にわたって、いつも元気とすばらしいスキルをもって、数字を準備し、あらゆる技術的問題を解決してくれた。私のオフィスのアシスタント、リンゼイ・フレミングは、私のスケジュールづくりと集中を助け、注記、索引、校正、ファクトチェック、その

他、本書の多くの詳細部分で手伝ってくれた（また、彼女の時間を私と共有してくれた、エリオット、グレース、ルア、ケニス・フレミングにも感謝する）。

■著者紹介
ダニエル・J・レヴィティン（Daniel J. Levitin）
ダニエル・J・レヴィティン博士は、心理学・神経科学教授として、ジェームズ・マギル大学で教鞭をとるかたわら、カリフォルニア大学バークレー校ハース経営大学院のエグゼクティブ・エデュケーション・センターの教員も務める。著書に、国際的ベストセラーとなった『音楽好きな脳 人はなぜ音楽に夢中になるのか』（白揚社）、『「歌」を語る 神経科学から見た音楽・脳・思考・文化』（スペースシャワーネットワーク）、『ザ・オーガナイズド・マインド（The Organized Mind: Thinking Straight in the Age of Information Overload）』などがある。ケベック州モントリオールと、カリフォルニア州を行き来している。

■訳者紹介
和田美樹（わだ・みき）
東京生まれ。1987年より米国在住。輸出入販売会社勤務を経て、幅広い分野の書籍、ウェブメディア記事の翻訳に従事する。主な訳書に『カスタマイズ【特注】をビジネスにする戦略』（CCCメディアハウス）、『HIGH LINE アート、市民、ボランティアが立ち上がるニューヨーク流都市再生の物語』（アメリカン・ブック＆シネマ）などがある。

翻訳協力：株式会社トランネット http://www.trannet.co.jp/

2017年8月3日　初版第1刷発行

フェニックスシリーズ㊷

武器化する嘘
──情報に仕掛けられた罠

著　者	ダニエル・J・レヴィティン
訳　者	和田美樹
発行者	後藤康徳
発行所	パンローリング株式会社
	〒 160-0023　東京都新宿区西新宿 7-9-18-6F
	TEL 03-5386-7391　FAX 03-5386-7393
	http://www.panrolling.com/
	E-mail　info@panrolling.com
装　丁	パンローリング装丁室
組　版	パンローリング制作室
印刷・製本	株式会社シナノ

ISBN978-4-7759-4179-9
落丁・乱丁本はお取り替えします。
また、本書の全部、または一部を複写・複製・転訳載、および磁気・光記録媒体に
入力することなどは、著作権法上の例外を除き禁じられています。

©Miki Wada　2017 Printed in Japan